贝页

ENRICH YOUR LIFE

货币文化史

II

中世纪黄金的盛宴与贸易兴起

[美]比尔·莫勒 主编　[英]罗里·奈史密斯 编
王小庆 译

A CULTURAL HISTORY OF
MONEY
IN THE MEDIEVAL AGE

Bill Maurer
Rory Naismith

文匯出版社

虔诚者路易时期的第纳里乌斯,基督教风格

查理大帝时期的第纳里乌斯,铸于昆都维克

恩里科·丹多洛执政时(公元1192—1205年)威尼斯共和国铸造的格罗索

查理大帝在美因茨（公元793/794—812年）铸造的德涅尔银币，背面为阶梯上的十字架

铸币官艾萨克在约克铸造的短十字银便士

图尔格罗斯银币

佛罗伦萨的弗洛林金币

尼西亚帝国皇帝约翰三世杜卡斯·瓦塔特泽斯海培伦金币的拉丁仿制币，可能铸造于君士坦丁堡，重4.62克

希拉克略时期的拜占庭赫萨格兰姆银币，重6.47克

君士坦斯二世时期的拜占庭铜合金币福利斯，制作于君士坦丁堡，重 4.38 克，以希拉克略时期的硬币为基础压铸而成

阿卡王国无名十字军的迪拉姆银币，于 1251 年铸造，重 2.92 克

2007 年，在英国斯塔福德郡发现的银制品，直径为 20.5 毫米，重 7.19 克，被确认为法国腓力四世时期（公元 1285—1314 年）的一种厚坯硬币

一枚制作于斯里兰卡的仿罗马帝国晚期的铜合金币

希特斯银币，约公元700—750年铸造于英格兰的一个无名铸币厂，重1.13克

西班牙西哥特统治者发行的特雷米西斯金币，大约铸造于公元507—580年，背面为胜利女神全身立像，重1.44克

在印度南部卡纳塔克邦出土的狄奥多西二世时期（公元408—450年）的苏勒德斯金币仿制品

仿6世纪末或7世纪初铸造于马赛铸币厂的苏勒德斯，镀金，穿孔用于悬挂

阿尔图格王朝库特布·阿德丁·伊尔哈孜二世时期（公元1176—1184年）的铜合金硬币

7世纪，希拉克略与君士坦丁时期的苏勒德斯金币，重 4.41 克

阿卜杜勒·马利克时期的一枚第纳尔金币，公元 701—702 年铸于中东某个铸币厂，重 4.27 克

挪威国王哈拉尔三世时期（公元 1047—1066 年）的便士，约 1050 年铸于挪威尼达洛斯

英格兰国王埃塞尔雷德二世时期（公元978—1016年）的一枚盎格鲁—撒克逊银便士，发现于挪威奥尔斯塔德

墨洛温王朝提奥德贝尔特一世时期（公元534—548年）的苏勒德斯金币

英格兰国王爱德华一世时期（公元1272—1307年）的一枚便士，其一面镀金，另一面装有别针

目 录
Contents

丛书序言 ·· I

概 述　走近中世纪货币 ·· 1
第一章　货币及其技术：中世纪的铸币工艺 ······················ 19
第二章　货币及其理念：中世纪的支付方式 ······················ 47
第三章　货币、仪式与宗教：神学与管理之间的经济价值 ····· 71
第四章　货币与日常生活：谁的货币？ ····························· 99
第五章　货币、艺术与表现形式：中世纪货币强大而实用的外观 ··· 128
第六章　货币及其阐释：教会对货币的态度 ······················ 161
第七章　货币与时代：货币的多元性 ································ 195

图表目录 ·· 225
注　释 ··· 229
参考文献 ·· 235
译名对照表 ··· 277
关于各章作者 ·· 285

丛书序言
Series Preface

2012年，大英博物馆决定重新设计陈列硬币和奖章的68号展厅。当时，其策展人大胆摒弃了传统的钱币陈列方式，决定另辟蹊径。以往，古代欧洲的金币、银币和铜币一排排地陈列在展柜中；而在新的展厅中，不仅有硬币和纸币，而且从贝壳到手机，所有的展品都有自己的展柜，呈现了用于交易的古器物和设备的历史沿革。每个展柜都有一个主题：展厅中，一侧的展柜陈列突出了货币的制度基础和发行机构，另一侧展柜则展示了人们使用货币的多种方式——货币不仅用于交换或付款，还可用于典礼或宗教仪式、政治竞争、装饰和故事叙述。

编写这六卷《货币文化史》的目的是给读者提供一种类似的体验，邀请他们参观这些神奇的货币展柜，走近形形色色、错综复杂、色彩缤纷的货币，看到货币不可化简的多元性，聆听货币讲述的多重故事。货币也让我们得以窥见多元经济和道德世界，以及估值与评价、财富与价值体系。货币绝不仅仅是狭义的经济术语中的硬币、现金或信贷，它的含义远远超过"货币拥有四大职能：支付手段、价值尺度、流通手段、贮藏手段"这句对仗工整的习语的定义。货币同时也是一种交流的媒介、一组工具——人们以此交换信息，不仅仅是价格信息，还有政治信仰、权威、忠诚、欲望和轻蔑。货币也是纪念过去的一种方式，它使人、制度、神灵和祖先之间建立的关系超越现在，迈向临近的、遥远的，甚至想象中的未来。

从这个意义上说，货币不可避免地被赋予了"文化"和"历史"的色彩。因而，六卷本《货币文化史》主要聚焦于货币与宗教、技术、艺术和文学、日常生活、形而上学的阐释，以及与各种时代事件的关系。前几卷的编者是钱币学家和考古学家，他们与大量钱币和金银的实体史料打交道。此外，很多数字基础设施（digital infrastructures）研究者、文学和法律史学家、科幻小说研究者、社会学家、人类学家、经济学家和艺术家也为本系列书的编撰作出了贡献。

绝大部分博物馆或私人收藏的古钱币，在被发掘出来时，考古学家都没有收集到有关其周围环境的任何数据。这使许多古代甚至近代历史成为谜团，长期以来，考古学家对此无不扼腕叹息。即使某个考古发现只在特定环境中存在，对其解释也往往模棱两可。在当代社会，货币处在诸多环境之中——电缆和无线信号、数据协议和计算机服务器、游说团体和立法者卷帙浩繁的文字材料、肥皂剧和在线社交媒体。然而，如同在阐释古代窖藏的钱币时那样，我们自身很难摆脱什么是货币、人们用货币做什么，以及如何使用货币等对货币的一些假设。

以实体收银机前一笔简单的信用卡交易为例，对于这种日常付款设备而言，有多少用户可以解释其工作原理？博物馆又该如何组织策划类似的技术性展览？除了简单的付款行为之外，我们再来看一看更加复杂的货币互动。例如，在某些中亚穆斯林移民社区中的"伊玛目·扎明"（Imam Zamin），移民们用一块布将一枚硬币包裹起来，绑在上臂，希望以此保护旅行者。又比如，2005—2009年，在韩国首尔，人们用丙酮溶解塑料交通支付卡，取下射频识别天线

（RFID）和芯片，然后创造性地缝入自己的皮夹、手链或夹克肘部的贴布内，这样就可以轻而易举地穿过（地铁）旋转栅门，人们称之为"调优"（튜닝하다 / doing tuning）。那么，未来的考古学家如何演绎推断诸如此类的行为呢？

深陷于我们自身的"硬币意识"中，我们认为货币应该是，或者其价值应蕴含于一种有形的东西，即使在网络世界中，我们与货币的互动已日益脱离物质形态；我们一直坚守金银通货主义的观念，即使我们不断见证货币的价值随着政治动荡而波动；我们认为货币是抽象的，即使我们在具体的人际关系中使用实体钱币；我们认为货币可与价值相称，商品和服务可以用同一种价值尺度衡量，即使我们用货币来界定差异——民族差异、宗教差异、代际差异、阶级差异、种族差异和性别差异。

六卷的时期断代或有武断，但地理上基本以欧洲为中心。本系列书对作者和主题的选择旨在打破这种西方主导的历史叙述，着力展现一种全球化视野，将政治、帝国和种族动态纳入研究框架。

分卷内的各章从实质和形式上体现了货币的复杂性。实质上，对货币技术和文化的跨文化、跨历史研究，揭示了货币的多样性和复杂性。形式上，虽每卷书选取的主题相同，但若通读各卷，读者会发现这些主题本身是复杂的，因为不同时代的人对同一主题的理解往往很不一致，但又常常被置于一起。如分类账簿——货币记录工具最基本的表现形式之一，本系列书可以"纵向"阅读，即通读一个历史时期的各个章节；也可以"横向"阅读，即阅读每卷书中相同主题的章节。相信读者最终会发现：货币本身就是一部文化史。

比尔·莫勒（Bill Maurer）
加州大学尔湾分校

概 述
Introduction

走近中世纪货币

罗里·奈史密斯（Rory Naismith）

几个世纪以来，"中世纪"一直被人们按照字面意思解释为一个"中间"时期。在文艺复兴者看来，这个时期在整整一千年中取代了大家熟悉的古典时代——一个被认为复兴的、更加精致的时代，使得知识和文化走向了落后。这种观点至今仍大有市场。在昆汀·塔伦蒂诺的《低俗小说》中，饱受委屈的匪徒马塞勒斯·华莱士就宣称，他将用各种各样的酷刑把一个强奸犯的"屁股打开花"[①]。在一些较为优雅的环境中，也依然有人认为中世纪是一个充满暴力的、思考匮乏的宗教狂热的时代（Manchester, 1992; Greenblatt, 2011）。当然，中世纪的人并不清楚自己属于"中世纪"，这个词直到17世纪才出现，并且带有贬义，它脱胎于天主教和新教的历史学家围绕欧洲历史展开的争论（Murray, 2004: 4）。虽然中世纪的男人和女人们遭遇了许多不幸，但是古典时代和近现代的大多数人也是如此。在过去两个

---

① 电影中这句台词的英文是"get medieval on your ass"，其中"medieval"是"中世纪的"意思，可见"中世纪"予人野蛮的印象。——编者注

世纪，学界筛查了中世纪的原始资料，构建或重建了对中世纪的认知，强调了彼时的人们在看待周围世界的方式上是如何的多样，而在应对生活的挑战时又是如何的相仿（Arnold, 2008）。

现代社会对被界定为"中世纪"的这一时期重新做了评价，得到另一个结论：人们更加清楚地认识到，"中世纪"这一标签是多么武断，而主流历史叙述造成的影响又是多么恶劣。用克里斯·威克姆（Chris Wickham）的话说，"历史不是到哪里去，而是从哪里来"（Wickham, 2016: 1-7）。万事皆有起点，为了写作本书，我们必须决定从哪里开始。一般说来，中世纪大约从公元500年开始，一直持续到公元1400年左右。这段时期大致包含了罗马统治的结束[①]和基督教在西欧的兴起，到15世纪所发生的一系列事件（航海探险、印刷术的发展、宗教分裂、国家政权的强化等），这些事件与文艺复兴的萌发和近现代史的酝酿不那么紧密地交织着。就像每一次历史阶段的划分，对"中世纪"斩钉截铁的界定很容易面临各种挑战。中世纪的前期可以被视作古典时代晚期的后半部分，这样划分是为了强调3世纪到7世纪的连贯性（尤其是文化史上的完整性）（Brown, 1971; Marcone, 2008）；而中世纪的晚期则可以回溯至14世纪的人文主义时代，并延长至16世纪至18世纪晚期各种广为人知的变革（e.g. Le Goff, 2005, 2012）。

对中世纪落幕时间的界定，表明人们关注的焦点仍是西欧。但只有当西欧的范围与西罗马帝国（须剔除地中海南岸，以及后来属于罗马边界之外的中欧和北欧地区）疆域大体一致时，这样的时间划分才说得通。如果从整个地区的角度来思考，这样的时间划分

[①] 罗马统治的结束，指由西罗马帝国的灭亡开始，到东罗马帝国的灭亡。——编者注

会与罗马的历史背道而驰——当时的地中海更接近一个整体，仿佛一座不断变化却又持久连贯的剧场（Horden and Purcell, 2000; McCormick, 2001; Goldberg, 2012; Smith, 2015）。罗马人以"拜占庭帝国"的形式（他们自称"罗马帝国"）在整个中世纪统治着地中海东部地区，尽管7世纪和8世纪时其大部分领土被伊斯兰军队夺去。随后，伊斯兰的势力范围跨越了之前的政治和文化分界，在扩张达到顶峰时占从现代巴基斯坦到西班牙的所有领土。尽管观察当地的组织网络、社会和政府在较长一段时间的发展，有助于理解当地和远方之间的动态联系，但在上述广阔的土地上，"中世纪"这一概念和"西欧"一样，未形成共识（Holmes and Standen, 2015）。

中世纪货币的种类

无论在中世纪的欧洲，在现代社会，还是在其他时期，货币都是一个很好的工具。它无处不在，形式多样。中世纪时，在欧洲的大部分地区，货币的主要功能是充当贵金属的规定单位，尽管在实践中贵金属并不一定在每笔交易中易手，也不一定让你的存款或钱包充足（详见第七章《货币与时代：货币的多元性》）。在这一方面，可以说中世纪的货币与21世纪早期货币的发展趋势相类似：当要发挥硬币和本票的功能时，美元、欧元和英镑出现的频率越来越低，而逐渐为相同面额的银行卡和电子转账形态所取代（Maurer, 2016）。不过，整体而言，中世纪的货币与21世纪的货币在可塑性上完全不同，前者可以说是纯粹抽象的。西罗马帝国刚一落幕，西欧的法律法规就为各种形式的伤害和侮辱计价，大到强奸或谋杀，小到损伤手指、脚指甲或牙齿。法律规定的金额为违法者和受害者（或受害者亲属）

提供了一个谈判的起点，这反映出人们普遍乐意用金钱来衡量人的生命和地位（Miller, 2004）。但事实上的支付，可能是，也可能不是通过与讨论一致的硬币实现的。在某些情况下（例如 9 世纪和 10 世纪的西班牙北部），实物硬币日渐稀有（Davies, 2010）。硬币的短缺，特别是低价值硬币的短缺，在中世纪是很普遍的（但有一些有趣的例外，见第一章《货币及其技术：中世纪的铸币工艺》）。在 14 世纪和 15 世纪，许许多多人向英国议会抱怨法辛（farthing）和半便士（halfpennies）实在是太少了（Desan, 2014: 124）。

这也提醒我们，中世纪的货币史绝不仅是铸币史，其间更常发生的是现金有效供应的匮乏。正因为这一原因，我们将估算而得的流通中的铸币或硬币数量当作衡量更广泛的经济活动的指标时应当谨慎：它们不仅取决于市场的需求，还受其他许多因素的影响。对货币的需求因地区而异，因城镇和乡村而异，因社群而异，随年代而变化——不管是几十年还是几个世纪，甚至因季节而不同。在收获的季节，农民得到了现金，然后因为要付房租，得把钱交出去。这不是中世纪的新现象。千余年间，使用数量有限的真实的硬币和各种各样的"假想币"是司空见惯的事。对中世纪的许多人来说，货币有替代品是很正常的事。人们有时会进行"等价物"（res valentes）的交换，包括布、铁、食物和动物（Davies, 2010; Hammer, 1997）。不同地区、不同社会阶层的人们钟爱不同的交换商品，富人们甚至会使用黄金和白银来交换——不是以硬币的形式。被打造成盘子、珠宝、教会器皿和装饰品等其他形态的贵金属与硬币的交换持续发生着。对贵族来说，这是一种很受欢迎的储存财富的方式。这样做还有一个好处，即用一种显赫的方式来展示财富，尽管到了困难时期他们不得已将这些金银物品投入熔炉，甚至直接换成所需之物。在维京时代（公元9—11世纪），斯堪的纳维亚半岛对贵金属的使用方法很普遍：外国硬币尽管质量上乘，但也只是被简单地当成圆形的银器，有时会被切割，和其他物品一起用作交换。人们广泛地使用"碎银"（hacksilver）来交换和储存财富，并按重量计价（见图0.1及第七章《货币与时代：货币的多元性》）。伊斯兰世界的金币和银币也是按重量来衡量的，随着9世纪中叶阿拔斯王朝统治地区的铜变得越来越稀有，银币被切成小块用作零钱（用嘴咬一下可以检验其品质）（Ilisch, 1990; Kool et al., 2011）。不可避免地，各种形式的信贷广泛存在，但即使在12世纪和13世纪就出现了早期的汇票（晚些时候汇票才可以转让），人们仍然认为只有黄金或白银才是交易的最终媒介（Spufford, 2008）。各种形式的信贷与其说是硬币的替代品，不如说是对硬币的补充。因此，越是在黄金和白银供应充足的地区，信贷的有效性越强——至少书面记载如此（见

图0.1　维京时代的银器和碎银窖藏，发现于丹麦的雷比尔斯克平教区（Rebild Skørping parish）
来源：丹麦国家博物馆（哥本哈根），知识共享许可

第三章《货币、仪式与宗教：神学与政治关系之间的经济价值》）。

尽管硬通货绝非万能，但它仍是中世纪货币体系的核心。而在其他一些地区，用作簿记的是其他商品，如中世纪早期爱尔兰的奴隶和牛、冰岛的家纺织物。但即便在这些地方，黄金和白银仍为人所知和向往（见第六章《货币及其阐释：教会对货币的态度》、第七章《货币与时代：货币的多元性》）。此外，还有一些地方，其货币体系的基本要素是以黄金和白银计价的单位——英镑（pounds）、马克（marks）、先令（shillings）/苏勒德斯（solidi）①、便士（pennies）/德涅尔（deniers）/第纳里乌斯（denarii）。在有些情况下，这些货币并未被铸造，只是作为价值符号而存在着。

为了便于读者理解本书各章节的内容，有必要对中世纪货币的主要特征做一个大致的描述（相关的分类见第四章《货币与日常生活：谁的货币？》）。认识中世纪，首先可以将其分为三个时间段，在考查每个阶段时都要考量主要的地理划分和其他划分方式。

西罗马灭亡初期（约公元500—750年）

在这一历史阶段的初期，货币的发展深受先前罗马货币体系的影响。从高价值的苏勒德斯金币〔及其分支半西斯金币（semissis），尤其是特雷米西斯（tremissis）〕到不同面值的铜合金货币，罗马帝国晚期的货币有好几个层次。实际上，黄金是权威货币，常用于满足国家和贵族的需求；而铜合金（以黄金计价）由于供应并不均衡，容易引发通货膨胀。尽管如此，生产低价值的硬币一直是国家的责任。

---

① "先令"（英文为"Shilling"）源自"苏勒德斯"（单数"solidus"，也译作"索利多"，复数为"solidi"）。——编者注

5世纪和6世纪，随着罗马帝国的统治在西地中海的瓦解，货币体系的发展变得十分缓慢。值得注意的是，这个时候金币的制造和使用情况基本维持着之前的水平，它只在英国和高卢北部真正消失过一段时间。相比之下，非洲汪达尔人和意大利东哥特人长期以来一直沿用更为复杂的货币和财政体系，直到公元6世纪中叶被东罗马帝国的军队征服。尽管到了7世纪，真正的苏勒德斯金币在西方已经很少见，并最终成为一种簿记单位，但是，无论在哪里，黄金一直是财务系统的基准。苏勒德斯金币在整个中世纪都占据着中心地位，从5世纪到7世纪，西方更喜欢的硬币是西斯金币——一种在传统货币体系中面值最小的金币。这些硬币错综复杂地反映了这一时期政治权力的变更。起初，人们很难在金币上分辨出当地"野蛮的"统治者，只是笼统地指出过去的或现在的罗马皇帝。到了后来，货币的细节开始体现出高卢或西班牙色彩，包括用高卢语刻上铸币厂和铸币人的名字，以及用西班牙语刻上国王和铸币厂的名字。不过，值得指出的是，对高价值的黄金铸币的限制意味着以硬币为媒介的交易降低到了非常低的水平，有可能是几个世纪以来最低的水平。对大多数民众而言，他们接触硬币的机会肯定很少。

在这一时期，铸造货币和货币化仍然局限在前帝国的边界之内。7世纪，金币以法兰克模式逐渐重返不列颠南部。大约公元670年，在曾经西罗马帝国北部边缘的弗里西亚（Frisia）和英格兰，一个重大的变化发生了：金币（铸造金币的纯金已变得稀有）被弃用，让位于与之形态相似的银币。这些银币便是第一批便士，不久后被法兰克王国所采用。这一时期的黄金区以及后来的白银区，均集中在北海，然后向南延伸到地中海，反映出该时期一个独特的贸易圈在北方的出现。继续南下，意大利的伦巴第和西班牙的西哥特地区仍使用日益贬值的黄金铸币。从 7 世纪开始，西方硬币中的黄金质量不断下降，这至今仍是一个历史之谜。亨利·皮雷纳（Henri Pirenne）认为，这与财富从西方流向富裕、渴求黄金的东地中海地区有关，但品位的变化、就近的需求可能也是其中的因素（Naismith, 2014b: 8–20）。

在北方地区，黄金贬值并最终被白银取代，与其在东罗马帝国（拜占庭帝国）以及后来的伊斯兰国家的表现形成了鲜明的对比。在这里保留着古典时代晚期金币数量多、质量高，且伴有其他金属铸币的古老传统。前者与财政收入和支出有着密切的关系。其他铸币包括了低面值的铜合金（仍然大规模生产），而银也会偶尔在罗马领土上流通。不过，在萨珊帝国以及之后的伊斯兰哈里发国部分地区，银的使用非常广泛。

在地中海东部，除了一股重要的政治和文化力量在伊斯兰世界出现之外，这一时期与以前相比几乎没有区别。因此，西方的分治以及最终不同货币区的形成，是这几个世纪的一个重要发展。

便士时代（约公元750—1200年）

查理大帝（Charlemgrne，公元 768—814 年在位）和他的儿子虔诚者路易（Louis the Pious，公元 814—840 年在位）在制造更大、更薄的便士方面扮演了重要角色。大约在 8 世纪中叶，这种便士作为西欧的主要货币最先在英格兰和法兰克王国使用。不同于其墨洛温王朝、弗里西亚和盎格鲁-撒克逊先辈，采用便士的新政府为该货币的铸造公开任命了负责监督的长官，为王权和铸币业之间长期而密切的关系注入了新的活力（Naismith, 2012）。在加洛林王朝的治下，这种形式的银币在整个帝国被标准化了，虔诚者路易甚至曾下令去掉硬币上的生产地信息（见图0.2）。

这种硬币被引入到加洛林王朝的疆域和势力所及的地方，包括意大利、西班牙北部、德国的一些地区，这些地方以前从未有过本地的铸币业。与之并行的还有英格兰南部制造的一系列独特的宽便士，而其北部的诺森布里亚王国则坚持使用8世纪早期出现的较小、较厚的硬币——直到王国于公元867年被维京人征服。

于是，一面刻有统治者名字，另一面刻有生产地点或代理商详细信息，且往往带有十字架或其他基督教符号的银制便士，成为了加洛林王朝和盎格鲁-撒克逊世界的标志，也成为了效仿它们的邻国的标志。在10世纪中叶到公元1000年期间，便士流通到波希米亚、爱尔兰、波兰和斯堪的纳维亚等地区，使用便士成为西欧主流社会的转变之一（Bartlett, 1993: 280–283, 286–288）。以英镑、马克、先令和便士（或者将当地的货币单位转换成这些术语）为单位的计价随之而来，尽管这样的计算速度更慢。在英国，传统的十二便士等于一先令的制度是在1066年被诺曼王朝征服后才开始普及的。尽管归根到底起源相同，但在这个漫长的时期，银便士在形状和质量

图 0.2 虔诚者路易时期的第纳里乌斯，具有明显的基督教风格
版权 © CNG

上都有着巨大的差异——王国、郡、主教辖区和其他政治组织有多少种生产的方式，便士的种类就有多少。而在12世纪以前，就像意大利的北部和中部地区一样，英格兰采用的货币相对统一。在此前的加洛林王朝时期，发行硬币一度是王室或皇室的特权，后来才逐渐由地方的贵族掌握，成为其诸多可以行使和谈判的权利之一。贵族们以铸币的完整性为要挟，要求民众为维持铸币原有的质量水平而付出代价（Bisson，1979）。德国奥托王朝和萨利安王朝的帝王们则公开支持这种货币形式，以此监管本国货币体系的迅速扩张。他们颁发了大量执照，允许主教、男修道院院长和世俗贵族生产硬币。在12世纪后期和13世纪，德国的一些地区开始青睐大直径且薄的便士。这些只在一面而不是两面铸刻的所谓薄片币（源于拉丁语"*bractea*"，意思是"叶片"）逐渐发展成为中世纪里工艺最纯熟的硬币之一。从12世纪开始，由于贬值的诱惑和需求上升的压力，法国，意大利北部、中部城镇那些由权贵经营的铸币厂所生产的便士含银量越来越低，乃至其中不见银的踪影。"比朗"（billon）[①]硬币即在此列，它只是裹了一层薄薄的银而已。

在流通领域，便士呈压倒性态势，与之形成鲜明对比的是簿记单位的多样化：大额记录由英镑或马克标记，苏勒德斯/先令代表十二便士的倍数，此外在各个地方还有大量的变体。另一个众所周知的复杂的问题是，同一种类型的便士，其价值是不固定的，一个地方的便士在其他地方可能被当作两个或半个便士使用；而支付数额固定时则可能因当地铸币行业的变化而出现贬值的情况（偶尔升

[①] 比朗，由金或银与一种价值较低的金属构成的重合金，包含（按重量计）含铜50%以上银合金。在文中指此类品质的货币。——编者注

值，但很少发生）。因此，尽管这是一个便士的时代，但便士可能意味着许多不同的东西。便士在流通中有很多替代品，比如奥波勒斯（Obol）[①]或半便士。在英格兰和其他一些王国中，便士经常被切割成两半或四份，用于小额交易。与此同时，银锭和金币可能用于高价值的交易。从拜占庭帝国和穆斯林世界流入的黄金与当地制作的货币一起流通，而旅行者会随身携带银锭，将其当作金属支票，在需要时熔铸成当地货币（Spufford, 1988b: 209–210）。

便士的扩张并不是无限的。和罗马帝国一样，拜占庭帝国和穆斯林世界早期均运行着各自独特的货币体系，它们在其许多方面与古罗马帝国相比变化不大。在拜占庭帝国，仍然有一个健全的与权贵、高额支付、财政开支绑定的黄金铸币体系。但是在 11 世纪中叶，这些金币的黄金成色于 7 个世纪以来首次出现实质性的下降（Morrisson, 1992: 300）。铜合金继续被广泛使用，经过 7 世纪末到 9 世纪初的艰难时期后，在 9 世纪末和 10 世纪初恢复了不少元气（Morrisson, 2002: 946–962）。尽管随着阿拔斯王朝哈里发统治的分崩离析，各政体的差异越来越大，但总体而言，穆斯林世界仍然青睐强势的金币，同时更加注重银币，而铜合金的地位则较低。货币体系最为有趣的地方，恰好是与如下文化领域有着密切联系的地方。意大利南部、西西里岛、十字军国家借鉴了西欧的传统，也在不同时期借鉴了拜占庭帝国和阿拉伯帝国的做法。阿卡城（Acre）铸造的硬币上面用阿拉伯语刻着基督教的铭文，其排列与伊斯兰硬币一样。这些做法显然是对不可仿制伊斯兰货币（上面刻有穆斯林教规）的禁令的回应，该禁令招致了教皇的抵制（Georganteli, 2012, 152）。在更远的

[①] 奥波勒斯，一种古希腊硬币。——编者注

北方，10世纪时生活于伏尔加河流域、信奉犹太教的保加尔人（Jewish Volga Bulgars）①在萨曼王朝（Samanid）埃米尔国（现伊朗东部及阿富汗周围）铸造了他们的迪拉姆（dirhams）银币，它们在从高加索到波罗的海的区域内大量流通。与此同时，大约在公元1000年，在拜占庭帝国金银币的基础上，第一批乌克兰硬币被铸造出来。拜占庭金币对11世纪丹麦的铸币图像也产生了重大影响。在这一时期，无论是长途旅行还是偶然过境，文化和经济的交流都会生动地反映在货币上。

银币、金币与财政（约公元1200—1400年）

在本章结尾述及的两个世纪里，于公元1200年之前发展起来的银便士或比朗并没有消失。恰恰相反，它与更多种类的金属和财政工具结合，共同迎来了货币革命的黎明。

这时发生了两方面的转变。第一方面的转变与新的、更大面额的货币的出现有关，它的诞生缓解了商人和其他富人不得不运送大量小面额银币的压力。这一转变过程的第一阶段便是大面额银币的出现。13世纪初，威尼斯铸造了格罗索〔grosso，也称格罗特（groat）〕，并成为第四次十字军东征队伍的支付货币。它的价值是既有便士的24倍，与较小的硬币共同发挥作用，将货币的发展推到了一个新的高度。意大利北部和法国南部的其他城市紧随其后，法国北部、英格兰和其他主要北欧政权也从13世纪60年代开始效仿，而德国的铸币厂则到14世纪初才跟进。对中世纪晚期欧洲货

---

① 保加尔人，公元8—9世纪活跃于黑海北部的游牧人群，建立了庞大的帝国，信奉犹太教。——校者注（如无特殊说明，本书脚注均为校者注）

币体系的第二个重要补充是黄金。尽管金币在8世纪到13世纪之间从未完全从西欧消失，但它在13世纪50年代于佛罗伦萨和热那亚大规模复兴之前一直是一种珍品。这一复兴以之前意大利南部和西班牙的货币为基础，并得益于跨越撒哈拉沙漠黄金产区的贸易路线的调整。不久后，这些早期的金币开始广泛流通，起初在地中海地区，到了14世纪初，则往更北的地区流通。弗洛林（florins）的仿制品从法国南部到波希米亚都有铸造，在匈牙利金矿开发的推动下，其他地方的金币也在短期内大量涌现。

于是，到了14世纪，欧洲的货币又增加了一个重要的新等级，三种货币已然出现：金币，以及"白色"和"黑色"的硬币——"白色"指更具价值、纯度更高的银币，"黑色"指严重贬值，以至当时含银量已低到微乎其微的硬币。这些货币之间的相互作用，尤其是跨越国界的交集，令人眼花缭乱，这反映了欧洲境内商品和贵金属流通的广泛性和复杂性。

这一时期的第二个重大发展是对如何有效且可靠地转移货物、人员、货币这一问题的回应。银行在一个地方记录收款情况，并在另一个地方以书面文件（汇票）的形式指示其代理人相应地调整账户或向指定接收人付款。汇票的历史可以追溯到12世纪末，它的出现最初是为了促进热那亚和法国北部香槟（地区）集市之间的资金移转。到了公元1300年左右，汇票已被广泛应用于主要的银行中心。大约在同一时间，复式簿记诞生了，而书面支票及可转让汇票则出现在13世纪后半叶，后者是可转让给原文所指定的收款人的单据（通过附加一张单独的便签或签注文书来实现）。公元1400年左右，在这个越来越文明也越来越复杂的高度商业化的世界里，一位沿着西欧和南欧主要商贸路线经营的商人，可能会更多地使用书面文件或承诺来做交易，而不是使用现金（Spufford, 2008: 44-45），但他也会遭遇重重限制。这些变革以当事人拥有识字和计算能力为基础，在意大利率先发生。在（亚平宁）半岛，商业家族和银行业家族的紧密联系成为推动变革的力量。尽管要采用书面形式，但早期的银行确是建立在坚实的个人信用基础之上的。在意大利，银行业主要集中在大城市及其周边地区，最初仅服务精英阶层；在意大利以外，银行业也主要由意大利人经营，并被有钱的赞助人控制。汇票往往沿着某些老旧的道路在数量有限的金融中心之间流动——它们集中在托斯卡纳和阿尔卑斯山之间，一直往北延伸到伦敦和布鲁日，在这一时期并没有延伸到莱茵河东部。14 世纪末，欧洲大部分地区仍然没有与国际银行业接轨。书面转账之未被采用还有其他一些原因：数额很少而不现实（至少在 14 世纪中叶以前，只在意大利北部出现了书面转账的交易方式），数额过大而超出了当时的体系范围。1328 年，教皇约翰二十二世不得不从阿维尼翁运送 60 000 弗洛林到伦巴第以支付教皇军队的费用，于是他雇用了 150 名骑兵护卫，但仍损失了一半的钱（Spufford, 2002: 37）。尽管如此，一个建立在账户、联系人和信用基础上的全新的货币体系已经形成，从而使欧洲主要商业中心商人之间的业务往来规模扩大了数倍。

本书概述

本书不是中世纪货币的叙述史。这项工作已经由许多优秀的调查很好地完成了（Engel and Serrure, 1891–1905; Grierson, 1976 and 1991; Spufford, 1988b; Kluge, 2007），而且，迄今为止已有许多针对不同年代、不同地区的具体研究——无法在此一一列出。我们诚恳地鼓励读者继续阅读这些一般性的作品（以及其中所推荐的详细文献），以便更多地了解在特定的时间和地点发生的货币故事。本书的目标是舍弃粗略的脉络，而将中世纪的货币发展置于具体的情境中——这与本系列其他几卷作品要解决的问题是一样的。因此，本书将使读者获知中世纪货币的特性。它的特性，在一定程度上是历史的两个维度的发展结果：一个是起源，其货币和金融体系仍然很明显地支撑着现代的体系；一个是差异，即在尚未被认知，以至看上去具有威胁性的社会和思想中，不同的货币与金融体系是彼此陌生的。事实上，故事远不止于此。货币是了解中世纪思想和社会的一个窗口，是经济对日常生活产生重大影响的途径，是大多数人与统治者最密切的接触媒介，是君王实现勤政或赚取额外收入的手段。它的制造、发行和使用都承载着象征意义。简言之，货币是每个人都无法回避的，即使是那些试图逃避其影响的僧侣和隐士。本卷的七章围绕各自的主题，强调中世纪货币的丰富性，而不是依照时间顺序叙述。它们展示了根深蒂固的宗教价值观和社会习俗是如何影响货币的使用的，同时反映了与之相对的一面，即货币是如何影响社会的。它有时是以非常微妙的方式产生影响，对贪婪或虚伪的刻画在那个时代广泛传播（甚至流传至今）。

本书第一章（《货币及其技术：中世纪的铸币工艺》）由奥利弗·福尔卡特（Oliver Volckart）撰写，它对中世纪的货币类型和制造技术进行了全面而高明的审视。福尔卡特从价格、人口以及统治者和制造商的需求及行为出发，对中世纪货币不同层次的功能进行了批判性的分析。他强调货币与其他经济行为之间的联系：进出口平衡、采矿和冶金，这些对恰当地制造金币和银币来说至关重要。劳伦特·费勒（Laurent Fellev）撰写的第二章（《货币及其理念：中世纪的支付方式》）深入分析了货币在交易中的实际作用。他进一步研究了前文提到的货币到底是什么的问题，特别是在硬币流通尚鲜为人知的时候。他观察到，从11世纪开始，对货币的使用已具有强烈的商业属性，继而详细介绍了13世纪和14世纪大面额金币和银币对商人所产生的影响及其引发的变革。费勒还雄辩地阐述了货币和价格变化对社会不同阶层，特别是最贫穷和最脆弱群体的影响。贾科莫·托代斯基尼（Giacomo Todeschini）在本书第三章（《货币、仪式与宗教：神学与政府关系之间的经济学价值》）也谈到了该话题。他娴熟地将教会文学和后来的文学发展交织在一起，在一个错综复杂的千年里追踪着价值和货币之间的联系，并关注基督教关于财富的丰富思想。同费勒一样，他的分析可分为前后两个部分。前一部分概述关于货币的广泛而正统的观念是如何产生的，以及这一观念在教会和基督教社会中所起的作用；第二部分则论述了随着商业和贸易的快速发展，这种正统观念是如何在11世纪之后承受压力并改变的。信贷的长期挑战（以及它所带来的高利贷威胁）在中世纪后期尤为突出，于是作者作了专门论述。

理查德·凯勒伯（Rchard Kelleher）在第四章（《货币与日常生活：谁的货币？》）中探讨的是中世纪欧洲人的货币实践经验。凯勒伯最初把重点放在可供分析的各种发现上，然后沿着中世纪的时间轴不断挖掘，将重点放在铸币是如何时多时少，或如何扮演不同角色的问题上。他非常令人信服地展示了中世纪货币形式的多样性，以及社会各阶层是如何有区别地使用货币的。在本章中，凯勒伯强调，学生在研究中世纪货币时可以从两个角度看问题：一是实物货币的发现及其带来的诠释方面的挑战，二是中世纪的人们是如何理解他们所使用的货币的——这个问题必然显得有些遥远而不确定。

就这两个问题，丽贝卡·R.达利（Rebecoc R. Darley）在撰写第五章（《货币、艺术与表现形式：中世纪货币强大而实用的外观》）时在不同的语境中做了强调。在这章中，达利分析了货币作为形象载体与意义传达工具的角色。重要的是，她是从多个角度阐释的。这些角度包括：目标受众（intended recipients），所有可能在不同的文化或物质环境中使用硬币的同时代人或相邻时代人；赞助人，那些试图用硬币来实现某种基本的或令人惊讶的复杂意义的人们；制造者，他们必须设法将前两者联系起来，并且很可能负有为本地制造背书的责任。另外，达利还研究了非目标受众（unintended audiences），这些"意外受众"包括同时代人或相邻时代人中的每一个人，他们在一种现代学者尚未了解的文化或物质环境中使用硬币。她引用了大量例子，从视觉维度对货币做了异常深入而多层面的描述，并极有说服力地提醒我们，不能用单一的方法去解读硬币上的图案。

斯韦恩·H.古尔贝克（Svetn H. Gallbekk）在第六章（《货币及其阐释：教会对货币的态度》）中重新审视了一个问题，即在一个比当代西方更加宗教化的文化环境中如何理解货币。他以中世纪一些主要思想家如大格里高利（Gregory the Great）和坎特伯雷的安塞尔姆（Anselm of Canterbury）为例，考察了在中世纪思想中货币究竟是什么，以及当代的人们是如何解读它的。通过这种方式，古尔贝克清楚地揭示了教会理想与日常生活之间的张力。他提供了一个特别有趣的案例来研究中世纪斯堪的纳维亚地区教堂遗址上货币使用的情况——这是一个极具价值的窗口，我们可以经它探视在当地基督教社会的核心地区，货币是如何被使用的。

最后，罗里·奈史密斯在第七章（《货币与时代：货币的多元性》）中重新探讨了中世纪货币内在的张力。正如他的标题所暗示的，这种张力意味着矛盾：对某个灵魂来说是有风险的，却是另一个灵魂表达虔诚的手段；硬币，也包括未加铸造的金、银以及商品、抽象的文字和数字，所有这些都可能以意想不到的方式组合在一起；在支出方面拥有的权力，在依据法令制作货币时却受到了很大的限制。本章还探讨了有关硬币发掘的问题，这是诠释中世纪货币的主要信息来源。这些硬币在多大程度上可以被理解为蓄意的或意外的沉积，或是与商业和储蓄相对立的（宗教）奉献，尤其是在一个对财富的合理使用有着严格限制的基督教社会里？

第一章
Chapter 1

货币及其技术：中世纪的铸币工艺

奥利弗·福尔卡特（Oliver Volckart）

年轻的白王经常去父亲的铸币厂参观，仔细询问铸造的所有工艺，因为一个强大的国王和统治者需要特别熟悉这门艺术……考虑到可能从中获得的益处，年轻的白王让自己在铸币方面变得异常精通。当开始执政时，他下令铸造最好的硬币，无论是银币还是金币，都要比其他国王铸造得好。由于他所掌握的工艺和经验，没有其他国王能在铸币方面与他匹敌。与此同时，这位年轻的国王废除和淘汰了王国中所有劣质和外来的硬币，并在多地铸造优质硬币，这对他的国民特别有利，他们的财富大大增加，国王的个人收入也增加了……在拥有了铸造的经验和技术之后，他又认为，一个国王如果不能使他王国的矿山井然有序，他就无法从中获益。因此，他仔细地询问了每一个矿山的特点，以及哪些规章制度可以使矿山经营得最好。
（Schultz, 1888: 84）

1486年，后来的神圣罗马帝国的统治者马克西米利安一世（Maximilian I，公元1459—1519年）开始执政，这段话是他在虚构性自传中对自己所接受的教育以及之后施政的一段重要描述。在这本自传里，他将自己描绘成"白王"。文艺复兴时期著名的艺术家用插画对马克西米利安一世的施政进行了大量的描绘，图1.1再现了本章开头引用的那段情节。下面，我们将跟随马克西米利安进行探究。我们将研究他年轻时向父亲的官员询问的"铸币工艺"。那一次，他不仅学习了用于生产硬币的工具和手段，还请教了关于货币政策的基本问题。统治者应该发行什么样的货币单位？铸币厂应该使用哪些金属？硬币的生产，是为了增加统治者的财富，还是为了增加臣民的财富？最后（但并非最不重要）的一点是，应该以何种方式为铸币厂提供铸币所需的原材料？马克西米利安，这位"最后的骑士"，正是在中世纪末，在古罗马帝国在西方垮台一千多年后，知道了如何回答这些问题。在他之前的时代，皇帝、国王和其他统治者，以及许多改变欧洲政治格局的发行硬币的城镇和城邦，都已经走过了漫长的道路，其间他们就上述问题给出的答案在不断变化，不断发展。在很大程度上，这是由于不断变化的经济环境影响了人们对货币的需求。因此，在讨论铸币工艺之前，我们需要先考察一下这些情况。

货币不仅是储存财富和衡量价值的工具，也是一种交换的媒介，因此人们对货币的需求在很大程度上体现了其交换功能的重要性。在中世纪的欧洲，人们普遍意识到以物换物是不方便的，而利用货币这一手段则可以减少不便。而这种不便，用现代的话语来说，就是交易成本（cf. e.g. Biel, 1930: 19ff; Johnson, 1956: 4）。人们多久去一次市场，所购买的商品于自给自足的物品而言有多么

图 1.1 年轻的白王学习铸币工艺〔莱昂哈德·贝克（Leonhard Beck，约公元 1480—1542 年）木刻作品，摘自马克西米利安一世《白王》（*Weißkunig*）〕
来源：http://digi.ub.uni-heidelberg.de/diglit/jbksak1888/0115

重要，都会影响他们的支付规模以及对支付工具的需求。问题是，整个社会需要多少货币？其中有多少是日常交易中所需要的小额零钱，有多少是诸如在批发贸易中所需要的高购买力的货币？必须指出，在这一点上，因果关系并非单向的：贸易增长固然引发了对更大数量货币和更具差异性的货币体系的需求，但对这种需求的满足反过来又促进了商业的进一步发展。

交换在中世纪早期的重要性，是一个有争议的话题。有研究者认为，当时并不存在实际的市场；也有研究者认为，早在8世纪和9世纪，交换就已经很繁荣了（cf. e.g. North and Thomas, 1971: 782; Verhulst, 2002: 113）。加洛林王朝治下的大型修道院和贵族庄园确实出售了他们的剩余物品，消费者可以在每周开放一次的小规模市场上买到简单的商品。加洛林帝国在其边界与英格兰、北非、西班牙和拜占庭帝国有贸易往来（Verhulst, 2002: 97ff.）。事实上，现代的研究（McCormick, 2002: 778）显示，贸易已经走出7世纪的低谷，向前发展。然而，毫无疑问，贸易的总量仍然偏小，与人们为自己消费而生产的物品相比，他们在市场上购买商品的数量无足轻重。

罗伯特·S. 洛佩斯（Robert S. Lopez）所提及的"商业革命"[①]，即本地、附近地区和远距离贸易的惊人增长，在10世纪才开始兴起（Lopez, 1976: 56ff.）。首先是在意大利，然后是在更远的北方，商人们开发了新的融资方式（Hunt and Murray, 1999: 61）。其结果是，波罗的海地区、俄罗斯和中东首次与西欧、南欧建立了紧密的联系。与此同时，越来越多的人从农村搬到如雨后春笋般出现的城镇。在那里，他们需要购买生活所必需的物品。到了公元1400年，居民规模超过5000人的城镇数量在加洛林时代几乎为零的基础上显著增加：在比利时，这样规模的城镇占所有城镇近40%的比例；在荷兰，这一数字是30%；在意大利，比例超出20%；即使在英格兰，50 000人规模的城镇也占到了8%（Allen, 2000: 8ff.）。

当时，欧洲正遭受着"黑死病"带来的痛苦，从1347年"黑死病"

[①] 商业革命，指11世纪前后西方基督教经济生活的加速，具体表现有：交通与安全设施的改进，全欧洲范围的国际集市与港口的形成，适应国际贸易的货币的大量铸造与流通，汇兑、借贷的广泛发展，合伙投资及保险业的出现等。

首次出现到 14 世纪末，大约一半欧洲人口死于它的侵害。这种情况对经济，尤其是对贸易和交换产生了多大的影响，人们当下还在争论。罗伯特·S. 洛佩斯和哈里·米斯基明（Harry Miskimin）认为，14 世纪末和 15 世纪是一个经济萧条时期（Lopez and Miskimin, 1962）。最近的研究则指出，在这一时期仍然有人均产出的增长、区域性集市的扩张以及市场一体化的进展（Epstein, 1994:passim;Chilosi and Volckart, 2011:769; Broadberry et al, 2015: 205）。

尽管没有确凿的数据，但毫无疑问，欧洲的绝对贸易量在中世纪末远大于中世纪初。更重要的是，虽然存在着明显的地区差异，但在 8 世纪至 14 世纪，即便在瘟疫之后，贸易的增长几乎没有中断过，至少从人均的角度来看是在持续增长。7 世纪到 15 世纪，交易一直在快速发展。为此，欧洲的货币不仅需要在数量上得到增长，还必须变得越来越具复合性，越来越多样化。

货币与面额

中世纪早期，法兰克王国最初采用的是罗马帝国晚期的货币，并重点发行金币，特别是特里安（trientes），也称特雷米西斯金币。这种金币相当于三分之一的古罗马苏勒德斯金币。导致法兰克货币脱离罗马模式的最初措施是，政府在 7 世纪末决定放弃特雷斯（triens）的使用，同时，墨洛温王朝（如弗里西亚等一些邻近地区）的铸币厂开始集中生产第纳里乌斯银币（便士）（Grierson and Blackburn, 1986: 91ff.）。从那以后，第纳里乌斯成了政府发行的唯一货币单位，4 个第纳里乌斯相当于 1 个曾经的特雷米西斯，12 个第纳里乌斯相当于 1 先令（Spufford, 1991: 33ff.）。我们不知道到底是什么引发了这场改革。没有证据表明在加洛林王朝之前存在着铸币工艺。向阿拉伯世界出口黄金以及在法国西部发现银矿,可能在一定程度上触发了改革。但改革至少还有一个动机,那就是第纳里乌斯币的低价值意味着它比原先的特雷米西斯更适合在当地市场用于小额交易——可以想象,当黄金单位退出时,第纳里乌斯便应运而生(cf. Verhulst, 2002: 88)。直到 11 世纪,第纳里乌斯仍然是西欧和北欧发行的唯一一种硬币。然而,"商业革命"向统治者们提出了一个新的挑战:如何满足可以同时适应本地和远距离贸易的复合型货币的需求。他们有三种选择,要系统地思考,做出一项选择(cf. Redish, 2000: 18ff.)。

最直接的解决办法是用同一种金属制造几种面额的硬币,它们的纯度相同,但重量不同。这是英格兰君主们的选择,他们保留了便士,但从 14 世纪中叶开始,又增加了其他一系列货币单位。法辛(四分之一便士)的大小、重量和纯银含量都是便士的四分之一,其他硬币也是便士的倍数,其中最重要的是四便士硬币,即格罗特(Challis, 1992: 701ff.)。它的出现可能在一定程度上解决了在大宗贸易中需要大面额货币的问题,对小宗买卖而言却成了问题。在 13 世纪 50 年代,一桶(252 加仑)[①]苹果酒的平均价格在 12.5 先令(Rogers, 1866: 448)左右,这意味着即使是用面额最小的钱,即四分之一便士,也能买到几乎半加仑的酒。然而,更小的硬币是行不通的。四分之一便士的重量为 0.31 克(Challis, 1992: 701),不到现代英国最小硬币(五便士)重量的十分之一——要是再小点,就没法用手握住了。当时的消费者是如何购买少量的、相对便宜的商品的,

---

① 加仑,容积单位,分美制加仑与英制加仑。252加仑约等于1000升。——编者注

对此我们还不完全清楚。有证据表明，罗马帝国晚期的低面值硬币在 14 和 15 世纪仍在流通，只是这些硬币是私人生产的（Dyer, 1997: 40）。然而，小规模信贷投入市场可能更为重要（cf. Nightingale, 2004: 51）。我们要记住，英格兰即使在"黑死病"爆发前的鼎盛时期，总人口也只有今天伦敦人口的一半左右（Broadberry et al., 2015: 20），大多数人都生活在彼此相识的社区。在这种情况下，赊购少量物品是很容易的，一旦达到可以用硬币支付的金额就可以结清账款，比如说在喝了三四品脱①的苹果酒之后。

英国的货币结构带来的另一个问题是，生产一枚四分之一便士所需的劳动力，与铸造一枚价值等于其 16 倍的格罗特币所需的劳动力几乎相同。因此，为了节省成本，发行大面额的硬币便成为一种尝试。所有面额的钱币都必须有一定比例的金、银含量，这一铸币原则经常会因为小面额零钱的不足而遭到破坏（Sargent and Velde, 2002: 49ff.）——如果购买力相对较高的硬币，比如四分之一便士，也被当作小面额零钱。

低面额硬币体积小的问题可以通过选择第二种，也是最常见的方法来解决，即用相对便宜的银合金和铜等贱金属来铸造。从 12 世纪或 13 世纪开始，几乎所有的欧洲统治者和能发行货币的城市都是这样做的。例如，当法国的圣路易，即路易九世（公元 1214—1270 年）在 1266 年引进面额为 12 德涅尔的图尔格罗斯币（gros tournois）②时，这枚新硬币几乎是纯银的。德涅尔币的含银量约为格罗斯币的十二分之一，但由于含铜量超过三分之二，总重量达到了

---

① 品脱，容积单位。三四品脱，约为 1 400~1 900 毫升。——编者注
② 图尔格罗斯，在法国图尔铸造的格罗斯。——编者注

1.11 克，因而显得足够大，便于拿在手上（Blanchet and Dieudonné, 1916: 225）。

不过，这种方法也是有问题的。一方面，对硬币中金、银含量的测试成本会随着金币中贱金属比例的提高而增加，因此发行含铜量较高的货币会导致造假（Redish, 2000: 21ff.）。更重要的是，使用贱合金铸造小面额的硬币并没有解决铸币成本相应提高的问题。这个问题只能通过降低小面额硬币中纯银含量的方法来解决。但是，这样做是危险的，圣路易的继任者很快就发现了。一旦消费者注意到德涅尔币的含银量已经降到了格罗斯币的十二分之一以下，他们就会用高价去交易那些面额较大的货币单位。早在14世纪初，美男子腓力（Philip the Fair，即腓力四世，公元1268—1314年）就不得不面对这一点，并发行了官方价值不再是12德涅尔，而是26.25德涅尔的新格罗斯币。大面额银币价值的剧烈波动，一定使得兑换变得异常繁琐，从而导致发行复合型货币的构想成为泡影。此外，那些过度减少小面额硬币中的含银量，从而抬高大面额硬币价值的政府走上了下坡路。为了将生产低价值货币中的劳动力成本降低到一个可持续的水平，这些政府不断减少银在小面额硬币中的比例。大多数政府摆脱了这一陷阱，而在极端情况下，这一做法会导致恶

图 1.2　路易九世时期的图尔格罗斯币（总重量 4.22 克，内含纯银 4.11 克）和德涅尔币（总重量 1.11 克，内含纯银 0.33 克）
来源：http://archive.org/detalis/manueldenumismat02blanuoft

性通货膨胀（譬如 15 世纪 50 年代的奥地利：Gaettens, 1957/1982: 40–51）。

此外，选择这一方案的铸币机构必须在他们的铸币过程中确定适宜的贱金属份额：这个份额必须足够高，使得小面额的硬币（体型大小合适）可以轻松拿起；但也不能太高，以免造成硬币的面额与其生产成本之间的差异过大。发行货币的统治者正是从这一差异中获得了铸币的利润——货币铸造税。他们如果需要钱，就会集中精力以利润最大化为目标来组织铸币。[1] 因此，如果小面额硬币中含有了太多比例的贱金属，集市中会遍布零钱。与两位受人尊敬的经济学家（Sargent and Velde, 2002）在一本因分析严谨而备受同行推崇的书中所说的不同，小面额的零钱并非总是稀缺的。恰恰相反，在中世纪晚期，欧洲会周期性地经历小面额零钱过多的时期。从 14 世纪 20 年代到 40 年代，普鲁士议会就一再抱怨这一点（Volckart, 1996: 92, 99ff.）。再往西，后人在分析出土的硬币时发现，15 世纪在施瓦本（Swabia）流通的货币中，多达 40% 的是半便士、一便士和两便士（Schüttenhelm, 1987: 429, 559）。15 世纪晚期，吕贝克和汉堡的情况也类似（North, 1990: 84）。1487 年，一个汉堡人想要用便士买一桶（约 47 升）小麦，就必须数出近 90 枚小面额的硬币，每一枚的重量还不到 1/3 克（关于价格，参见 Koppmann, 1878: 521；关于货币，参见 Jesse, 1928: 209）。这个例子表明，在大宗买卖中使用小面额零钱会使交易成本居高不下。由此可见，大面额硬币的供应不足，会严重阻碍贸易的发展。

但这并不意味着小面额零钱充斥市场的后果一定是负面的。中世纪晚期是小规模商业迅速扩张的时期，小商小贩们在交易中买卖廉价商品以满足广泛的需求。"家禽、鸡蛋、奶酪、水果和其他价格低廉的食物"都被列入了稍晚的巴伐利亚（Bavaria）地区警察条例之中，该条例试图规管涉及这些物品的交易；而奥地利的警察条例中则增加了"五金、盐、羊毛和亚麻布"（1553: LXIX; Schwiedland, 1899: X）。小商小贩是流动的（图1.3显示其中一个商贩背着他的所有商品），因此，买卖双方定期互动的当地信贷就难以发展。如此一来，如果消费者不被允许使用"价格低廉"的低价值货币支付，小规模贸易就会停滞不前，而小规模贸易的发展所带来的经济效应是无法估量的。小贩们抵达了大商人们从未去过的地方和从未接触的人群，为消费者提供了他们原本买不到的商品，从而促成了自给

图 1.3　小商贩〔小汉斯·霍尔拜因（Hans Holbein Junior）的《死神之舞》（*Danse Macabre*, 公元 1524—1526 年）〕

来源：https://archive.org/details/dancabre00holb

自足的经济向市场经济的转变（cf. Braudel, 1979: 58ff.）。

虽然在诸如英格兰这样的国家，即使是小体积的银币也具有相当高的购买力，但仅仅用银币来满足批发贸易的需要还是很困难的，特别是在"商业革命"兴起后，价格似乎普遍上涨了（Abel, 1986: 19）。不过，王国统治者和城市治理者还有第三种方案可以选择，即用金币做白银的补充。热那亚和佛罗伦萨在 1252 年就开始这样做了，几十年间，西欧和中欧的城市和君王纷纷效仿（Lopez, 1956: 223ff.）。许多权力机构试图将新的黄金单位与传统的白银货币相结合。例如，佛罗伦萨市就把它的弗洛林金币的价值定为一里拉（lira）银币，圣路易则将其金埃居（écu d'r）的价值定为半个里弗（livre tournois），而吕贝克市则把它的基尔德（gulden）的价值定为半马克（Blanchet and Dieudonné, 1916: 225; Jesse, 1928: 214; Lopez, 1956: 223）。他们都引入了双本位制，在这种货币体系中，金币和银币的价值之比是法定的。

然而，黄金和白银的价格取决于供求关系，由于两者从未完全同步变动，这两种金属的相对价格必然会波动。没过多久，问题就出现了。传统的货币理论认为，以银表示的黄金价格或以金表示的白银价格的波动，会导致由价值不断上升的金属制成的硬币从流通中退出。因此，大家都认为，双本位制将回归至单本位制。然而只有满足两个条件，这样的结果才有可能实现：第一，由于挑选硬币、熔化硬币和出售金属的成本并不低，人们只有在金银价值的法定比率和市场比率之差足以支付他们必须承担的成本时，才会进行货币套利（Flandreau, 2002: 492）；第二，地方政治机构需要密切监控市场交易，以便确保金银货币的法定比率得到有效执行。这一比率如果得不到严格执行，就无法使那些正在市场上升值的硬币退出流通，反而会使它们以高价流通（cf. Redish, 2000: 30）。中世纪晚期的大多数国家都遇到了这种情况。例如，佛罗伦萨就不能稳定弗洛林与里拉之间的比率。在市场上，金币与佛罗伦萨银币的比率变动灵活（Spufford, 986: 1-25），两种金属有效地构成了同一权力机构发行的不同却又并行不悖的货币。同样，吕贝克曾多次试图通过马克银币来确定基尔德金币的价值，但都以失败告终（Jesse, 1928: 214）。使用黄金进行大宗购买依然行得通，但由黄金和白银共同组成、比价稳定的双本位制并未实现降低交易成本的承诺。

许多写作者认为，高购买力金币的供应在"商业革命"（Vilar, 1984: 36）中起着至关重要的作用。从某种程度上来说，确实如此。大量在13世纪发行的金币盛行于整个西欧，特别是弗洛林金币，许多政府都仿效佛罗仑萨，铸造相似的金币（Berghaus, 1965: passim; Giard, 1967: passim）。威尼斯发行的杜卡托（*ducats*）以及匈牙利所制作的仿制品在中东欧都可以用（Volckart, 1996: 47, 60, 212）。不过，黄金的商业效力仍然不应被高估。彼得·斯普福德（Peter Spufford, 1991: 240）就怀疑，在中世纪的鼎盛时期，相较于货币流通的新形式，货币数量的增加对贸易的促进作用更大。最近，统计分析发现，14世纪末和15世纪汉萨同盟[①]城镇之间的贸易联系更多地得益于使用相同的银币，而不是炙手可热的金币（Volckart, 2016: 26）——这一发现表明，地方和区域内小规模的交换具有相当的重要性，总体来说，其重要性远远超过了大规模的、记录更完备的远距离交易。

[①] 汉萨同盟，中世纪中晚期北海-波罗的海区域的商业城市联盟，包括英国、北欧三国、德国、波兰、俄罗斯的城市在内，形成了一个拥有特权的排他性城市联盟组织，内部成员享有互惠权利。

总之，中世纪的统治者们通过同时发行几种类型的货币来应对交换的增长，却面临许多新困境：仅仅使用白银很难满足消费者对的各种面额的需求；将银与铜化成合金又会招致伪币的出现，从而使货币面临面额之间的比率变得不稳定的危险，还可能促使人们专注于发行小额硬币；而同时铸造金币和银币的结果，在许多情况下，则相当于发行两种以灵活比价流通的平行货币。在每一种情况下，消费者都会面临着高昂的交易成本。当然，这与中世纪早期单一面额的货币体系相比，成本没那么高昂了，但与最初创造复合货币体系时的预期相比，还是要高。

除此之外，消费者还必须应对其他问题。发行机构并不总是遵循马克西米利安一世声称的在父亲的铸币厂中学到的高尚工艺，相反，他们经常为了赚钱而发行货币（即前文提到的货币铸造税）。他们偷偷减少铸币中的金银含量，使之贬值，从而增加利润。当这种情况发生时，面值相同但内在价值不同的硬币至少会在一段时间内同时流通，从而在消费者中造成不确定性，增加交易成本。因此，实际上，消费者遇到哪种类型的硬币，只是部分地取决于政治权威是否愿意满足日益多样化的货币需求。如果他们希望将硬币贬值从而增加税收，那么货币的供应也会受到影响。

金银：盛宴与饥荒

统治者和政府获得多少货币铸造税，取决于他们生产硬币的成本，而这反过来又在很大程度上取决于他们必须为硬币的主要成分——黄金或白银——支付多少。当不得不决定是否满足以及如何满足复合货币的需求时，他们确实有一些可供选择的方案，但他们中的大多数在向铸币厂供应金、银时面临着更多的限制。大体上，除了极少数例外情况（下文将讨论），只有两种可能性：当权者要么控制着自己的金矿或银矿，使其产出变成硬币；要么进口金、银。就短期而言，当权者可能会尝试各种政策，以增加贵金属的流入。然而从长期来看，要实现金、银的进口，统治者或政府的臣民必须生产出足够多的货物用以出口，以换取黄金或白银，或者提供黄金、白银出口地的臣民愿意购买的服务，例如运输服务。

金矿的开采和铸造之间的紧密联系早已建立——前文也已提到在法国西部发现的银矿石对于银币开发的重要性。自10世纪60年代以来，在哈茨山脉新发现的银矿床变得尤为重要（Hillebrand, 1967: 109）。两百年后，波希米亚的萨克森矿山（Saxon Ore Mountains）和库滕贝格（Kuttenberg）[①]成为欧洲生产银的中心（Castelin, 1973: 1ff; Schwabenicky, 1994: passim; Steuer, 2004: 133–136）。虽然没有生产数字留存，但基本可以得出结论：直到15世纪，其他所有矿山与之相比都不重要。14世纪，至少一些矿区的产量出现了下降（Bartels, 2000: 166）。15世纪，新矿床的发现和开采引发了1460年至1550年间几十年的白银开采热潮（Munro, 2003: 8）。相比之下，欧洲没有大量产出黄金。从12世纪开始，阿尔卑斯山、西里西亚和匈牙利都发现了金矿，但大部分黄金是从非洲和亚洲进口的（Vilar, 1984: 33ff, 47）。

我们不知道在中世纪晚期以前，黄金是怎样被从矿山运到铸币厂的。不过从12世纪开始，各处的矿产资源都被列入统治者的"君权"范畴之中，并成为他们的收入来源（Thieme, 1942; Hägermann,

---

[①] 库滕贝格，捷克西部城市库特纳霍拉（Kutná Hora）的旧称。——编者注

1999/2003）。采矿业本身被委托给那些叫作"吉维尔肯"（gewerken）的组织，其成员最初可能在地下作业，但后来主要从事金融业。15 世纪时，他们出售能进行自由交易的股票（Ermisch, 1887: XCIff.）。吉维尔肯以固定的价格将他们生产的一部分黄金卖给了统治者，统治者的铸币厂随后不得不以更高的规定价格将这些黄金买下来（Schirmer, 2006: 92; Wolfstrigl-Wolfskron, 1903: 65）。

鉴于金矿或银矿的分布不均，只有少数政府能依靠采矿来供应铸币厂。在中世纪晚期，匈牙利的国王们、蒂罗尔（Tyrol）[①]的哈布斯堡统治者和其他德国贵族，例如萨克森的公爵和选帝侯以及曼斯菲尔德的伯爵，都可以倚靠采矿业。其他统治者则依赖进口的黄金、白银，而这通常需要贸易顺差作支持。例如，供应给英格兰铸币厂的黄金一直有赖于英格兰生产足够多的出口商品，这就是英格兰与荷兰的羊毛和纺织品贸易在英格兰政治中扮演重要角色的原因。英格兰的国王们努力推行"重金主义"政策，不仅禁止黄金和白银的出口，而且还试图吸引尽可能多的贵金属。比如，英格兰于 1340 年首次发布的一项法令要求商人每运一袋羊毛，就要给伦敦铸币厂带来 1$\frac{1}{3}$ 磅的银盘（Munro, 1972: 36）。还有一个更微妙的方法可以达到这一目的，那就是操纵汇率：如果要发行黄金，铸币厂便要为外国金币及其原金属提供更高的（白银）汇率；如果计划提高银币的产量，那就用更多的黄金来换取银这种金属（Munro, 1972: 29）。

其他统治者也采取了类似的政策，但总体上成效不大。因此，

[①] 蒂罗尔，位于今奥地利西南部与意大利接壤处。

普鲁士的条顿骑士团（Teutonic Order）[1]非常清楚西欧统治者是如何供应他们的铸币厂的。在 14 世纪 20 年代，该骑士团模仿西欧统治者的措施，试图用将官方汇率设定得高于市场汇率的手段保障黄金的供应。然而，英格兰的国王们能够在中世纪晚期实施他们的政策，条顿骑士们却不能：他们不成熟的官僚机构无法确保向铸币厂供应足够的黄金（Volckart, 1996: 144ff.）。无论如何，中世纪大多数的领主都缺乏章法，更别谈像英格兰国王那样考虑推行精细的政策了。在英格兰，铸币厂会公布购买贵金属的价格，等待公众向其出售。大多数铸币厂都自行其是，他们的负责人、铸币厂的主人，都试图说服商人以尽可能恰当的比率出售金、银。有时，例如在 15 世纪初的普鲁士，铸币厂的老板甚至会自己经商，用在别处赚的钱来补贴铸币（Volckart, 1996: 147）。由于他不可能购买市场价高于他准备生产的面值的白银，因此这种做法只能起到有限的作用——覆盖铸币的劳动力成本，而在其他方面的作用不大。

还有一些更进一步的办法。首先，任何统治者都可以将货币贬值以增加金、银的供应量。只要公众没有意识到其发行的金币中金、银含量减少，他的铸币厂就可以为其购买的金、银设定更高的价格。即使有经验的商人和货币兑换商注意到他们从铸币厂获得的硬币已经贬值，他们仍然可能接受这些硬币——只要能利用消费者的不知情或在交易中的弱势地位，将贬值的硬币转移给消费者（cf. Rössner, 2012: 574ff.）他们就与贬值前的条件接受新的货币。

一项相关的政策依赖于这样一个事实，大多数欧洲国家（至少

---

[1] 条顿骑士团，中世纪到近代活跃于德国东部，尤其是波兰的骑士团。16世纪宗教改革时期条顿骑士团世俗化，在领地上建立普鲁士公国，对近现代德国和东欧的发展有深远影响。

那时不包括英格兰）缺乏明确的货币边界，这意味着许多硬币在其原产地之外流通。如果一位统治者仿制了一种流行的外国硬币，减少了其中的金、银含量，改变了原先的设计，从而使自己免于生产假币的指控，那么他将很有可能找到愿意以全部面额接受这种硬币的消费者。运用这种方法的最著名的例子是"金诺尔布（nobles）[①]战争"，即勃艮第公爵在14世纪末模仿英格兰诺尔布，旨在使更多的黄金流入勃艮第尼德兰（Burgundian Netherlands）[②]（Munro, 1972: 47ff.）。然而类似的政策很常见，特别是在欧洲的一些地方，如神圣罗马帝国境内有大量的货币并行流通（Volckart, 2009: 105）。如果一个统治者发行的硬币受到了偷工减料的仿制品的威胁，并且他的反应是让自己的货币贬值，那么其结果可能是一轮又一轮的竞争性贬值，即吉拉德（Girard, 1940）所谓的"货币战争"（guerres monétaires）。在某些情况下，这可能会导致货币的极度不稳定。

最后，有些统治者会利用有利的地理位置。例如，科隆（Cologne）、特里尔（Trier）和美因茨（Mainz）的大主教和帕拉蒂诺（Palatine）伯爵共同生产了所谓的莱茵基尔德（Rhinegulden），它成为神圣罗马帝国内外在商业活动中传播最广泛的金币。显然，这四位当权者并没有控制任何金矿，虽然在中世纪晚期莱茵河流域的葡萄酒越来越受欢迎，但其出口并没有给当地带来足够的收入，无法为其铸币厂供应黄金。然而，大主教和帕拉蒂诺伯爵确实控制了莱茵河流域的大部分地区。而在中世纪晚期，莱茵河已发

[①] 诺尔布，14世纪时英国的一种金币，相当于6先令或12便士。——编者注
[②] 勃艮第尼德兰，中世纪晚期法国国王分封于法国东部勃艮第地区的一处封地，后来向北扩张至低地地区，形成勃艮第家族统治下的低地。"尼德兰"即荷兰语"低地"的意思，位于莱茵河入海口。

展成为欧洲重要的横贯大陆的贸易通道（Chilosi and Volckart, 2011: 773）。他们在河边设立的海关哨所要求用黄金支付——偶尔会敲上一笔，这就使得他们能够为铸币厂供应原材料，并铸造莱茵基尔德（Weisenstein, 1995: 171）。因此，如果一个统治者的领土跨越了一条重要的贸易路线，而且绕开这条路线的成本很高，他就不会依赖于贸易顺差了。他也不需要操纵汇率、将自己的铸币贬值或仿效外国铸币厂的产品，他完全可以利用商业为自己的铸币厂供应原材料，从而使铸币厂能够生产价值稳定的货币，并在广泛的范围内流通。不过，像这样的例子还是很少见的。通常情况下，获取必要的金银以维持铸币的需求，以及向铸币厂收取税收的要求削弱了马克西米利安一世所声称的从父亲的官员那里学到的工艺。中世纪的大多数货币远不如他声称要生产的那样稳定。

铸币组织

在前一节中，我们提到铸币厂的负责人在向铸币厂供应金银时享有不同程度的自主权。事实上，他们有多大的自主性，在多大程度上必须遵守享有货币发行权力的政治机构的指令，因地而易。在中世纪，统治者和政府为铸货币尝试了各种各样的组织形式。其中一种是雇佣受到严格控制的官员，向他们发放固定的工资。折中的做法是起用半独立的企业家，他们组织铸造货币时必须按照规定的标准生产硬币，并向统治者的金库支付规定的货币铸造税，除此之外均享有自主权。在诸多形式的另一端，则是雇佣完全独立的企业家，他们可以自主决定货币政策。这意味着，有时统治者甚至无法在经济活动的核心领域推行自己的政策，也表明铸币组织与政体的发展和国家的形成密切相关。

　　早期法兰克货币，即上文提到的特雷米斯金币（也叫特里安）有一个显著的特点，那就是从大约公元 570 年开始，通常没有刻上铸币时的统治者墨洛温王朝国王的名字，取而代之的是铸币厂和铸币人，也就是法定货币铸造者（铸币官）的名字。这反映了墨洛温王朝国王从未垄断铸币业的事实，也是古典时代晚期国家经营的铸币厂因无法定期获得金、银而停摆的结果。在这种情况下，一些富人和地位较高的人接手了原本由国家经营的铸币厂，并尽可能地生产硬币（Grierson and Blackburn, 1986: 98–101）。我们对这些人生产货币的事实，在许多方面仍知之甚少。尽管如此，可以判断铸币官在他们的产品上加铸自己的名字，是为了表明某种责任。但他们对谁负责呢？不大可能是对墨洛温王朝的国王们负责，因为国王们甚至不愿意或不明确法兰克货币的基本特征，比如特里安的黄金含量（Grierson and Blackburn, 1986: 109）。尽管如此，7 世纪法兰克硬币的生产方式一定运行良好，以致吸引了其他的统治者。比如 7 世纪时英格兰就建立了以铸币官为强势基础的铸币组织（Naismith, 2011: 40）。

　　自主程度高不是中世纪早期铸币厂唯一的特征。加洛林帝国解体的表现之一是硬币发行权力的扩散，这种权力可以在未经国王或皇帝同意的情况下，由大量世俗的和神圣的机构顺利获得。为了确保其代理人遵守指令，这些地方当权者将铸币厂委托给自己的听话的家臣管理，即所谓的"封臣"（*ministeriales*）。不过，也有另一种情况，地方行政的各个分支机构大量雇用封臣，以致领主们渐渐失去对这些代理人的控制（Bosl and Weis, 1976: 76ff.）。就铸币厂而言，这种情况发生得更快，因为许多铸币厂位于中世纪鼎盛时期政治影响力逐渐增强的城镇。随着商业的兴起，经济上独立的居民开始形成团体，限制领主权力的愿望日益增强（Ennen, 1972/87: 122ff.），这使得控制铸币厂的官员地位受到影响——尽管仍然与领主保持着正式的联系，但他们之前对领主的服从失去了现实意义。这一点在12世纪的一首诗中得到了反映："我是一个铸币官，这里的铸币厂是我的合法领地。"还有一个半官方的说法："作为这个城市最富有的人，上帝知道我不需要奉承任何人。"（von der Hagen, 1850: 112）

在此以前，那些为管理铸币厂而任命了"封臣"的统治者就已经失去了指派铸币厂管理者的权力，这一权力被参与铸币厂工作的人以合作的形式掌握了。这些合作组织在法国被称为塞尔芒（*serments*），在意大利被称为米尼斯特里尔（*ministeria*），在德国被称为豪斯根森查夫滕（*Hausgenossenschaften*）（Jesse, 1930: passim; Spufford, 1988a: 15ff.）。它们的组织越来越完善，只通过合作接纳新成员，并获得大量特权。到了12世纪，他们几乎行使着与铸币有关事务的无限管辖权，处理伪造、违反货币兑换条例等事务（Jesse, 1930: 60; Travaini, 1988: 45）。在法国和意大利，这些组织的成员持续地直接参与铸币过程。在德国，他们关注的是在金、银贸易和货币兑换中享有垄断地位。货币标准可能仍然由城市的领主决定，或者越来越多地由自治的城镇政府决定，但这些合作组织为铸币厂提供原材料，并为硬币的生产注入资金（Jesse, 1930: 61ff.）。

当铸币的成本上升（比如铸币厂的产量必须在短时间内增加）时，合作组织有时会发现无法筹集生产所需的资金。在这种情况下，统治者可能会重申他们的控制权，将自己的铸币厂外包而放弃对其的控制。这种情况在整个欧洲都有发生，并且从14世纪开始似乎越来越普遍。一方面，外包可能会持续数年，期限范围从法国的一年到德国和意大利的五年，甚至更长；另一方面，被外包的铸币厂的正规化程度和经营条件在不同地区之间差别很大（Spufford, 1988a: 17; Travaini, 1988: 49ff.）。不过，其根本的原则在任何地方都是一样的。威廉·特恩米尔（William Turnemire）从1279年起与英格兰政府签订的合同就是一个典型的例子。威廉承诺"让货币为四个地方服务"，这四个地方是伦敦、坎特伯雷、布里斯托尔（Bristol）和约克（York）。

> 在上述三个地方，即坎特伯雷、布里斯托尔和约克，每一个地方他都会派驻一名主管，负责管理铸币厂及其附属物；他还将自费承担手下的开支及薪酬。这样，威廉总管将承担上述四个地方的一切费用和开支，并将生产的货币交给国王……无论是哪个方面，他都自掏腰包，而国王每得到一英镑就会给他七便士。（Johnson, 1956: 59ff）

外包方对资金、组织生产的各个方面负责，而他的利润由定期的货币铸造税构成。

威廉·特恩米尔是法国人，这是很不寻常的，因为在铸币厂的管理这方面表现得特别活跃的是意大利的公司。例如，在匈牙利，来自佛罗伦萨和帕多瓦（Padua）的企业家在14世纪控制着铸币厂的外包，他们还承接将教皇的收入和政治补贴转移到罗马的业务（Stromer, 1973–1975: 87ff.）。同样来自佛罗伦萨的弗莱斯科巴尔迪（Frescobaldi）公司也在为特伦特（Trent）主教和蒂罗尔伯爵管理梅拉诺（Merano）的铸币厂，为英格兰国王管理伦敦的铸币厂，为那不勒斯国王管理卡斯特尔·卡帕纳铸币厂，另有意大利人则活跃在都柏林、图卢兹（Toulouse）、吕贝克（Lübeck）、布雷斯劳（Breslau）[①]（Spufford, 1988a: 17）。15世纪30年代，普鲁士的条顿骑士团与当时欧洲最大的贸易公司之一——佛罗伦萨的阿尔伯蒂公司谈判，但最终决定不接受将其铸币厂外包的做法（Volckart, 1996: 110）。

到目前为止，还没有人系统地研究过统治者和城市政府是在何种条件下外包铸币厂的。资金短缺是一个显而易见的因素，但对包税制（tax farming）这一现象的分析表明，其他因素也可能起了作用。根据埃德加·凯泽（Edgar Kiser, 1994: 290）的说法，统治者会使用自己的管理机构。当直接控制成为不可能或者成本太高时，他们会外包，因为这样做为他们提供了可靠的收入，并且能鼓励他们的代理人去征收税款。换句话说，当高监控成本使得等级制度的运作效率降低时，市场关系——外包——就占了上风。铸币业的情况通常是相似的，特别是在中世纪晚期的西欧和南欧，一些铸币厂的产量非常巨大。在13世纪20年代，坎特伯雷铸币厂每年生产300多万枚便士币，如果一年中的工作日为275天，一个工作日的工作时长为10小时，那么他们每天就要生产11 000枚便士，或者每小时生产1000多枚（Spufford, 1988a: 20; cf. Penn and Dyer, 1990: 366; Clark, 2005: 1308）。大约一百年后，佛兰芒的铸币厂的产量甚至更大（Blockmans and Blockmans, 1979: 83）。在这种情况下，对生产的监管是一项重要任务。正如我们将在下面看到的，生产硬币是一个复杂的过程，欺诈和侵吞钻了空子。统治者可以雇用技术官员（检验员）来检查硬币的重量和纯度是否符合标准。此外，他还可以努力增加透明度，譬如邀请城市中上层社会的代表来见证检

[①] 布雷斯劳，波兰城市弗罗茨瓦夫（Wroclaw）的旧称。——编者注

验过程。1380 年，条顿骑士团的大团长就这样做过（Volckart, 1996: 49ff., 396）。统治者还得确保铸币厂的官员不会通过操纵原材料和人力的成本，或者少报所生产的货币数量来欺骗自己，以支付低于约定金额的货币铸造税。将铸币厂外包可以降低这些风险，如果统治者能让潜在的承包方相互竞价，他甚至可以将外包权一次性地拍卖掉，这样除了货币铸造税他还将得到一笔钱。这可能也是中世纪晚期外包铸币厂之风盛行的原因。

然而，在欧洲的一些地方，小型铸币厂大量涌现。比如在 15 世纪的神圣罗马帝国，即使是像萨克森或勃兰登堡这样重要的地方，也倾向于维持几个相对较小的"铸币作坊"，这主要是因为在和平尚属迫切渴望的年代，远距离汇款是危险的（Ilisch, 1988: 159）。此外，大多数属于伯爵、男爵、修道院或城镇等的较小地区的铸币厂只是间歇性地运作，将这种铸币厂外包出去是不切实际的：它们对那些潜在的承包方来说没有吸引力，而对掌权者来说也是没有必要的，因为在生产规模较小的情况下，后者仍然能够监督铸币厂人员的表现。因此，大多数铸币厂负责人在类似于现代公职人员的背景下工作：他们领取固定的、合同约定的收入，其中一部分通常覆盖了其工作人员的工资（Ilisch, 1988: 163ff.），他们还定期作就职宣誓。1400 年，不伦瑞克（Braunschweig）的铸币厂负责人所作的誓言就非常典型。他承诺："这一年中，我将忠实地主持铸币厂的工作，为议会和全镇的利益着想，除了议会给予我的薪水，不再谋取自己的利益。"（Bode, 1847: 187）

货币与冶金术

生产货币不仅需要组织技能，还需要冶金专业知识。在合金中确定纯金或纯银的含量便是最重要的任务之一。其中最简单的方法，是使用一组可以检查贵金属纯度的仪器：触针和试金石。试金石是一种黑色、光滑、像石头一样的火山岩，用要测试的硬币的边缘刮一下它，其上会留下一条非黑色的刮痕，然后比对这一条刮痕与触针在试金石上留下的刮痕的颜色。触针是由纯金、纯银，或不同纯度的金、银制成的。这种方法可以测定硬币中的纯银或纯金的含量，准确率约为 2%~3%（Redish, 2000: 22）。更精确的测量方式则是用铅熔化硬币，而铅会与硬币中所含的贱金属融合，也会被坩埚的多孔陶器吸收。纯金或纯银留在罐底，金属的高表面张力使其形成小珠子，这些小珠子被称重，并与合金的原始重量相比较（Emmerig, 2006: 8）。

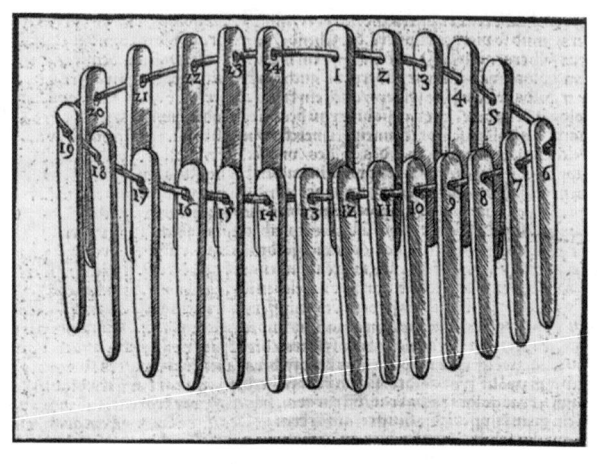

图 1.4　一套触针〔格奥尔格乌斯·阿格里科拉（Georgius Agricola）的《矿冶全书》（De Re Metallica Libri XII, 1556）〕

来源：http://www.deutschefotothek.de/documents/obj/88960409/df_tg_0000409

专业的货币兑换商、商人，有时甚至是农民，都非常关注他们所经手的硬币中的金、银纯度，因此，作为检测工具的试金石和触针广为人知。消费者有时会在同一类型的硬币中收集、熔化和出售含金量最高的，利用它们的细微差异来谋利。这可能会导致投机热潮，从而毁掉整个货币体系。15世纪末，不伦瑞克的编年史家赫尔曼·博特（Hermen Bote）就讲述了这样的故事。据他记录，商人是第一批用"货币交易，购买货币的人。他们或将货币当作由金、银制作的商品，并以这种方式变得非常富有，直到最后连普通市民都学会了这种交易。谁要拥有一枚纯度高的银币或者足量的基尔德金币，谁就会只盯牢自己的好处。到了最后，连农民都明白了这一点，以至于市面上再也没有好的便士、格罗森（groschen）和基尔德了，因为只要它一出现，便会马上被收回"（Bote, 1880: 410）。

为了遏止这种事态进一步发展，硬币的生产必须尽可能统一化，并且由法律规定，将金、银含量的偏差控制在技术上不可避免的最低限度。反过来，这需要精确地将铸成硬币的合金混合在一起——这是一项复杂的任务，并且无法因为各地因地制宜地采用了各不相同的计量系统而变得简单，因为这些系统中没有一个是以不同货币单元之间的十进制关系为基础的。测量贵金属时最常用的重量单位是马克（各地有所不同，1马克对应190克至280克），而测量黄金时1马克被分为24克拉，测量白银时分被分为8盎司、12德涅尔或16批（lots），较小的单位有昆汀（quentin，1马克的1/64）、英格斯（engels，1马克的1/160）、格令（grain，1马克的1/288）等。这些单位不仅表示重量，还表示百分比，因此，克拉是1/24马克或4.2%的纯度，昆汀是1/64马克或1.56%的纯度，依此类推。

15世纪中叶一本数学教科书提出的一个问题表明，使用这种测量单位制造合金有多么复杂。

> 一个铸币厂主计划合成一些银，它们分别是 36 马克纯度为 8.5 批的银，53 马克又 9 批纯度为 8.5 批的银，68 马克又 12 批纯度为 9.75 批的银，这样，最终得到的银的纯度为 6.25 批。他有纯度纯度为 3.5 批的旧硬币，想把它们熔入合金。请问：他需要用多少这样的银币才能生产出纯度为 6.25 批的银币？（Vogel, 1954: 118）

解这样的方程（使用罗马数字，最好借助算盘），是每个铸币厂主工作的一部分。

一旦混合，合金就被铸造成铸锭，铸锭要经过锤打，直到达到未来硬币所需的厚度。这些所谓的坯子是由马克西米利安一世的自传中木刻画里坐着捶打金属片那样的工人制作的（见第 20 页图 1.1）。下一步是从坯子上切割出硬币大小的金属片（坯料）——木刻画显示这一步是使用剪刀完成的，剪刀的一臂固定在工作台的底座上（见图 1.1 的左侧）。黄金和大块银币的重量须单独检查和调整（技术上叫"al pezzo"），并仍然用剪刀将多余的金属切断（重量不足的碎片回到坩埚），小硬币的坯料通过艾尔马可（al marco）的方式进行测试。这种方式是，铸币官检查规定数量的硬币是达到规定的总重量，而忽略单枚硬币之间的差异（Emmerig, 2006: 13）。如果合金中含有较多的贱金属，工人会将坯料放进一缸葡萄酒沉淀物中，搁置一段时间，这样坯料表面的贱金属会溶解，剩下一层薄薄的纯金或纯银。最后，坯料被放置在两个钢模之间，每个模具上都刻有硬币设计一侧的负片。铸币工人将下模固定在一个木块上，把上模放在坯料的顶部，用锤子敲击它，就这样把模具上的设计图样敲打到硬币上（即

图 1.5 中世纪末期，人们才开始普遍使用阿拉伯数字，在此之前，人们使用的是带有计数器的计算板，最理想的情况则是适用算盘〔格雷戈尔·赖施（Gregor Reisch）《哲学百科》（*Margarita Philosophica*）〕

来源：https://archive.org/stream/gri_c00033125008256329#page/n161/mode/2up

图 1.1 中右边的工人所做的事，cf. Emmerig, 2006: 16ff.）。在生产过程中，金属被定期加热以防分裂，这会使它损失一定的重量，就像它被放在葡萄酒沉淀物中一样。在中世纪晚期，铸币过程中的每个阶段都会被仔细地记录（如图 1.1 的背景所示）。即使在小型的铸币厂，整个过程也是高度分工的。尽管生产过程没有机械化，但产量

还是相当大的。

结论：白王和他的铸币厂

图 1.1 显示，年轻的白王参观一个小型的作坊式的铸币厂。1477 年，马克西米利安与勃艮第公国最后一位公爵的女儿结婚，并成为尼德兰的统治者。当时，尼德兰是欧洲除意大利以外最发达的地方，佛兰德斯（Flanders）、荷兰和布拉班特（Brabant）有着先进的铸币文化。在 15 世纪 70 年代末，他们的铸币厂平均每年发行 9 吨以上的纯银；十年后，仍然能保持在几乎每年 7 吨（Munro, 2009: 78）。因此，我们不妨正视马克西米利安自传中的木刻画，至少在某种程度上将其看作是简化的艺术品——即使在他成为勃艮第地区的统治者之前，哈布斯堡王朝就已经控制了蒂罗尔地区丰富的银矿，并将生产出来的白银制成了硬币（Moeser and Dworschak, 1936）。这便是当年铸币厂的情形，它们的工人也一定远比图 1.1 所显示的要多。一获得尼德兰地区，马克西米利安就熟悉了生产规模更大的"铸币工厂"（Spufford, 1988a: 19ff.）。他年轻时在父亲的铸币厂里学到的经济、政治和管理方面的基本原则仍然不变，他自传中的木刻画也显示了这些原则所起到的重要作用。

第二章
Chapter 2

货币及其理念：中世纪的支付方式

劳伦特·费勒（Laurent Feller）

考察中世纪的支付方式，意味着考察货币在交易中的作用，以及商业交换在中世纪经济中所扮演的角色。从更宏观的层面来说，这个问题与金钱在社会生活中的重要性，以及它在交易过程中使群体、个人发生联系或对抗的能力有关。自然，货币的发行源于经济发展，但它所承担的媒介功能甚于与价值相关的职能——它使得人与人建立起相互联系（Feller, 2014）。中世纪的经济活动并不总是使用硬币，有时候也用其他物品来支付。使用非货币性物品已经极为普遍，它的持续发展必然要与货币工具使用不均衡、易货形式复杂多变、各种价值的物品以固定比率交换的现象相适应（Spufford, 1988b）。另一方面，在当时的农业社会里，并没有多少物品需要用现金来交换。在贫穷的社会中生存，互助的需要使交换服务成为必需，这种交换通常是无须支付的劳动，但它被认定并记录为某种债务。自相矛盾的是，劳动和技能之所以能作为交换或易货的手段，是因为劳动或服务是通过另一种劳动或服务来偿还的，既不需要物的中介，也不以直接占有金钱或物品为目的。

对支付方法的考察，会使我们质疑自己对 6 世纪到 16 世纪经济生活的直观认识是否恰当。就经济史和货币史而言，我们可以在被普遍接受的叙述中，增加这样一种观点，因为领主征税制度、贸易组织或工资分配，货币从稀少或需求很少变为了被极度渴求之物。对金钱而不是服务或物品的公然贪求与渴望，使得中世纪晚期的经济及其历史与当代经济相仿——在当代经济中，金钱本身被视为目的，而不是获得其他东西的手段（Testart, 2001: 51-53）。这种观点冒着不合时宜的风险，认为经济生活是由对财富积累的渴望而塑造的，而在中世纪，这种渴望其实是很不明显的。从纯粹的逻辑角度来看，这一观点验证了进化论的假设，即以馈赠、掠夺和当权者再分配为基础的经济，将被本质上以贸易为基础的经济所取代。

货币的功能之一是作为交换的媒介，并由此成为支付手段。然而在中世纪，交易中会有各种各样的非货币物品被接受为支付手段（Feller, 1998a and b）。因此物品可以直接与其他物品交换，服务也可换得物品或其他服务——这些并非互不相容，恰恰相反，这些交换时常伴随着精细的度量、评估，以及交易双方对所涉及物品的货币价值的充分认知。这意味着非货币支付的确存在，并且在许多情况下，人们并不希望用货币进行交换，或者如果要用货币，也可能同时和别的物品一起交换。谈及中世纪晚期的非货币支付，首先进入脑海的是工资。彼时的工资并非总以现金的形式支付，而是体现为食品、衣服或其他任何有助于受雇者维持生计的物品（Beck, Bernardi and Feller, 2013; Feller, 2018b）。

在讨论付款方式时，必须指出，在大多数市场交易中，尽管货币被用作估值，但其实物并没有被使用。事实上，在中世纪早期，以货币为标准来衡量商品的价值是很普遍的。交易本身是在估价时或通过货币替代物（以折价形式）完成的。换言之，它是在物品而非货币的帮助下实现的，这些物品的价值是通过当事人之间的协议或通过一种更广泛的这些物品转化为货币的惯例来确定的。在这一背景下，以物易物，或者说不通过媒介或正式估价来进行的交换仍然是开放的：许多未被记录的交易便是通过某种特定的约定，而不是根据一般惯例来完成的。不过，我们会发现，在许多情况下，依靠非货币的物品并不一定意味着没有估价，而是说明中世纪的商人对所涉及物品的价值有深刻的认识。

这意味着，从13世纪开始成为支付的重要组成部分的工资，一部分是以实物形式，而不是以货币形式支付的，而构成货币体系的这一部分的价值还要不断地加以重新评估。[1] 然而，人们普遍认为选择何种支付方式决定了买卖双方关系的性质：它不被认为是中立的，也不导致当事人之间既有关系的中止。支付协议是口头交易的一部分，虽然交易达成了，但并不一定意味着双方的关系就此结束。交易可能继续发生，并在实际上有助于双方关系的形成——很明显，如果接受用一只动物为支付手段换取土地，那么用牛付款的买主就能成为客户的主顾。在这个例子中，买主为继续开垦土地提供了工具，牛的经济价值被纳入已建立的支配关系中。在用武器作交换的例子中，也可以做类似的考察。此外，土地具有货币的功能，它相当于农民的储蓄。土地具有储存价值的功能，它可以被利用起来以获得一些物品，而这些物品是这片土地所不能出产的，或者是用这片土地所出产的作物无法直接在市场上购买的（Feller, Gramain and Weber, 2005: 78–85）。

在漫长的中世纪，有两个截然不同的阶段应该清楚地予以区分。

第一个阶段是 6 世纪到 11 世纪，它的显著特点是众所周知的，不过我们还应该知道，这个阶段还有一个特点，即货币十分稀有，比传统观点所认为的还要稀有，这一个特点与其商业交换和非商业交换的发展相关（Pestell and Ulmchneider, 2003; Loveluck, 2013）。第二个阶段是 11 世纪一直到 15 世纪，正是商品交换发展、经济结构发生重大转变的时期。在社会发展的各个方面，这一阶段的突出特点是支付方式的多样化和丰富，以及货币工具的广泛使用，而非用途的单一化。事实上，经济的货币化发展是这一时期的核心，虽然总体而言，并不是所有的交易都需要通过货币来完成。

交换还是付款？中世纪早期的支付方式

20 世纪后半叶，人们在对中世纪早期的研究上产生了分歧，甚至出现了相互对立的观点。一方面，最早一批史学家们认为，地方贸易往往是微不足道的，因此人们并不经常在日常的购买行为中使用货币；与此同时，他们坚持认为，只有远距离贸易才具有经济意义，并且应该在排除通过生产和销售商品实现财富积累的可能性后，再将其纳入西方发展的语境加以审视。从 20 世纪 60 年代起，尽管观点尚未统一，但对地方贸易的再考察，以及经济人类学的视角在中世纪早期历史研究中的广泛应用，极大地改变了人们对货币在这一时期经济和社会中作用的看法（Despy, 1968; Toubert, 1983）。

事实上，地方贸易在 6 世纪到 11 世纪之间一直被认为是无足轻重的。农民自给自足，已足以满足日常需要，而不需要定期开放的市场来销售食品或购买制成品。家庭生产的食品和服装能满足基本的生活需求。农业技术、工具以及由此产生的冶金等问题被消极和悲观地认为证明了铁、农具的短缺（Duby, 1962; Fossier, 1981）。由于中世纪早期农业的糟糕状况和人们无力改变的事实，铁制农具是否有市场这一问题被回避了。货币流通的疲软和明显的不适应，加剧了人们对地方低值商品贸易容量的怀疑。因此，至少在加洛林时代之前，唯一可能的贸易形式是易货贸易，其结果是贸易得不到充分发展，多样化程度也不够——假如货币有效流通，情况则会改善（Duby, 1973a）。最后，就统治阶级而言，他们的需要在很大程度上是通过授予土地使用权来满足的，让土地所有者直接耕作成为他们利用私有财产的最主要的方式——贫穷贵族的形象由此诞生了（Bonnassie, 1990: 141-142）。反过来，对奢侈品的需求，是通过以黄金结算的高价值国际贸易得到满足的。在很大程度上，这些用作支付的黄金来自战争带来的利润或者统治者慷慨的财富再分配。因此，一方面是地上的生产和劳作，一方面是贵族的消费，这两者之间是完全脱节的，因为只有贵族的消费或多或少有系统地使用货币的需要。

不过，自 20 世纪 50 年代末以来，奢侈品不一定通过商业交换而流通的观点终于获得认可（Grierson, 1959）。至少对于精英阶层来说，经济为奢侈品礼物的获取和再分配提供了重要的空间（Keller, 2013）。贵重物品作为奖赏或激励的手段自君主向贵族垂直流通，在更宽泛的层面说，自上级至下级。在这些背景下，货币主要用于非商业目的：它成为礼物或者强制性支付的手段，比如交罚款等，有时与其他物品一起使用——因为赠送金钱往往会引起特殊的，常常是棘手的问题。财富的政治性流动是互惠互利的。每年，贵族们都会把税收（*munera*）送到他们的国王那里，就像被征服的人表达他们的臣服，这一行为确保了中世纪早期政治社会中以互惠为标志的这类流通的正常运转（Nelson, 2010）。然而，就像 9 世纪时发生的那样，一旦输掉战争，征服者被击败，这类流通就会停滞。农民和领主之间也存在着互惠关系——农民不得不向领主赠送礼物，作为获得土地使用权的回馈。乔治·杜比（Georges Duby）称之为"必要的慷慨"（Duby, 1973a: 63）。

在这样的背景下，几乎没有任何横向交换的空间，例如以货币为媒介、发生在商品市场中的贸易。如此，经济生活包含了两种平行的闭合线路。第一种是农民经济，其特点是生产出满足生产者及其领主之急需的食物。只有极少量的物品被用于商品交换，而且在大多数情况下，这种交换没有借助货币工具。第二种是贵族经济，但它只在商业交换中扮演着次要角色，因为贵族的大部分需求可以由从农业生产中获得的物品来满足，同时还可以通过君主与贵族之间不断的礼物交换来满足，这种交换确保了奢侈品的稳定供应。在许多情况下，遗嘱和编年史有助于我们了解这些货物是如何分配的。比如，马孔伯爵埃克哈德（Ecchard, the Count of Mâcon）在其公元 876 年立的遗嘱中，就根据亲属和朋友的地位和声望，向他们分配动产和不动产，其中包含珠宝、武器和书籍（Bruand, 2010）。同样，在 11 世纪初，帕德博恩主教梅恩沃克（Meinwerk, the Bishop of Paderborn）也向与他有商业关系的贵族们分发奢侈品，以回报他们赠送礼物的行为（Feller, 2013）。

用两个平行回路来形容中世纪早期的经济形态有明显的缺陷：它有这样的风险，即将中世纪早期经济形态转变为人类学家视野中历史上最贫困社会的经济形态，而无视我们由材料和考古证据获得的对彼时货币流通事实的认知。在某种程度上由自由市场传统强加的纯粹的货币经济研究，人类学家诱使我们去构想的无钱经济

(money-less economy），介于这二者之间的考古所发现却完全是另一回事。

考古事实

文献记录，尤其是考古文献为我们呈现了不一样的景象。20世纪90年代，英国考古学家建立了"生产场所"（productive sites）的概念（Pestell and Ulmschneider, 2003）。由于使用了金属探测器，不少藏有大量硬币的遗址被发现，这足以让人们至少部分地重建当年的贸易地图，即定期的市场和集市在哪里，无论它们是否与当地的人口、权力集中地或生产与消费中心有关。从那时起，研究的目标在更广阔的经济和地理背景中被重新确立。不管怎样，"生产场所"的出现平息了史学界的一场争论，这场争论对我们理解中世纪早期的经济活动至关重要，而它就是地方市场在经济发展中的重要作用。涉及剩余农产品、工具和服装的交易确在市场上发生。至少在英格兰，这样的市场活动在公元700年之后越来越活跃（Pestell and Ulmschneider, 2003: 1–10）。[2] 因此，从8世纪开始，货币被广泛地用作贸易的媒介。这一变化与金币铸造被放弃、在哈茨山和梅勒（Melle）开矿，以及北海经济区商业交流的发展是同步的。

不过，困难与灰色地带大量存在。辨明"生产场所"与大规模贸易之间的联系尤其困难。在北海和英吉利海峡的周边地区，这种联系是建立在商业中心（emporia）的基础之上的。同一时期，交易在不列颠群岛上发展。在那里，弗里西亚的希特斯（sceattas）流通得更快、更密集，这种货币在第纳里乌斯（德涅尔）一出现在欧洲大陆时就被盎格鲁-撒克逊王国迅速熔化并仿制了。这样一来，商业中心是如何与法兰克世界由庞大的修道院和贵族土地财产所构成的更大经济体系相联系的，就变得一目了然了（Devroey, 2003: 161–169 Wickham, 2005: 680–688）。这些商业中心常常有铸币工坊，就像在昆都维克（Quentovic）那样。事实上，在现场就能使用支付工具，正是这些商业中心的运作条件之一。因此，查理大帝时期最漂亮的第纳里乌斯之一出自昆都维克并非偶然（见图2.1）。在那些地方严格地收取通行费要容易得多，因为那里有流通的货币。然而，这些商业中心很脆弱，无法承受地缘政治的变化。从8世纪开始，它们就饱受法兰克人对弗里西亚的扩张政策之苦，在贵族财产扩张的过程中被边缘化，没有什么军事保护，对政治和军事环境中可能影响商业发展方向的那些变化又十分敏感。事实上，包括昆都维克和多雷斯塔德（Dorestad）在内的许多地方在9世纪时就被遗弃了，有时商业中心就只是移动了几百米，像伦敦那样，从斯特兰德（Strand）[①]搬到了市中心。然而，新的交易场所从10世纪就开始出现了。埃克塞特（Exeter）就作为其中一例，说明尽管供应的路线变化了，但商业的发展仍可持续（Maddicott, 1989）。

然而，细节信息丢失了。虽然在文献中能找到一些贸易路线的材料，但从考古学的角度看，这些材料并不充分，或者记载得不够完整。如果货币是流通的，那么我们就得倒过来找到用流通中的货币换得的物品。不过，在英格兰沿海和河边的遗址发现的考古证据

[①] 在罗马不列颠时期，现在的斯特兰德是通往希尔切斯特的路线的一部分。它曾是公元600年左右发展起来的名为"伦登维克"的贸易城镇的组成部分（但很短暂），并从特拉法加广场延伸到奥尔德维奇。阿尔弗雷德大帝从公元886年左右开始逐渐将该定居点迁入古罗马城镇朗迪尼姆，此后该地没有留下任何旧城的痕迹，并变成了田野。

图 2.1　查理大帝时期的第纳里乌斯，铸于昆都维克
来源：剑桥大学菲茨威廉博物馆（Fitzwilliam Museum, Grierson and Blackburn, 1986, no. 749）

表明，陶器和玻璃器皿等商品从莱茵兰（Rhineland）①到位于北海沿岸的英国和丹麦的商业中心，跨越了相当长的一段距离，但从未穿过欧洲内陆（Loveluck, 2013, 2016）。换言之，"生产场所"与考古发现的消费集中地尚未建立太多的联系。像弗利克斯伯勒（Flixborough）这样的地方，凭自己的实力与贸易网络相连，并与远方保持联系。不过，此网络非彼网络，在这里发现的奢侈品不一定会通过商业中心（Loveluck, 2016）来实现交换。在这里，研究者发现自己陷入了双重僵局：第一个僵局与通过商业中心出口的商品的流通及其与商业交换的联系有关，另一个僵局则与上层社会消费的流通有关。从商业中心出口的货物渗透到内地有多远？它们到达海岸和河港以外的地区了吗？上层社会从何处获得商品？这些商品的流通又是如何实现的？

---

① 莱茵兰，指德国西北部莱茵河两岸的土地。

货币的可获得性与支付方式的选择

在截至目前所述的经济形态中，货币虽然以实物的形式存在，但并非必不可少的用作商业交换的媒介。交易的参与者根据具体情况以及自身需要进入和退出货币体系。正如德弗洛埃（J.-P. Devroey）提醒我们的那样，参与者有一系列可行的方法（买卖、馈赠和回赠、以物易物等）将商品投入流通环节，并会毫不犹豫地同时使用（Devroey, 1993b: 353）。

就这一点，乔治·杜比举了两个截然不同的例子（Duby, 1973a: 69）。公元850年，费里耶尔修道院的院长琉珀斯·塞瓦图斯（Lupus Servatus）希望得到一些铅，用来重修教堂的屋顶，为此他向威塞克斯（Wessex）国王埃塞尔沃夫（Aethelwulf）请求到一份礼物。作为交换，他承诺在自己的权力范围内增加为国王祈祷的次数（Levillain, 1927–1935: 71, no. 84）。而就在此前不久，也就是公元830年，为了对圣彼得大教堂和马塞利努斯大教堂屋顶的修缮，艾因哈德（Einhard）与丰特奈尔修道院的富尔克院长讨价还价，购买了50磅的铅〔Hamp (ed.) 1889: 127–128, no. 36〕。事实证明，同样的目标可以通过多种方式实现，加洛林时期的管理者能够调动所有已知的商品进入流通领域，包括以物易物、礼品赠与和以货币为媒介的商业交易。在琉珀斯的这个例子中，不同性质的物品得到了交换：铅作为一个可量化的物品和祈祷交换对象，而后者是一个非物质的、不可量化的"货物"，或者说是一个无时不在的关于救赎的承诺。这显然是一种与商业无关的交易。另一方面，艾因哈德所做的包括计算、评估价格、谈判以及交易，他的这些行为属于以货币为媒介的商业交换的范畴。

在回顾10世纪加利西亚（Galicia）所使用的不同支付方式时，W. 戴维斯（W. Davies）惊讶地发现，这里支付方式形式多样，并且在特定地区具有某些规律性（Davies, 2002 and 2007）。她特别注意到，在卡斯蒂利亚地区（Castile）萨阿贡（Sahagún）修道院附近，为购买小块土地，购买方会使用谷物，而不是金钱或小型牲畜，偶尔也会用到衣物和酒水。这种做法似乎很难说得通，可能与买卖双方赋予物品的价值有关——有可能衣服比食品更有价值，因此更受追捧。相似的，将某些商品当作支付的方式，比如没有粮食这么常见但在当地还是比较容易获得的小型牲畜或酒水（苹果酒或葡萄酒），能解决迫切的消费需求。也许这就是当事双方对话的结果，他们买卖的主要意图可能就是获得食物。

除了物品本身之外，还可能存在着"幽灵货币"（ghost money）。在莱昂（León），戴维斯发现了用阿根蒂（*argentei*）进行支付的历史痕迹。这种货币类似于路易吉·伊诺第（Luigi Einaudi）所谓的想象中的货币（imaginary currency），而不是中世纪早期西班牙铸造的任何货币（Einaudi, 1936）。关于阿根蒂，戴维斯提出了一个假设，根据这一假设，我们可以描述出一个名为"复苏力"（resilience）的现象，意指某件物品虽然在物理上不再存在，但存在于人们的记忆和经济实践之中。碰巧的是，阿根蒂是一种在4世纪铸造的货币，相当于25第纳里乌斯。10世纪时这种货币已不再流通，但其名称却继续被用来指称其他货币单位。戴维斯认为，他所发现的阿根蒂就是零碎的迪拉姆，在购买土地时用作支付的补充手段。相似的情况也发生在9世纪和10世纪的曼库斯（*mancus*）身上。它只是用作簿记，并非当时或在早些时候流通的货币单位（Rovelli, 1992）。

尽管人们对现金礼物持怀疑态度，但货币也可以成为礼物。正如艾因哈德在《圣彼得和马尔切利尼翻译》(Translatio sancti Petri et Marcellini)中讲的轶事所描述的那样：一个男人来到塞利根施塔特（Seligenstadt），说要奉献一笔钱——40第纳里乌斯（原文是"他把它当作一份礼物"）。一开始，艾因哈德气势汹汹地问他是谁、他想要什么，然后让他解释他如何、为什么、在什么情况下设法得到了他现在想奉献给圣徒们的钱〔Waitz (ed.) 1887: 249〕。捐赠者解释道，这是他在生病期间许下的一个愿望，因为圣徒们奇迹般地治愈了他的病。为了把钱捐给圣徒们，他卖掉了一头猪。他没有土地，把猪卖掉就是为了给圣徒们一些钱而不是动物。在某种程度上，为此目的进行的商业交易是神圣的。赠与者并没有迫切地要求互惠，因为在赠与之前，他已经得到了被治愈的好处。这事关偿还一笔真正的不可估量的债务，而与买到什么东西无关（Naismith, 2014b）。在这种情况下，货币的用途出人意料，因为这一行为难以界定为买卖，但又仿佛一桩买卖。

尽管货币可用于各种用途，但其数量并不总能满足需求。现在，人们从8世纪的希特斯币开始（Naismith, 2014b），货币就促进了农村市场的发展的观点被普遍接受（Despy, 1968; Toubert, 1990; Devroey, 1993a and b）。向领土交租使农民不得不进入市场：他们被频繁地要求支付小额的被称为"年贡"（cens）的土地税，同时要以实物或劳作的形式支付与收成成一定比例的费用。但是，他们常常没有足够的现金；在大多数情况下，由于收入或积蓄匮乏而导致的流通不充分，他们不得不采用其他的办法。

公元840年，图勒（Toul）主教弗罗泰尔（Frothaire）在管理其主教辖区的财产时碰到了一个微妙的局面，其中一个重要原因是一系列歉收引发的饥荒（Parisse, 1998: 113, no.11）。他意识到无论是用现金还是农产品，佃农们都无法支付他们的年贡，于是他要求佃农们在他的土地上劳作，还一直抱怨说这样做对他来说代价很大——他必须养活这些农奴，而根据主教的说法，农奴不是特别好的劳工（Ibid.: *Unde nec censum ab eis debitum exigere possum nisi in opere manuum, pro quo rursus a me pascuntur et nec sic recuperari utiliter queunt.*）。在这个故事中，因为其他支付手段不充足，劳作成为了替代的手段。它还打着"慈善"的幌子——让农奴们用劳作换取食物，拯救他们的生命。简言之，歉收引发了一个复杂的局面，即年贡的支付方式从货币或农产品变为了劳作，然后又从劳作变为了食物。在一定的势力范围内，交换的有效运行意味着能创造出丰富的获利机会（开发土地和剥削佃户），而其途径是将以劳作、食物为主的任何可能有价值的东西转变成支付手段。

经济的进一步货币化

查理大帝推行的货币改革为西方世界提供了一个稳固而灵活的体系，事实证明，这一体系具有惊人的可持续性。不过，虽然它可以用来评估任何数目的款项，但仍不足以解决每一笔交易中的具体问题。这一体系中虽然有丰富的小面额货币〔奥波勒斯及皮克特（pictes）〕，但直到13世纪，数倍于它们的第纳里乌斯才出现。因此，大额支付是相当不切实际的，或者必须借助铸锭。

例如在10世纪末，波兰国王博莱斯洛（Boleslaw）想要买回被斯拉夫人处死的布拉格主教圣阿达尔贝特（St. Adalbert）的遗体（Hardt, 2016）。为了得到遗骸，博莱斯洛不得不支付了一大笔钱，大部分是银锭，也有银币。格涅兹诺（Gniezno）大教堂的青铜门描述了这一交易,其中一块面板上刻画着铸锭和硬币被放在称上被称重的场景(见图 2.2)[3]。这不是购买商品,而是为一个被囚禁的遗物支付赎金。使用没有明确货币价值的物品是合理的,因为神圣的遗物不可能成为商业交易的对象,它需要与商业交易完全隔绝。因此,这是针对一个实际上无法计量其价值的物体的支付。在这个故事中,用银的重量做衡量有着显而易见的理由:普鲁士人的经济未必依赖于货币,此外,个人不能赋予神圣物体以价值。

图 2.2 格涅兹诺大教堂门上的一块面板,描绘购买圣阿达尔贝特遗体的场景
来源:知识共享许可

然而,以重量评估价值似乎是中世纪早期交换的一个特征,而铸锭是一种已得到充分证明的付款方式。如果铸锭被一个政治权力机构标记和检查过,那么它就会被认定为真正的货币。若物品的重量和标记是个人确认的,其效用就会大打折扣,因为可快速识别其价值是货币作为交换工具的有效性的重要组成部分。彼得·斯普福德就认为,铸锭和硬币的价值若不及 50 苏勒德斯,便没有使用价值(Spufford, 1984: 388)。

铸锭的作用是多方面的。它是被普遍接受的价值储存介质，也很容易成为流动资产。社会地位高的旅行者携带它们，就和后来的人们携带美元作旅行支票一样。斯普福德举了13世纪早期一位日耳曼高级教士的例子。这位教士的行程被他在不同城市进行的多笔交易记录着——总共11笔，每次交换中他都获得一笔当地的货币，以支付旅行开支（Spufford, 1988b: 209–210）。这些铸锭即使未经过认证，也是标准化的：它们的重量是一样的，而且即便没有明显的标志，也可以由其持有者的身份来保证。在这个例子中，铸锭的持有者是主教。铸锭上标记的出处使得交易商能够了解其中的纯银含量；若没有标记，则很难核实。正如15世纪比利牛斯山（Pyrenees, Verna, 2010）地区的情形，在那些使用铁锭而非银锭的复杂的易货过程中一旦确定开采铁的矿山和用以铸造铁锭的工厂，就明确了将用作交易的这一金属的品质，以及它所具有的商业价值和潜在用途。银锭是用来储存价值的，而不是支付，但铁锭既用于商业交易，也用于支付工资。在那位旅行的主教的故事中，物品的品质基本是由他这位持有者的身份保证的；而在铁锭的例子中，物品对于买卖双方的价值是由作为交换手段的物品自身的信息（这种信息在当地很容易被核实）来保障的。

为了避免支付旅费所需的现金过多的困扰，主教用的是标准重量的铸锭。不过，有时人们还是喜欢用硬币而非任何其他方式支付，即使所需硬币的数量很大。在税收方面尤可能如此。1286年，在巴伦西亚（Valencia），一笔总额为3 300英镑的皇家税收全部是以第纳里乌斯银币接收的。这一做法的一个合理解释是，征税机构不想先收取其他货币，然后将之转变成铸锭，这样会增加税收成本，也就是说，他们不想用这笔钱去购买铸锭。但最重要的是，征收者如果能保证纳税人用硬币支付的金额与所要求的金额完全一致，他们就不会以任何方式去证明硬币的真实价值，因为这些第纳里乌斯可能来自不同的铸币厂，要核实其来源十分困难（Furió and Garsia Marsilla, 2014）。事实上，组成这 3 300 英镑皇家税收的硬币数量相当庞大：31 袋，每袋装有 2.4 万至 2.6 万枚第纳里乌斯，总共约 80 万枚硬币（通常为 79.2 万枚），重量估计为 775 公斤。问题不在于重量，而在于如何处理这些装满低购买力货币的袋子。

13 世纪初，价值数倍于第纳里乌斯的货币出现了。其中最广为人知的和最稳固的是首先由威尼斯铸造的格罗索，一枚格罗索相当于 2 克纯银，价值为 24 枚第纳里乌斯（或 2 枚苏勒德斯）（见图 2.3）。按照这一时期编年史家马丁·达·卡纳尔（Martin da Canal）的说法，当地铸造格罗索是为了向造船厂老板支付工资。当时他们正在建造一支舰队，好把十字军带往"圣地"（Holy Land），进行第四次十字军东征（Martin da Canal, *Les Estoires de Venise*, ch. XXXVII: ed. Limentani, 1972: 46–47）。尽管货币数量的增加与付薪活动的发展具有重大意义，但二者间的联系应受到质疑。事实上，劳动力需求的增加意味着政府必须增加货币供应量。政府本应为公众提供结算手段并充当担保人，也就是说，必须对经济、对公平贸易关系的需求作出回应。威尼斯兵工厂的例子很好地说明了这一点。新铸造的货币被用作解决供应问题、支付大笔工资，以及与工匠结算以固定价格签订的合约款项。事实上，马丁·达·卡纳尔谈到了工匠们的雇主的报酬，他没有提到雇主的工资，但经常提到他们的开支，其中包括购买补给品的花费，以及支付给出卖体力的工人们的工资。[4] 为了支付这些费用，雇主们不得不使用购买力低于威尼斯铸币厂新近发行的格罗索的硬币。工人们没有固定的食宿，因此他们最迫切的

图 2.3 恩里科·丹多洛（Enrico Dandolo, 公元 1192—1205 年在位）时期，威尼斯共和国铸造的格罗索
来源：CNG

需要是支付日常开支，即用小面额的货币购买食物、衣服和住宿。

在交易过程中，公共权力机构扮演公平的保证人角色。在城市中，不发工资、拖欠工资或以商品形式支付工资的情况很容易被视作高利贷——至少，这是 1377 年的羊毛商行会（Arte della lana）看待事物的方式。当时它禁止用实物支付工资，比如说用布料，哪怕只是部分工资用布料充抵（Rodolico, 1889: 88–91）。

谈及大额支付，西方世界在 13 世纪初的状况有所改善。从 1250 年起，金币开始慢慢回归，尽管白银仍然以铸锭和硬币的形态占据主导地位并广泛用于商业贸易。黄金在欧洲内部被用于支付，也用于欧洲与中东的贸易。在 9 世纪到 12 世纪间，虽然并非完全没有，但银矿的发掘变得稀有。梅勒和哈茨山的矿藏有限地满足了流通量增长的需要。在 10 世纪和 11 世纪，西方世界似乎依赖于其自身的贵金属储备，这是贸易顺差的结果，其盈余可能是由原材料出口和奴隶贸易带来的（McCormick, 2002; Manzano, 2013）。显然，替代货币和复杂的易货形式需要发展。在 10 世纪到 12 世纪间，西班牙的商业交易可以用牲畜和谷物来结算（Gautier-Dalché 1969; Davies 2002 and 2007）。货币的价值，就像这样以一种随意但被双方认可的方式，被分配给了牛等动物或一定数量的小麦。

12世纪中叶，当新的矿场在萨克森的迈森（Meissen）、奥地利的萨尔茨堡（Salzburg）附近、弗赖贝格（Freiberg）、弗里萨赫（Friesach）和意大利的沃尔泰拉（Volterra）附近开业时，情况开始发生变化。从12世纪60年代到14世纪中叶，新的供应源定期出现，促成贵金属长久、持续和定期的流入（Spufford 1988b: 109–131）。然而，矿产的丰富伴随着与货币的富足、可用性相关的深刻的质的变化。另一方面，撒哈拉贸易路线的开通使在苏丹获取有限的黄金成为可能。如上文所述，这种贵金属很快以铸锭的形式流通，但也以格罗索等新硬币的形式流通。格罗索是在经济最活跃的地区铸造的，购买力更强。从某种程度上来说，这种货币的涌入与12世纪末发生的物价上涨有关，产生了一系列后果。尼克·梅休（Nick Mayhew）指出，在这一时期，不仅物价急剧上涨，欧洲各地的铸币工厂也发展迅速（Mayhew 2013a and b）。所有这些都是在没有操纵货币的情况下发生的：价格、货币生产和商业活动齐头并进，对整个欧洲经济体系产生了一系列影响。

价格、税收和商品

物价的大幅上涨以及同期出现的城市市场，使沿袭自加洛林时代的领主税收制度得到了调整。这一制度被采用新的征税模式的需求所动摇（Hilton 1992: 32–33; Feller 2009）。向劳动课劳工税，征收土地税和少量的现金已不足以维持一个庞大机构或贵族家庭。此外，适应新兴城市市场所带来的变化势在必行。价格的明显变动引起了即便不是对立，起码是复杂的反应，这取决于领主是否愿意涉足贸易。领主更愿意以现金或实物的形式收取固定租金，一般情况下，以现金支付税款更受青睐。劳务服务被大规模地削减，由货币代偿，而实物地租（champart，土地收成的一部分）则经常被使用费（usage fee）所取代，并用现金支付。这两种趋势迫使农民将自己的产品商品化，并根据市场上的信息决定产品流向何处。农民对城市食品消费（所需要的的谷类和肉类）的看法，以及关于工匠对原材料的需求信息可以改变他们所从事的生产的性质，而无须领主做任何调节。最初，税收的这种转变导致了生产者生活水平的下降，因为它或多或少系统地加重了使用土地的税负。但是，一旦被迫将自己的活动与市场相联结，可以从市场中获得最新的信息，生产者就能最终盈利。最终，以货币形式征收的固定税使农业生产者能够从货币贬值中获益，虽然贬值的影响，尤其是随后的物价飚升并没有立即显现出来。

以实物支付固定税的情况就不同了。在这一领域，生产者进一步被逐出市场，只有领主才能从城市消费的发展和价格的波动中受益，而不论价格是上升还是下降。生产的风险完全转移到农民身上，而领主拥有大量可自由支配的商品，可以随时投机粮价，从而最大程度地从城市消费中获益。他唯一需要关心的是销售。简而言之，在12世纪末和13世纪初，货币流通的加速、贵金属储蓄的增长与货币铸造税结构的深刻重组密不可分。领主对不断变化的经济形势的判断，决定了强加于农民的缴税方式（Bourin, 2009）。

商品在复杂的流通中流动、被估价，这种流动和估价又取决于周围的社会和政治环境。在贸易中，同一物品可能先后或同时出现在多处，而人们对其交易价值或实际价值充满了期待。无论这些物品是什么，它们都可以成为支付的手段或在市场交易的商品。所有这些都是在市场活动多样化的背景下发生的，而且是在货币相对充裕的环境中发生的，这种环境使得税收结构的改变成为可能，并为消费的改变开辟了道路——当然，尽管不限于，但这种改变是统治阶层的。在这一过程中，使用物品作为支付手段、储藏手段仍然是常规的做法。它们应承担（可能已承担）货币的职能，比如在前文提到的例子中，它们是工资的替代品。

商品、工钱和穷人

在中世纪晚期，奢侈品成倍增加，随之而来的还有对财富的炫示——14世纪到15世纪颁布的禁奢法律就是对这一现象最明显的例证（Muzzarelli, 2003）。事实上，在14世纪后半期，人们的生活条件有了一定的改善，在这样一个深陷重重困难的社会[①]里，这一境况是矛盾的，常常是戏剧性的。然而，事实的确如此。在这之前只有上层社会才能获得的商品，特别是服装，此时都可以买到。另一方面，最富有的人越来越多地把钱花在那些显然是用来展示他们财富的物品上。政治和宗教机构反应强烈，出于道德和经济考虑禁止炫耀过度的奢侈，特别是在女装和珠宝方面。在一个饱受苦难的社会里，炫耀奢侈品被认为很不得体。此外，这样做会使货币因非生产性、无繁殖力，从而成为没有实际价值的物品，远离生产性投资。奢侈品被视为囤积和固定财富的一种方式，而在基督教社会里，想要盈利，财富就必须流通。意大利所有的城市以及法兰西王国等主要国

[①] 14世纪，"黑死病"侵袭整个欧洲。此外，欧洲人口数量骤减，劳动力不足，农业生产力倒退，经济凋敝，社会政治秩序动荡，可谓困难重重。

家都制定了各种严格的法律，但事实上，这些法律由于无法执行而未被遵守。

然而实际上，商品的激增对社会的各个层面都产生了影响，许多商品甚至出现在最普通的家庭中。它们标志着生活水平的普遍提高，同时一直保持着货币的功能。存钱是鲜有的，用物品来储存财富更普遍。在需要时，这些物品被换成现金或与其他商品、服务交换。例如，薄伽丘的小说中就充满一些滑稽的场景，在这些场景里，物品在交易中被一个接一个地用作担保或支付的手段。[5] 二手市场的发展也紧随其后，特别是和服装有关的。几乎每个大城市都有这样的市场，其中有各种各样的服装，从奢侈品到最破旧的布料，一应俱全（Garcia Marsilla, 2013），其中最有名的在巴伦西亚。正如在现代一样，那时的雇主有时赠送下人旧的或过时的衣服，来代替现金工资，而这些礼物注定会回到市场中。穷人卖掉所有的东西，不管是因为运气不好而没有必要再保留这些衣服，还是因为要充分利用他们拥有的一切以渡过难关。顺便说一下，这些卖家正是从同一市场上买衣服的。

当然，实物也可以作为借贷的抵押品。比如，有一位老教师将一本书借给了彼特拉克（Petrarch），好让他把它当掉。结果，彼特拉克和他吵了起来〔根据他自己的说法，这本书非常有价值，因为里面有西塞罗（Cicero）的《德·格洛里亚》（*De Gloria*）手稿〕。朋友之间直接借钱是不合适的，而把借来的或受托付的物品典当给第三方，却不会引起特别的问题。[6] 从破产的家庭中没收物品，更多地，没收拖欠还款人的物品，表明动产很容易变成现金资产（Smail, 2013）。换言之，在货币充裕的社会里，无论是在城市还是在乡村，下层阶级都有机会改变生活条件——只要使他们接触商品，更进一步，接触除了具有使用价值，还具有贮藏和储蓄能力，或者说是保值能力的商品。在货币供应匮乏的时期，特别是在中世纪末比朗严重短缺的时期，财物的这种货币功能被认为是生存的关键。

我们已经提到了工钱的问题。无论是在城市经济还是乡村经济中，劳动报酬迅速普及。这一问题早在中世纪早期就已经讨论过了，科尔比（Corbie）修道院的阿达拉得条例可以证实（d. 827）〔Semmler （ed.）1963〕。劳动被认为可以量化为一定的价值的，尽管在衡量，尤其是表达其价值时会遇到困难。正如前文中 9 世纪的那个例子，当为劳作支付时，货币与商品或食物的相互作用是持续的，而直到中世纪晚期，劳作本身也一直被视为一种支付手段。村民之间的互助包括评价彼此的工作、互借工具，以及直接提供劳动服务（Wilmart, 2016）。这样的例子很少，但很有说服力。

另一方面，工钱问题从来就不甚明了，也没那么简单。雇佣工的工资通常以现金支付，但也不仅仅是现金。尽管并不总是如此，但有时一部分工钱不是以货币形式发放的，取而代之的是餐食或者，或者与产出、已完成的工作成比例的其他物品，最常见的是衣服。因此，1338 年由医院骑士团对普罗旺斯地区（Provençald）进行的一项调查显示，付给劳动者的薪水包括他们所消耗的餐饭、食物，以及所谓的"工资"（*salarivm*）——一般情况下是小麦，根据劳动者的级别、责任范围和专业知识来分配，最后还有一笔钱，可以用来购买衣服（Duby, 1962; Beaucage, 1982）。至此，我们看到了一系列支付劳动报酬的方式。最后需要指出的是，中世纪时劳动者的工钱总是依据其名誉、技能、年龄、性别和力量而裁定。有时候，这会导致中世纪晚期各个生产场所中劳作者收入的显著差异，这正是由老板对工人的不公评价造成的（Pinto, 2013）。

反过来，等级又由工资水平、支付形式，以及货币的分配方式标记。在大规模的生产场所，总承包人每年领一次金币，他的薪水是名副其实的年金。在工程期间，他除了可以得到报酬，还可以得到一份教士的酬金或薪俸[①]，不仅丰厚，而且令人尊敬（Victor, 2013）。如前所述，工人的工资是用比朗支付的，这是一种完全不同的支付形式，而且在工人那里，比朗并没有符号价值。

金、银两种金属的投入使用创造了两者兼得的可能性，同时也使得多元化的支付成为可能。意大利城市佩鲁贾（Perugia）提供了一个显著的例子，该市的公社用白银支付教师的工资，但前提是用黄金计算。在这种情况下，适用于教师工资的比率比适用于城市供应商的比率要优渥得多，这同样表明了在分配时对教师的尊重。虽然从账面上看教师的工资低，但因为这样的比率，他们的工资升值了（Zucchini, 2008）。

最后，在 12 世纪出现的错综复杂的双重甚至三重货币体系中，新的簿记货币诞生并开始在复杂的货币兑换中发挥关键作用，而兑换对于达成支付金额的一致性是必需的。这引发了汇率投机行为，并逐渐在人群中建立起等级。因此，在佩鲁贾，所有的工钱都是用弗洛伦努斯（*florenus da camera*）计算的，除了纯粹的账务虚构（accounting fiction），它有一个显著特点，即能根据公社是支付还是收款而赋予工钱不同的价值。通过利用汇率差异，公社做到了节省开支，同时将付款用于非直接财政用途。

[①] 和一般领取日薪的工人不同，承包人负责建造城市大型公共建筑和教会建筑，签署了经过公证的正式合同，他们可以获得委托人按年支付的养老金。养老金的支付方式并不一定是现金，文中的酬金或薪俸或为养老金的一种支付形式。

结论

中世纪使用的各种支付方式的持久特点是它们能表示事物的价值,并且在一个以不断计算、评价和估值为特征的经济环境中,能独创性地找到使贸易成为可能的方法。在经济生活中,参与者通过不同的支付方式实现了许多功能,其中一部分功能是以平衡的方式做交易结算、通过支付报酬来确认劳动价值、评估等级和建立等级制度。然而,选择是有限的:货币的丰富或稀缺,都会限制复杂贸易结构在理论上的可能性。另一方面,商业经济的发展、手工生产的进步以及铸币税制度的改进,为建立一个真正复杂的支付处理系统铺平了道路。然而,支付方式的结局依然是开放的,因为它们从来没有(或者极少)以指定单一的结算方式为目标。参与者并没有寻找彼此摆脱的方法,相反,他们建立并加强了彼此间长期而密切的关系。在所有的复杂性当中,对劳动力及其补偿的态度是最为显著的。劳动力绝不被认为是一种可以无偿获得的商品,而是集合着一种以长久关系为基础的直接意图,劳动力的付出者可以在这一关系中获得实物利益(膳食、小费、赏金和服装等),这正彰显了劳动力的持久性特点。支付还通过人们对货币的选择(金、银或比朗)或支付中使用的物品,反映了人与人之间存在着的等级结构。便利性在货币的发展中起到了一定的作用:在旅行中携带铸锭,显然比装配多种不同来源和低购买力的货币更为实用。最后,这个问题使我们回到中世纪交换的多义性和多样性特点:有时是商业性的,有时是非商业性的,有时是两方面都有一点——取决于具体的情况以及每个当事方的意图。不过,中世纪的交换很少是排他性的,并且会因为经济环境的不同而具有不同的含义。

第三章
Chapter 3

货币、仪式与宗教：神学与管理之间的经济价值

贾科莫·托代斯基尼（Giacomo Todeschini）

在中世纪的西方，"货币"与"宗教"之间的连结关系至关重要。货币既指抽象的金钱（*pecunia*），也指具体的钱币（*nummi*）；[①] 而宗教，也就是仪式，与超自然有关，并与之存在制度上的联系。从欧洲基督教化最初发端到中世纪结束，西方知识分子和君主开始从经济角度描绘宗教中的奥秘，与此同时，他们也将神圣意义赋予受各种社会群体控制的经济生活圈，而这些社会群体被认为是普遍幸福（general wellbeing）的倡导者和担保者。

从古典时代晚期到12世纪的货币、债务和价值

存在于生与死之间、人与神之间的"债务"观念，在诸多不同种类的宗教文化和习俗中是完全有形可见的（Malamoud, 1983,

---

① Pecunia, 音译为"佩库尼亚"，在意大利语中指"金钱"；Nummi, 音译为"努米"，在拉丁语中指"钱币"（单数形式为"nummus"）。——编者注

1988）。然而，在西方的犹太教和基督教之中，债务是一种法律和道德义务；这种思想具有一种特殊的"货币化"，即被可量化的属性。这种属性与日常经济、救赎安排（economy of salvation）含糊地联系在一起（Anderson, 2009）。12 世纪，圣饼具有将神圣价值具体化的超凡力量，而货币具有体现日常事物价值的能力，两者之间形成密切的类比关系。将二者类比是运用经济学与货币学描述神秘、形而上学事件的古老传统发展到极致的产物。事实上，我们在比较基督教传统中的圆形小圣饼与由金、银或铜制成的钱币时（Morrison, 1961），并不关心制作圣饼和钱币的材料（谷物或金属），而是考量圣饼和钱币所具有的能同时代表宗教价值与经济价值的抽象力量与具象力量。11 世纪的圣餐变体论是由获得罗马教宗认可、正式授予圣职的神父们向饼行祝圣礼之后的产物，据此形成如下思想：圣饼已通过祝圣而实际上成为基督真正的身体（而不仅仅是一个象征基督身体的恰当符号）。这一观点意味着，尽管基督的身体并不可见，但它却真正临在于经过祝圣的饼，以及发生象征性的改变的饼（圣饼）之中。这种不可见与可见之间并不存在矛盾。钱币具有代表尘世价值（以及各种价值）的度量功能，而圣饼具有代表神圣价值的形而上学功能。因此，将二者作比较的可能性，与 11 世纪的圣餐变体论有直接的联系（Shell, 1982; Rubin 1991; Bedos-Rezak, 2000; Todeschini, 2000; Kumler, 2011; Travaini, 2013）。根据圣餐变体论，祝圣仪式将饼转化为基督的身体，这与这种质料的神奇变化是否可见无关。

换言之，从 11 世纪起，礼仪学家与教会法学家，分别作为宗教礼仪和教会法领域的专家，开创并推广了一种特定的宗教语言，将"神圣价值"理解为一种抽象无形的特质，体现在有形符号/物体，即钱币或圣饼之中。与此同时，这种符号/物体具有可计算、可度量的性质，即其本身具有具体的外观、重量、尺寸和材料。这意味着，"世俗价值"，即使是无形且非物质性的，也可以通过留在圣饼和钱币上的印记来验证，因此可以加以计算和无限复制（Shell, 1982; Bedos Rezak, 2000）。作为世俗价值/神圣价值之象征的钱币和圣饼可以复制，这意味着世俗价值和神圣价值都可以再生，并可以同时再现在无数不同的地方。因此，今天的宗教社会学家（McKinnon, 2013），不论是假设"市场理性"（更具体地说，自由市场理性）将宗教话语的内在本质嵌入到经济隐喻当中，还是与之相反，认为"宗教理性"话语通过经济隐喻可以更清晰地表达其自身含义，都不妥当。从历史和语言学的角度来看，这种对立毫无意义。事实上，正如下文将要讨论的，研究西方宗教与经济术语在史料中具体表现的学者们，会将这些术语理解为一套复杂的语言系统，它塑造出一种独特且不可分割的宗教及经济话语。因此，可以将构成西方基督教宗教-经济话语的经济隐喻和转喻理解为这种话语的常规甚至本质性的特征，而这些隐喻和转喻也为现代以及大多数后资本主义时期的西方根据其自身的认识论，分辨出双重且可能是互联的语言奠定基础（Todeschini, 1994, 2002）。

在 11 世纪至 12 世纪之间创作的一些礼仪声明，形成人们用越来越可见的语言重述有关价值的话语，以及承载价值之本质的日常事物。这些声明的作者属于罗马天主教教会世界，他们是法兰西和日耳曼的宗教改革家，以及罗马主教至高无上的拥护者：罗切斯特主教博韦的厄尔努夫（Ernulf of Beauvais）、康斯坦茨的伯恩霍尔德（Bernhold of Constance）、欧坦（Autun）或雷根斯堡（Regensburg）的奥诺里于斯（Honorius）（Ellard, 1943; Kumler, 2011）（可参阅图 3.1）。其中最著名的是欧坦的奥诺里于斯。他于

1120 年左右所著的《灵魂宝石》(*Gemma animae*)或《论神圣仪式》(*De divinis officiis*)中记述了相关声明。当讨论弥撒期间神父祝圣的饼应当呈现怎样的形状时,奥诺里于斯写道:

图 3.1 对钱币状圣饼的崇拜〔孔代博物馆,法国尚蒂伊(Chantilly, Museéé Condé, Ms 65, f. 189v.),15 世纪早期〕
来源:维基百科,知识共享许可

因而,圣饼的形状就像钱币,因为基督,也就是生命的粮,是为一笔钱而交付在十字架上的,而他必像真的钱币一样,作为报酬恩赐给葡萄园的工人。于是,神的形象就由这饼来呈现,因为皇帝的名字和形象也刻在硬币上——神的形象就藉着圣饼回到我们身边,我们的名字也被写入生命册中。(Migne, 1844–1864 ed., vol. 172, col. 555B; Ellard, 1943; Bedos-Rezak, 2000; Todeschini, 2000; Kumler, 2011; Brett, 2012)[1]

即使在这种形式下,奥诺里于斯的表述在概念和语言上仍具创新性。我们若回顾根植于有关人神关系的货币隐喻之中更古老的神学概念，例如希波的奥古斯丁（Augustine of Hippo）在下文中的表述，就有可能重建这种思想的起源和形成过程（Herz, 1958; Bogaert, 1973; Toneatto, 2012）。这些隐喻反过来又与源始基督教语言传统产生关联，后者通过经济意象描述基督的道成肉身。初代教父认为，某些诫律是由基督亲自制定的，它们同样具有通过货币术语来表达道德义务的特征。事实证明，有一条特别的"耶稣语录"（agraphon，指希腊和拉丁教父们认为基督说过的话语，但是这些话语并未收录在正典福音书中）至关重要。这条"耶稣语录"认为，好的基督徒应该"与熟练的货币兑换商类似"（probati nummurliai, "dokimoi trapelitai"），也就是说，他们就像善于区分优劣货币的货币兑换商那样，成为善于分辨善恶的行家里手（Resch, 1889, 1906; Rahner, 1956; Todeschini, 1994）。希波的奥古斯丁以及米兰的安布罗斯（Ambrose of Milan）、凯撒里亚的巴西尔（Basil of Caesarea）和亚历山大的克雷芒（Clemens of Alexandria）等教父，广泛发展了这一传统，即用经济术语描述宗教抉择和灵性生命是一个整体。较之他人，希波的奥古斯丁在布道和论述中使用了大量经济隐喻来描述基督徒的责任和救赎，以及罪和毁灭。在希波的奥古斯丁为塑造灵性或形而上世界所创造的经济形象中，把人比喻为上帝铸造的硬币是最重要的一种，它所留下的丰富遗产一直延续至今。

这种创造人的描述，利用真假货币的形象突出强调在真货币与真信之间，或者说，在可能的假货与不信之间的类比关系。这种比喻详细描述真实、可信的硬币以及人，即便两者自身是完全"真实的"（true），也会失去货真价实、真信，人与货币之间的类比联系以此方式逐渐得到发展。无论是货真价实的货币还是真信的人，其真实性都会因为"摩擦"（*defricatio*）而产生损耗。"摩擦"抹去硬币上皇帝的图象，也擦去人类灵魂（以及身体？）中上帝的形象。硬币与泥土之间的摩擦，以及人类与罪恶之间的摩擦，分别抹去能证明硬币和人类身份的图象。这种"抹杀"最终将消弭能够表明两者真正属于经济社会和宗教社会的标志，而这些社会被构想成市场和教会。一旦硬币以及人类身体和灵魂上的符号无法被辨析出来，这些"物体"就变得毫无价值——可以说，一文不值。简言之，自教父时期[①]以来，在基督教的语言习惯中，人们一直将货币与人类灵魂和身体联系起来，认为他们自身的价值源自上帝留于其上的印记，同时这种印记又具有特定的经济意义。事实上，希波的奥古斯丁强调货币和人类的货币属性，在经济与基督教神学话语中引入用货币价值代表宗教和道德价值的可能性（Anderson, 2009）。

这种观点强调人类的货币属性，有力地强化了教父时期广泛流传的形象，即耶稣的受难代表着救赎的代价。无论是历史上特定的硬币还是全人类，都有可能失去其真实性和价值，这使得经济语言非常适合用作类比男人、女人与身为基督子民的真实、合法属性，也适合将基督其人想象成连接宗教和簿记的"神圣商业"（*sacrum commercium*）的中心人物（Herz, 1958）。

> 看，基督受难了，商人报了价。他交付的钱是他的血，他流的血。他把我们的赎金装在一个钱袋里；他被一

[①] 教父时期（Patristic time），通常指《新约》成书（约公元100年）至划时代的卡尔西顿普世大公会议（公元451年）这一时期，是基督教历史上最具创造力、最令人兴奋的时期之一，出现了一批著名的神学家（如希波的奥古斯丁等），发生了推动神学发展的重大事件（如召开的第一次尼西亚会议）。

支长矛刺穿，钱袋溢出来了，全世界的代价都涌了出来。（Augustine of Hippo, 2000: 238; Poque 1960, 1984; Bynum, 2007）[2]

在公元 6 世纪之前，硬币和货币对于基督教思想的重要性也出现在教会教父们所著的抨击犹太人和犹太教的书中。它们以宗教谩骂而闻名。事实上，双方就有关"真以色列"（verus Israel）问题发生冲突，在支持论据中，犹太人对《圣经》的解释被（如 4 世纪末米兰的安布罗斯等人）描述为一笔贬值而毫无价值的钱，一笔因为犹太人误解其真正意义和价值而失去其自身价值的"钱"。[3] 通过正确理解宗教真理和信仰价值之间的联系，铸成的货币是最能反映价值的货币形态这一观念得到证实。同时，货币的价值和意义与人们对它的识别能力密切相关（Schreckenberg, 1982; Ambrose of Milan, 1985a）。

"商业革命"前的货币与财富管理

债务和负债是理解尘世生活与形而上实体之间关系的关键概念——这对诸多不同的宗教来说至关重要。"创造"这一概念本身就意味着存在一种超自然力量。它塑造现实世界，因此为生灵向其造物主欠债的思想提供了来源（Malamoud, 1983; Anderson, 2009）。然而，不可否认的是，基督教主流宗教观从诞生之初都用货币形式定义人与上帝之间的关系，描述整个基督教叙事中的根本事件，即基督受难以及由此带来的人类救赎——用货币衡量价值和基督的献祭（即"基督的宝血"：Bynum, 2007）；将货币当作可量化的价值，来补偿原罪，而原罪又被描述为自时间之初掌握在魔鬼手里的"债务"（arrha）。即使在犹太圣经中，特别在《密西拿》（Mishna）中的《先贤遗训》（Pirqe Avot）[①]中，也可以找到货币与救赎之间存在这种联系的要素，但是，很明显，西方形成的将货币（和硬币）与宗教生活联系起来的描述，直接取决于基督教债务观的转变。这种债务观源自上帝的肉体之死与死而复活——上帝的死而复活是为了消除人类始祖亚当和夏娃因原罪而欠下的债务（Anderson, 2009）。

在基督教教父建立的语言基础之上，货币与宗教之间的关系，即货币逻辑与救赎辩证法之间的关系，在中世纪早期得到显著发展。在这一时期（公元6—11世纪），教会作家，以及逐渐构成所谓教会法（Canon Law）的教令，将来自修道院和教区不断增长的财产描述为在经济上代表基督身体的神圣财富。同一时期，叙事相仿的不同文本不断将犹大建构为集各种不忠不义、不讲信用于一身的复杂形象，更进一步地来确定宗教真信之背后的货币含义。从西罗马拉丁教会教父到公元6—11世纪的基督教作家，如阿奎拉的戈玛思奥（Cromatius of Aquileia）、虔敬者彼得（the Venerable Bede，公元560—636年）[②]、塞维利亚的伊西多尔（Isidore of Seville）[③]、拉斑·莫尔（Hraban Maur，亦作"哈拉班·毛尔"）和其他许多人，以及不断细化的大公会议法令，将犹大的"贪婪"描述成他无法理解基督的真实价值所致。因此，犹大背叛（出卖）基督而得到的30

[①] 《密西拿》，犹太教口传律法集《塔木德》（Talmud）的重要组成部分。而《原则书》为其中的一篇，英文名为"Says of Fathers"。——译者注
[②] 虔敬者彼得，7世纪英国僧侣，著有数十部拉丁文著作，其中最有名的是《英吉利教会史》。——译者注
[③] 塞维利亚的伊西多尔，西班牙主教、圣人，中世纪早期继承古典文化的重要学者。——译者注

枚银币在福音书中被描述得低得离谱。这不仅表明犹大不值得信任，更重要的是，表明犹大无法领会和理解宗教价值的含义。随后，这一特征成为识别"假"基督徒的固定标准，即缺乏信仰的基督徒会对正确评估社会价值的标准蒙昧无知（Todeschini, 2010, 2011）。[4]于是，正确认识日常事物的尘世价值以及神圣事物及个人的宗教价值的能力终于显明出来。"耶稣语录"曾确证这种金钱/道德辨别力是良善、忠心的基督徒的主要品质。正是这种品质，使善男信女明确地成为"上帝之城"（civitas Dei）的真公民，因此也成为"圣城"尘世生活中经济交易的可靠参与者。

事实上，与教会财产管理有关的基督教行政管理语言与表达形而上救赎经济逻辑的基督教神学语言之间存在着密切的联系。它们构成了意义极为模糊的西方经济学词汇的核心。二者的联系在超验和日常管理意义之间不断波动起伏。正是行政语言与神学语言之间存在着模糊的关系，使5世纪到12世纪的修道院会规确认"理性"管理本笃会①修道院中的圣物在宗教上具有重要地位。10世纪后克吕尼修道院②的发展和12世纪西多会③修道院的改革，使人们对先前存在的本笃会传统产生分歧和争议，但他们并未消除这种宗教/经济在语义上的联系，而是不同程度地强调经济选择和投资具有神秘意义，

---

① 本笃会，由意大利僧侣本尼迪克特（又译"本笃"）于公元529年在意大利中部罗马附近的卡西诺山创立，以其严格的会规而著称。
② 克吕尼修道院，公元910年由阿基坦公爵在法国东部的勃艮第地区创建，要求针对教会的腐败和世俗化进行大力改革，引发了著名教宗格里高利七世（St. Gregory Ⅶ，公元1073—1085年在位）与神圣罗马帝国皇帝亨利四世围绕圣职授受权而展开的教俗权力之争。
③ 西多会，1098年在法国东部勃艮第的第戎近郊创建，目的是严格遵守和复兴本笃会规。其最著名的成员是克莱尔沃的圣贝尔纳（Bernard of Clairvaux，公元1090—1153年）。

由此扭转这种局面。事实上，克吕尼会和西多会教徒之间，以克吕尼会的虔敬者彼得和克莱尔沃的贝尔纳的著作为例，就修道院院长正确使用修道院财富和收入发生争论，除此之外，两派不同论述之间所存在的显著联系是它们同有的词汇和概念上的词句。在两派修道院的论述中，修道院财富都被描述成由土地、硬币、建筑物和贵重物品组成的神圣宝库，对它们的管理既是尘世性的，也是神圣的。两派关于修道院财富管理之间的关键区别，的的确确与使用神圣财富有关，也就是说，与规范修道院收入投资的经济标准有关（Bredero, 1971; Rosenwein and Little, 1974; Rosenwein, 1989; Brittain Bouchard, 1991; Devroey, 1993; Noell, 2008）。尽管如此，从克吕尼派的角度来看，这些收入总体上应该花在礼拜服、装饰教堂的大理石以及全体修士在封地的生活上。从西多会派的角度来看，修道院的财富应该系统地用于购置土地及改善土地管理。但是，两者关注的问题都是如何管理神圣的修道院物品，从而使其宗教和经济价值能够真正得到维持和扩大（Little, 1978; Brown, 2015; Naismith, 2015）。此外，上述两种论述均主张圣物及其经济价值都应被尊崇，它们具体体现出神圣的力量和庄严。

  宗教与货币之间的密切联系，即人和物的精神价值与货币价值之间的密切关系，根植于神学上的救赎语言之中，同时体现在日常管理教会和修道院的规则上。这些规则使由主教和修道院院长管理的领地能开展经济生活。然而，这种语言上的对应关系从9世纪开始便在社会上普及。它之所以能成为西方基督教日常经济语言的起点，主要出于两个原因：加洛林王朝时期的皇帝们正式在政治权力和教会权力之间建立牢固而持久的关系；通过编撰法典，将教会和修道院的神圣财产视作穷人的祖产（*resecclesiarum* sunt patrimoniapauperum）。6 世纪，《查士丁尼法典》（Justinian's Code）就已经记载帝国财产和教会财产之间存在密切的联系。然而，在大约 8 世纪中叶，加洛林王朝的皇帝和罗马主教结成联盟之后，帝国和主教的法令（capitularia）都明确指出教会的财产和收入完全等同于帝国的国库（Magnou Nortier, ed. 1993–1997）。突然之间，在古老的教会法界定的基础之上，教堂物品管理在 7 世纪到 11 世纪编纂的一系列教会法汇编中得到合法界定。管理教会财富的新措施是以不同的方式支出不同来源的收入：用于建造或修复教堂、供养神职人员、管理教区和资助穷人（Brown, 2012; Toneatto, 2012）。教会收入的一部分，通常为四分之一，包括那些来自馈赠、收购、遗产、什一税（Lauwers, ed. 2012），以及为满足穷人需求的经济交易部分，旨在为弱势者（minus potentes，缺乏权力的大多数人）提供支持；这些收入的正式流向将传统的教会领主以及教堂对穷人的属地保护转变成一种神圣的簿记制度。这一点反过来直接强化了圣物管理与社会福利之间的密切关系，也显示出基督教经济组织的神圣性，而这种神圣性源于正确管理教会财富。这种语言和政治炼金术导致基督教经济语言和经济理性神圣化，超越并外在于与教堂、修道院和帝国领地有关的神圣经济专属圈。

经济快速增长中的货币与信仰（公元11—14世纪）

在中世纪中期（公元 10—13 世纪），即所谓的"商业革命"期间，西方基督教世界中的宗教与货币之间的关系变得更加错综复杂（Naismith, 2015）。与正确管理教会物品或其对立面——买卖圣职（买卖神圣财产、收取相关费用）有关的问题，以及教会土地不可夺取的正式规定，都强调经济逻辑和宗教逻辑相互融合。罗马教宗跨领土的神授权力日益增长。这是教宗格里高利改革（Gregorian Reform）①的特征。这种权力直接促使宗教机构中的各分支（教堂、修道院、兄弟会、医院、宗教修会等）成为道德典范与合法经济的联结点。总体而言，从公元12世纪到公元14世纪，世俗权力认可神职人员有关神圣的教会财产的思想，认为这是一种高级的公共管理形式。因此，这种神圣而制度化的经济就成为正当经济的代名词，而经济正义则成为经济交易神圣化的一个明显属性，经济交易的核心所表现出的精神性至关重要。教会和修道院财物的积累和安全在经济上相互影响，而这种影响的神圣化过程又深深根植于更为广泛的地方市场重组之中。这种重组本身与领主经济政策的不断发展有关，后者出于财政和企业原因，鼓励交换、支持商业。然而，我们很难清晰地将西方由领主、货币兑换商和商人实现的"平信徒"经济的成型，和与之同步增长的神圣经济区分开来，后者通过组织庞大的教堂和修道院财产来形成。这是教会管理者的责任，并且同步出现于西方教会机构经重塑成为一个新集体、一个相对集中整个政治/经济的过程之中。罗马天主教会的主要领导者教宗，通过教会法明确高利贷、可接受的信用形式，以及买卖圣职与正当交易间的差异，以此来确立经济的正义与合法性。自12和13世纪起，研究罗马法的专家就开始定义信用、货币和一般经济合同等概念，而这与从9世纪到12世纪之间汇编成的教会法所做的定义相比，还是存在某些方面的区别（Piergiovanni ed. 1993; Quaglioni, Todeschini et al.

---

① 格里高利改革，11世纪中后期，出身克吕尼派的教宗格里高利七世对教会进行改革，要求教会不再依附于世俗君主，改革内容主要针对教会秩序、反对圣职买卖等。

2005）。但即便如此，之前几个世纪建立起来并在教会法中得到总结的许多重要经济范畴和教会表述，还是成为中世纪和现代法律标准及制度经济合理性一个必不可少的组成部分。① 事实上，这些范畴和表述，特别是与核心思想有关的范畴和表述成为中世纪晚期基督教经济思维方式的起点。这种核心思想就是，与教会权力管理下的价值一样，货币的神圣性通过其表达神圣价值的能力得以证实。

事实上，很大一部分由神圣的宗教制度控制的市场活动并不遵守交易的一般规则。教堂和修道院的圣物（包括土地和遗迹、法器和建筑）被视为不可让与的物品，也就是说，是具有商业价值（可计算）和精神价值（不可预测）的代表和载体（Geary, 1990; Bynum, 1991）。这一事实对整个评价逻辑产生出巨大影响，特别对界定恰当的经济评价中的核心概念和"公正价格"影响深远。一方面，神圣商品在经济上具有例外性，无法用"供给"和"需求"之间的简单关系来描绘其价格。这使日常市场中的平信徒参与者以为，有时价格可能会受无法量化的要素和品质影响（譬如那些神授予之物）。另一方面，市场被分割成不同但相互联系的领域，比如神圣和世俗领域，而且（从 11 世纪起）禁止平信徒管理、买卖教堂圣物（这会犯下买卖圣职罪），但自相矛盾的是，这些举措又将平信徒的市场和经济交换合法化〔如席尔瓦·坎迪达的亨伯特（Humbert of Silva Candida）在 1060 年前后所描述的那样〕，只要他们继续尊重神圣经

---

① 制度经济，指符合教会确立的经济法规、经济制度的经济行为，有别于教会所谴责的私人经济，是正当、合法的。教会经济立法有明确的立法对象和范围，概括起来主要包括四个范畴：以土地为中心的教会财产或其他重要财产；教士所从事的不符合教士身份的经济行为，重在防止教士为获取利润而做出有损教士荣誉或者侵害教会利益的事情；关于世俗权力机构或普通人与教会的经济关系问题，目的是禁止世俗主体用强力或者通过交易侵害教会财产；围绕高利贷和什一税的相关立法。

济与日常经济领域之间的区别（Todeschini, 1994）。

根据凯撒里亚的巴西尔和米兰的安布罗斯记载（Ambrose of Milan, 1985b; Toneatto, 2012），[5] 在 11 世纪的教会改革中，古代基督教货币隐喻借助水的形象描述财富流通和对财富的善用——水唯有流动才能变得纯净，可以饮用，从而具备使用价值和价值（而囤积的钱则被比作散发恶臭的无用死水）。这一隐喻可用来支持批判买卖圣职行为。买卖圣职之罪，被描述为一种渎神的敛财罪，抹杀了对神圣财富的正当使用，因此被认为是对神圣财富的亵渎。于是，亵渎、浪费和积敛神圣财富，被视作既是经济的也是道德的恶习，暴露出对基督教经济复杂性的误解，而这样的误解正是异教徒和假（不可信的）基督徒的特征。合理使用财富和货币等同于适当的支出，而正确、合理的支出建立在承认神圣价值和普通价值之间差异的基础之上。这种观念成为基督教参与市场的宗教权利基础和经济权利基础。从 11 世纪开始，教会和平信徒机构，以及神职人员和商人之间的经济互动持续扩大，对商品价值和价格的描述仅部分地包括可量化的属性。这些都成为被普遍接受的经济概念。货币转而被视为具有量化价值能力的物品，拥有可以衡量神圣事物中假想的精神价值的强大力量。古老的基督教把救赎比喻为用基督宝血铸成的硬币进行的奇妙交换和债务偿还。这种比喻始于中世纪的"商业革命"时期，后来经过变化而得到发展，认为货币实际上能够反映估值，比如，象征性地代表神圣物品和神授力量。

中世纪所谓的"商业革命"，即 11 世纪以来信仰基督教的西方经济生活的加速发展（Poly and Bournazel, 1991），与两个明显相悖的现象同时出现：一是"向守贫转变"，也就是说，信仰安贫乐道是典型的基督徒生活方式，这种观念广泛传播；二是信贷和金融合同成为日常的经商方式，得到普遍运用。历史学家，除了极少数例外（Little, 1978; Todeschini, 1994, 2009a），通常不会试图在这两个明显不同的新奇事物之间建立联系。然而，察觉两个事物之间微妙而强烈、紧密的联系是非常重要的。它们分别是：神秘的基督徒"守贫"行为成为支配使用资源的一种特定经济选择；随着经济技术将市场改造为债务网络，信用系统在互惠、信任的基础上建立起来。在这两种情况下，硬币形态的货币似乎从交易场景和人们的视野中消失了。取而代之的是，对可用、易出售事物的使用价值和臆测价值所做的推理。这种推理形式系统地将货币当作普遍的价值衡量标准，从而使所有事物的价值均能以一定比率得到计算。朝这个方向迈出的第一步，显然是11世纪对制度上占有教会财务的重新定义，以及由此重新塑造了圣职人员和修士的角色，他们成为神圣教会财产的管理者和持有者，而不是拥有者。

将安贫乐道视为基督徒生活典范的这一发现以及将基督重塑为一个饱受贫穷困扰的人物而非得胜的神或帝王、强大君主的楷模，是教会势力逐渐疏远领主、帝国势力的结果。这一过程起于9世纪中叶左右的法-德加洛林地区。其高潮出现在11世纪下半叶，即格里高利改革（Gilchrist, 1972; Capitani, 1990; Tellenbach, 1993）及其极富戏剧性的时期。一方面，1054年东西方教会大分裂，明确表明罗马教宗与拜占庭皇帝之间对立；另一方面，1059年罗马主教大会为教宗选举及其从德意志西部皇帝（Szabò-Bechstein 1985）的势力中获得基本独立制定了新规则。这两件事成为将由平信徒领主、国王和皇帝所代表的统治方式与由神父、主教和教宗所代表的治理方式分离的最后一步。新形式的教会权力经由最著名的格里高利改革家们通过教会法以确认，成为治理领土和人类灵魂的神赋权力。

它建立在三个主要的基础之上：一是神职人员的独身；二是深刻更新的宗教仪式，即确认神父在做弥撒和创造"圣餐奇迹"（Browe, 1938; Rubin, 1991; Bynum, 2007）时具有超自然的潜力——基督的身体时时处处真正临在于圣坛；最后是制度上属于教堂和修道院的财富与神职人员个人所拥有的财产，这二者之间明确的区分。

对格里高利改革第三个方面的总结通常表现为这样的叙述：比较神父、主教、修士和修道院院长个人的"贫穷"与他们有效管理的教区、修道院和堂区等机构的富裕。彼得·达米安（Peter Damian），席尔瓦·坎迪达的亨伯特，索阿纳的希尔德布兰德（Hildebrand of Soana，1073年当选为教宗格里高利七世），以及许多其他改革倡导者，在他们的书信、论述和小册子中，反复强调富有魅力的宗教领袖的仁德、务实以及卓越的政治才华、行使权力的效率，而这些领袖都远离财富，选择过节制的生活。拒绝奢华和财富使神职人员有别于平信徒领主，并使他们被认定为安贫乐道的践行者。事实上，在重新定义神职人员生活模式的过程中，买卖圣职罪被赋予更深层次的含义，即直接屈服于贪婪（avaritia），也就是说，屈服于个人心中不正当的欲念，试图拥有教会的神圣财富，从而将神圣的公共财富转变为家庭的或个人的财富。建立这种"贫穷"观，将贫困视作新型教会生活方式的主要特征（Little, 1978），有助于促进形成新的经济理性。这与主教和修道院院长的行政实践模式相吻合。而这种行政实践建立如下三个要素的彼此联系之上：他们的经济地位相对次要，他们践行经济禁欲主义和可能神圣的生活，以及他们所处理的流动和非流动财产的规模和盈利情况。从格里高利改革及其与买卖圣职罪的斗争，经过12世纪西多会重新定义对修道院土地管理和收入标准，再到方济各会①关于正确使用财富、货币、商品价格和市场的争论，"贫穷"〔从贫民（*paupertas*）到穷人（*usus pauper*）〕成为宗教思想中的关键概念，并被广泛用于追求和深化货币与物质所拥有的各种价值之间的关系之上（Bériou and Chiffoleau, eds. 2009; Todeschini, 2002, 2009a; Lenoble, 2013）。

信贷与基督教

公元 11—13 世纪的一个明显标志是教会的经济思想与封地的经济观念渐行渐远，信贷成为平信徒商人以及宗教和世俗机构进行经济交易的主要形式（*Credito e usura, 2005*; Bougard, 2010）。商人、农民、修道院、教堂、城镇、王国，甚至教宗，越来越多地参与到信贷关系中，也就是说，参与到一个由借贷、买卖租金、付款承诺和支付利息而产生的合约体系之中。在 11 到 13 世纪教会经济的转变与同时期欧洲信贷经济的增长之间建立起因果关系，学者曾关注的这一点或许不再重要。然而不可否认的是，从意大利中北部城市到法-德地区，再到新兴的法兰西王国和英格兰王国，后加洛林时代的欧洲同时出现了这两种历史现象。

总体来说，信贷经济的发展与教会法及罗马法中所体现的新经济法学的形成是同步的（Santarelli, 1984; Prodi, 2008, 2009）。这与精细化的契约有关，它们隐含在市场中倍增的金融关系之中，重塑货币支付，以及作为可量化的钱币（*nummi*）总量的金钱（*pecunia*）的社会意义。这一重新审视与在宗教上将货币与财富相对化相契合，

---

① 方济各会，13世纪出现的一个托钵修会，开始在城市里活动，与同时代的多明我会一起极大地加强了教会在城市的影响力。

强调宗教机构作为蒙受神恩的主体所发挥的作用，有权通过"利润"积累教会的神圣财富，而这种经济的会计学逻辑兼具政治性与或然性[1]。12世纪，基督教信贷经济开始在欧洲商业最活跃的地区发展起来，其核心是由信托（trust，拉丁语为 *fides*）维系的交易体系。"信托"这个在语义上模棱两可的词（Todeschini, 2002; Prodi, 2008）既表明以合作伙伴的身份参与商业关系的人值得信赖，也表明他们相互承认彼此属于某种亲近关系，而这种关系的边界在于，接受政治和宗教规则，同时符合教会地方领袖日益管控的仪式行为。古代基督教以经济术语描述形而上概念的语言实践，在这个阶段，成为经济理性形式的起点，且难以将宗教信仰与对经济的依赖区分开来。信任（trust）某人，意味着双方即刻开始建立信用（credit）关系，并承认对方是一个兼具神秘性和制度性的团体的一员。

若仔细阅读12世纪和13世纪初，为规范包括有息贷款、价格上涨的远期销售，以及联结出借人与商人的合同（即所谓的"海运贷款"[2]）等在内的各类信贷合同而编制的司法和立法文件（主要由教会中的权威机构编制），就可以对前文所述的概念与语言上的混合物有大致了解。教宗信函、教会大公会议法案、对教会法和罗马法的评论，以及从13世纪到14世纪的经院哲学论文和学术争论（*quodlibeta*），是全新或修订后的契约关系的集合。它们根本性的特征是信用以及对价值的假定（商品在未来的

---

[1] "或然性"与"必然性"对应。
[2] 中世纪的海运贷款为了掩饰贷款行为，规避教会法而创造了特殊的交易方式。分约规定，由出借人自己购买货物并卖给借款人，以此替代通常情况下借款人用借款购买货物的方式。借款人向出借人支付货物价格时，金额为出借人已付出的款项加海商利息。

确切价值是多少？借给别人的钱总价几何？）。这些实践可用于区分合法与非法的合同形式。其具体方式是，确定具有经济意义的合同是否与基督教会领地的宗教和政治组织相容（McLaughlin, 1939–1940; Langholm, 1992）。解决这一困境的办法并非历史学家们过去常常声称的，不加区分而绝对地禁止以有息贷款（货币的生产率）为基础的信贷合同，而是精确地运用与信用和价值交换相关的词汇，来准确区分不同的信贷形式。这类词汇特别适合描述和规约后格里高利时期的神授政治团体，以及公共意义、制度意义不明，或公然不利于宗教和权力之间更严格的相互关系的信贷形式，即高利贷（usura）。在 1120 年之后，"高利贷"这个词通常用来指代渎神的经济行为（McLaughlin, 1939–1940; Noonan, 1957; Langholm, 1992; Todeschini, 2012）。

事实上，中世纪"高利贷"多变的定义（Siems, 1992），以及中世纪对货币产出之多寡的关注，都取决于货币以及硬币的宗教和政治表现形式。而这些货币和硬币的制造始于教父时期并贯穿整个西方基督教中世纪。既然货币被视作且被描述为既抽象又具象的事物，既是一种形而上宗教价值的隐喻，又是一种日常价值的衡量标准，货币在所谓的中世纪"商业革命"时期创造更多货币的能力问题便被归入与制度上的"公益"（common good）相关的语言范畴（Kempshall, 1999; Lecuppre-Desjardin and Van Bruaene, 2010; Gamberini et al., 2011）。通过将市场和领土纳入宗教和政治语言，货币成为旨在治理市场与领土的公共话语的一部分。从这个角度来看，从 12 世纪上半叶起，罗马法和教会法对信贷形式和金融交易进行了严格的区分。前者旨在确保教会机构（神圣）财产的安全与增长，而后者则为了增加个人或"私人"财富，这类财富不会对整个社会经济的健康运行产生任何可见的积极影响。

因此，正如 20 世纪古典经济史学所主张的那样（Noonan, 1957; DeRoover, 1971），货币从作为信贷交易产生的良性利润，到作为钱币销售的高利贷副产品，这种转变并非源于中世纪抽象误读货币生产属性（将其想象成一种永恒的自然法则），而是源于中世纪政府对货币看法的变迁。根据这种不断变化的观点，由公认的社会和宗教神圣秩序的保护者和领导者管理与操纵的货币，与被法律及舆论视为不值得信任且贪婪的高利贷者管理与操纵的货币，无论在意义、价值，还是在再生产力层面上都不相同。因此，真正的问题在于洞察经济行为和选择之背后的深层次本质和意义，以便了解作为价值符号的货币到底意味着什么。教会法的第一部分，即所谓的《格拉提安教令集》(*Decretum Gratiani*，约公元 1120—1140 年编撰) [1] 明确规定〔以查士丁尼皇帝颁布的第七部《新律》(*Novella*) 为基础〕，通过抵押圣物获得的货币以及主教和修道院院长通过指定教会用地及其定期收入而获得的货币，即借贷双方在信贷交易中获得的有利于神圣机构施行管理的货币，是无可争议的神圣货币：这种货币将价值和利益量化，其超越的意义直接关系到教会、基督教社会以及在制度上象征基督的神秘主体的福祉。

与之相反的是，正如 1123 年和 1178 年分别举行的第二次和第三次拉特兰公会议（Lateran Councils）所宣布的，以及公元 12—13 世纪的忏悔和司法文献所强调的，由公开的高利贷者（*usurarii manifesti*）出售并由普通人借贷的钱，以及由借款人向贷款人支付的

---

[1] 《格拉提安教令集》，辑录了此前大约4000种教会法文献，并且进行了系统的分析和研究。

利息（作为这笔钱的价格），代表非自然、罪恶且无意义的货币形式。这类货币所代表的价值并不重要，因为它与基督徒组成的神圣而超国家共同体所塑造的神秘的、政治的及宗教的背景无关。在这种情况下，也只有在这种情况下，从中世纪的制度、教会法学和整个法律的角度来看，亚里士多德所说的（Langholm, 1979）"金钱不会繁殖"（*pecunia non-habet partus*）才显得有意义。事实上，只有当公开的高利贷者（通常被认为是三心二意的基督徒、异端、无信仰者，且大多数为外来者）出售货币并从中渔利时，货币才会失去代表（政治和制度上）神圣价值的神奇力量，并腐烂为一种死气沉沉、毫无生机的钱币状的金属。然而在大多数情况下，中世纪关于高利贷的法律和神学讨论涉及大量的合同。这些合同的公共性质和制度效用，即在界定哪一方属于神圣的基督教世界时，既不明确，也颇有争议（Todeschini, 2002, 2011）。正是在这样的背景下，货币及其价值，尤其是其不依赖人类劳动而创造财富的能力，最终成为基督徒参与到宗教仪式和经济共同体中的标志。若要充分理解宗教归属（上帝的拣选）与货币之间的这种联系，一方面有必要参考 12 世纪为教会机构所执行的与金融和盈利投资相关的宗教法文本，另一方面也可参考 13 世纪中叶由塞古西奥的亨利（Henry of Segusio）所概述和编纂的《金言全集》（*Summa aurea*），其中关于禁止高利贷的所谓"例外"条例（Henry of Segusio, 1574）。塞古西奥的亨利是枢机主教和奥斯蒂亚（Ostia）的主教，后来常被称为"霍斯蒂恩西斯"（Hostiensis）。

帕维亚的伯纳德（Bernard of Pavia, 1860, 1956）的《教令汇要》（*Summa decretalium*）是 1190 年前后编撰的教会法规集。它是教会法学家完成货币和经济神圣化的典型例证。伯纳德在这一权威性的汇编中明确指出，神圣的神职人员有权转让或交换教会中流动和不流动的商品以及由这些财产获得的收入。伯纳德参考《格拉提安教令集》〔1959: C. X q. 2 (c. 2: Imperator)〕，重塑了神圣财富不可转让的观念：5世纪中叶利奥皇帝和安特米乌斯皇帝颁布相关的立法文件，查士丁尼于6世纪颁布的《查士丁尼法典》（Code, 1, 2, 14; 1, 2, 21）将其加入，公元535年在其第七部《新律》中重述之，最终于1140年左右收录至《格拉提安教令集》之中。[6] 这项帝国法律确立一项教会权利：教会机构负债时，有权抵押并转让圣物。伯纳德《教令汇要》的第二部分将一系列旨在禁止转让教会物品的复杂教规[7]（根据米兰的安布罗斯的一段文字，照料穷人以及教会急用的情况除外）[8] 转换成一项行政规定，其中列出了允许转让教会物品的四种情况（sunt quatuor causae quibus res ecclesiasitia licite）：必要（causa necessitatis）、照料（causa pietatis）、实用（causa utilitatis assequendae）以及规避经济损失（causa inutilitatis vitandae）。必须注意的是，诸如"功利"（utilitas）和"非功利"（inutilitas）这样的术语会与"必要"（necessitas）和"照料"（pietas）等术语相结合，从而赋予前两个经济词汇以伦理/宗教上，甚至是制度上的意义，同时后两个伦理/宗教术语又会通过这种联系而具备更为明确的经济意义。之前的教会法涉及异端的经济滥用行为，譬如买卖圣职（symoniaci），将神圣财产商业化。伯纳德对之加以阐述和解释，颠覆了反对经济异端的规范意识，并对管理原则提出系统性的构想。在引用教会法之后，伯纳德紧接着详尽介绍了一些旨在促进教会物品转让获利的基本经济策略[9]：伯纳德提出的契约逻辑取决于投资教会土地的可能性（这些定期的神圣收益能否产生一些利润）。

总的来说，这种编目过程允许在教会法条款之中履行行政管理规则，其目的在于确定教会组织制度具有神圣不可侵犯性。无论是"租借"（precaria，即将以前捐赠给教堂的土地出让给一个平信徒，以换取定期付款的回报），还是"抵押"，伯纳德，以及博洛尼亚的卢菲诺（Rufinus of Bologna）和图尔奈的斯蒂芬（Stephen of Tournai）等其他教会法学家，以及随后的13世纪教会法编纂者，都卓有成效地对教会物品和租金进行了再投资。从这一角度来看，贷款、抵押、交换和出售似乎是合法的，而且是适合将神圣财产最大化的属灵手段。教会法学家决心将买卖圣职，即异端行为，与神圣且权威的经济管理区分开来，从而对具体交易形式的分析越来越精细。这种过程的结果是，人们发现不同类型的合同关系中存在多种合法的信贷投资内容，而这些投资被认为有利于神圣机构的福祉和发展。

这种逻辑的一个典型例子是不同教会领地之间的交换契约。若一位主教或修道院院长需要对属于自己的不动产施加更严密的控制，但不动产离他的主领地太远，他就会将属于某个教堂或修道院的远距离地产换成属于另一个教堂或修道院的近距离地产。然而，这种交换促使人们根据交换商品的相对效用对其价值进行仔细审查。由于这种交换是基于神圣（和政治）效用原则，因此，一个教会可以合法地给予另一个教会土地，以及用以补偿假定的价值差异的钱，该金额来自对土地价值的或然性的估计。换言之，土地财产的价值必须基于提出并推动交换的教会的神圣需要来评估。这类经常被教会法所回顾的案例，通过评估可能的经济价值而使投资合法化：神圣的利润可以来自评估神圣商品的市场价值。[10] 在这种情况下，以及在抵押教会土地、出售神圣资产所产生的租金的过程中，给定价（given value）与成交价（earned value）之间的差异通过交易的制度效用观念得到合理化与合法化。如此灵活解读公共经济和神圣经济的思想，绕过了对有息贷款的谴责和保持可交换物品价值相等原则。于是，教会法开始谴责各种私人经济形式，称其特点是邪恶和不信之辈通过伤害神圣的基督教身体（教会）来破坏共同利益，从而贪婪地增加自己的财富。它还描绘制度经济的神圣性，其本质在教会将基督徒神圣财富最大化的合理愿望中清晰可见。12 世纪最后 25 年和 13 世纪初，大量由教宗主导的基于教会法学和经院哲学争辩的经济立法出现了（McLaughlin, 1939–1940; Baldwin, 1959; Schnapper, 1969; Langholm, 1992; Schmoeckel, 2014）。从教宗亚历山大三世（Alexander III，公元 1159—1181 年在位）时代到教宗英诺森三世（Innocent III，公元 1198—1261 年在位）的法令以及 1215 年第四次拉特兰公会议的决议，再到对《格拉提安教令集》的诸多评论，教会法最终使按照教规指定的神职人员所签订的多种形式的信贷合同合法化，在官僚行政上正式化。在这些情况之下，货币和利润成为神圣事业的标志和结果。

然而，在界定神圣机构所实践的神圣经济的过程中，另一种对货币的经济分类产生了。利息可以被视为对贷款人实际遭受或为此承担风险的损害的赔偿〔所谓的积极损害（*damnum emergens*）：Langholm, 1992; Ceccarelli, 2001, 2007; Todeschini, 2009b〕，涉及获准的有息贷款和信贷交易。有关禁止高利贷的"例外"情形的构想，最初见于 12 世纪到 13 世纪的教会法和罗马法。1253 年左右，由 13 世纪主要的教会法学者塞古西奥的亨利编撰完成的《金言全集》对其加以概括（Henry of Segusio, 1574: 1019 ff.），而后将其纳入西方的经济传统中。亨利大约出生于公元 1200 年，1243 年担任锡斯特龙（Sisteron）的主教，1250 年担任昂布兰（Embrun）大主教，1262 年担任教宗的私人牧师，并最终成为奥斯蒂亚的枢机主教，直到

1271 年去世。尽管历史学家经常将亨利所列举的认可有息贷款和信贷交易的合约案例视作绝对的、无可争辩地禁止赚钱渔利的"例外"情形（典型的中世纪思维），但是，仔细阅读亨利的文本就会发现，在某些情况下，允许支付利息的情况并非"例外"，因为根据具体的规定，由平信徒和神职人员共同实施的某些种类的信贷交易，可合法化为于有益于公众且神圣的活动。为了便于记忆，亨利通过一节"诗"列举允许收取利息，即承认贷款盈余的几种情况。

Feuda fidejussor, pro dote, stipendia cleri,
venditio fructus, cui velle jure noceri,
vendens sub dubio, pretium post tempora solvens,
poena nec in fraudem, lex commissoria,
gratis dans, socii pompa: plus forte modis datur istis.

以上概念，按顺序解释，分别是：

Feuda：将领地作为贷款担保归还给教会，其中租金不从本金中扣除，而归贷方所有。

Fidejussor：给予那些为欠商人债的神职人员提供担保的人的补偿金。

Pro dote：岳父给新郎的一大笔财产，作为未付嫁妆的担保。

Stipendia cleri：将物品抵押在神职人员处而产生的收益，以期收回被随意扣除的教会财富。

Venditio fructus：预售的土地收益，鉴于情况的不确定性，买方获得的超出付款部分的收益是合理的。

Cui velle jure noceri：向异端和异教徒收取高利贷是正义的。

Vendens sub dubio：因预计会升值，故在当前以更高的价格出售。

Pretium post tempora solvens：一项延迟支付的费用，涵盖可能的损失。

Poena nec in fraudem：对不执行合同者收取的罚款。

Lex commissoria：允许卖方通过返还原价重新获得财产所有权，并由买方取得孳息的条款。

Gratis dans：债务人自愿支付利息，是赠送行为。

Soci pompa：为了展示的目的而出租的货币或财产。

Plus forte modis datur istis：允许进行更大金额的偿还的情况。[11]

需要注意的一点是，塞古西奥的亨利所列举的信贷案例并非互不关联的随机案例，其序列有着可见、可理解的意义。如果我们关注这些契约可能的主体，以及他们在具有12—13世纪基督教社会特点的等级秩序中的社会经济地位和角色，这一点就显而易见了。事实上，这一系列可能发生的金融事件表明，如果由某些人和机构的主体来管理货币，货币就能产生收益，也就是说，能够产生高于其面额的价格（价值）。这些主体包括教堂或教会机构（*feuda, stipendia cleri, fidejussor, venditio fructus*）、由公证文件（*pro dote*）记录在案的婚姻契约维系的家庭，以及大多数与教堂有关联的职业商人及市场上其他专业人士（*venditio fructus, pretium post tempora solvens, fidejussor, poena nec in fraudem, lex commissoria, socii pompa, gratis dans*）。其中一个案例（*cui velle jure noceri*）回顾了教父时期的一则声明，宣称高利贷是一种合法的武器（Nelson, 1969）。这有助于打击包括异教徒在内的"天生的"敌人，从而强调金融交易潜在的政治意义。塞古西奥的亨利运用法律准则对一系列经济状况进行程式化和综合性的描述，使货币的价值成为假设性的神秘之物。

换言之，如果由这样的主体来控制和投资货币，货币产生的收益将硕果累累（Ceccarelli, 2003）。他们是"基督教共和国"（respublica）"共同利益"的领袖，并以此身份而行动，照顾基督教社会的健康和成长，而基督教社会是基督身体神秘化身的共同体。与将宗教意义和公共意义赋予教会事业相类似的是，对于13世纪欧洲城市中杰出的平信徒家庭、银行家以及商业公司，亨利承认他们通过自己的货币体现出生产资本的价值（以及因此存在的潜在价值），由此对于契约的总结最终阐明了他们所具有的公共角色、机构功能以及与宗教的相关性。

结论：基督教经济语言与平信徒经济

从12世纪到14世纪，西欧的宗教思想空间与政治空间不断拓宽，也就是说，公共行政、主权和教皇制所塑造的统治权力神圣化之间的联系日益加强，逐渐使商业银行家及其所经营的业务融入与教堂和修道院有关的宗教经济这一神秘领域之中。与12世纪和13世纪相关的金融现象包括：教宗承诺将财政收入投入到平信徒的商业公司（Dini, 1999），公共收入与公共债务管理之间的联系日益紧密（Armstrong, 2003），以及银行家向罗马教廷以及法兰西和英格兰国王提供担保。这些发展显然有助于我们从政治和实用主义角度解释中世纪后期货币和经济问题所具有的宗教意义。古代基督教词汇曾利用经济和货币意象构建起宗教和超验概念的隐喻；中世纪晚期，宗教、政治、随之呈现出的基于"共同利益"的制度经济，以及国家的富足（表现为神圣的身体努力保持健康的运转），四者紧密关联，使古代基督教词汇复兴和成为现实（Kaye, 2014）。

从中世纪晚期起，货币流通可以借用有机体的意象被比喻为"血液循环"，而诸如"公开的高利贷者"等未经授权的非属灵代理人滥用货币的行为，则以医学术语被比喻为阻碍了血液良性循环的肿瘤（Bernardino da Siena, 1956: 383–4; Todeschini, 2016）。如果一方面将货币流通的助力者视为神圣基督教社会福祉的促进者，那么另一方面，"邪恶的高利贷者"就会被认定为毒害和玷污基督教社会身体的无信仰者和异端。

15世纪著名的知识分子和政治家、德国封地库萨的主教尼古拉在1463年撰写的《球赛》（*De Ludo Globi*）一书中（Nicholas of Cusa, 1998: 137–149），曾无数次引用奥古斯丁的"人乃上帝的硬币"这一比喻。他幻想真正的硬币，比如教宗的弗洛林，想象这些硬币是有生命的实体，它们能够凭借铸币上的印记认出教宗就是自己的创造者。同样，真正的基督教信徒和公民已经全然理解了上帝就是他们全能的造币者（Coiner），因为祂在他们身上刻下了相似的印记。

第四章
Chapter 4

货币与日常生活：谁的货币？[1]

理查德·凯莱赫（Richard Kelleher）

在中世纪，印有发行机构确认的图像和铭文的硬币成为更广泛的文化交流中的重要媒介。人们认识到，文化意义深深根植于货币和有关货币交易的观念之中（Bloch and Parry, 1989: 1），因此，就像我们可以探索一个人一生中使用货币的不同方式，我们也可以将铸币的生命周期视为研究对象。在日常（普通而平凡）的经验中，我们发现了一系列文化、时间和空间上的变化，这些变化是由个人的职业、性别、社会地位和年龄决定的，也就是说，日常经验是多方面和多样的。中世纪的铸币比任何其他常见的手工艺品都更为广泛地被社会各阶层所消费，因此，从富豪到农奴，能借由货币获得差异显著的经济和社会体验（Kelleher, 2018）。

在本章，作者将分析这一时期欧洲货币生产和使用的总体趋势，尤其是社会货币化的关键发展，并探索货币在日常经验中的特性。我们现在掌握的材料有文本（包括法律的、宗教的和文学的）形式的文献资料和考古材料、贮存物、孤币（single finds）、在其他场景中发现的货币，以及各种来源的货币。所有这些发现，就其性质而言都是跨学科的，其丰富程度和具体程度在整个中世纪的不同阶段体现出差异性。本章将着重介绍货币学和考古学的证据，并讨论货币的本质及其在中世纪欧洲日常生活中的适用性。货币在日常事务中的特点是可用性（无论大小，都能满足市场上日常交易的价格要求）和在彼时经济条件下的普遍可接受性。

货币学家都避免给"货币化"以明确的定义；相反，他们会借鉴经济历史学家的工作。"货币化"是一个广泛而复杂的概念，随着硬币不断地被发掘，这一概念还引起了诸多以货币经济的出现、社会的商业化为题的争论（Bolton, 2004; Britnell, 1995; 2004）。理查德·布里特内尔（Richard Britnell）认为，在1158年至1319年间的英格兰，流通的硬币数量明显增加了，由此证明货币化是商业化的三个指标之一（1995: 7; 2004: 76）。考古发掘中发现了孤币的传播，由此佐证的中世纪硬币的使用是否足以构成我们所称的"货币经济"？吉姆·博尔顿（Jim Bolton）强调，认为"货币经济"与硬币的使用是同时出现的，这一想法是危险的。他认为，二者同时出现需要一定的条件，例如人口的稳定增长——它会引发对土地、商品和服务的需求，并成为货币经济发展的重要组成部分；还需要其他方面的刺激因素，如立法的进步、市场的出现以及城市人口的增长；同样重要的还有货币可用性的增强和使用率的提高（Bolton, 2004: 4–5; 2012: 22–23）。我们可以在中世纪的许多文献来源中找到有关货币的文本证据，无论是早期的宪章、圣坛画或对圣徒生活的描述，还是从13世纪开始不断涌现的官方铸币厂文件（Mayhew, 1992; Naismith, 2014b: 4）。这些资料证明了围绕货币的日常使用的既有看法是有问题的：早期的文献提供了上层社会或教会的视角，而后来的铸币厂记录只记载生产情况，而不是消费情况。

硬币的考古发现成为一种充分的资料，为人们研究文献记录提供了一个不同的视角，并且帮助人们更好地洞察经济以及人与物的代理（Kemmers and Myrberg, 2011: 87）。在过去三十年间，依托于金属探测技术的发展，英国和荷兰建立了可公开获取的大规模的硬币数据库。[2] 这些数据的一个优点是，每一枚硬币都代表了一个"造成损失的事件"（loss event）。需要特别注意，这种意外损失意味着它是一个无偏见的样本，代表了一个特定的硬币"群落"。萨福克郡（Suffolk）的伦德尔沙姆（Rendlesham）是一个帮助我们理解孤币的重要样本。在这里，由于一个金属探测和定向挖掘项目的系统性实施，大量公元6—8世纪的硬币得以出土，从而证明该地曾是一个经济发展繁荣、社会多元的皇家的中心位置（Scull *et al.*, 2016）。

图 4.1　从白金汉郡的伦伯勒发掘出的盎格鲁-撒克逊窖藏银便士
版权 © 可移动文物计划（Portable Antiquities Schem，由大英博物馆与威尔士国家博物馆主持）

从很早开始,对硬币窖藏的研究就是货币学学科的核心,并促成了货币学体系化、方法论的发展。就像孤币那样,每个窖都代表着一个事件。然而与孤币所代表的不同,这些窖藏所代表的事件通常是有组织的、有目标的,因此它们提供了探究货币相关事务的不同窗口。

存放者一般会重新找到窖藏的硬币(除了少数例外),只有在一些不幸(或者仅是我们尚未可知)的情况下,才会发生找不到的情况。货币学家的目光越过硬币,投向了窖藏。一些学者试图根据所藏内容及(或)所处环境对储存钱币的窖进行分类,种类很多,但结果往往不令人满意。菲利普·格里尔森(Philip Grierson)认为窖藏有四种方式(Grierson, 1975: 131-135)。第一种是装在钱包或小袋子里的当天要使用的货币意外丢失(accicental losses)。第二种是"紧急储备"(emergency hoards),储藏形式与"意外丢失"的货币相同,但有时数额巨大。格里尔森认为的第三种窖藏方式是"储蓄窖藏"(savings hoards),是随着时间的推移而积聚起来的,其间是当时所能窖藏的最好的货币。最后一种是"被遗弃的窖藏"(abandoned hoards),这个说法不是很准确,所指是埋在地下但并不打算重新收回的货币。马克·布莱克本(Mark Blackburn)对格里尔森的分类法提出了批评,并提出了另一种分类方法,该方法关注的是物品最初是如何被窖藏的(Blackburn, 2005a:13)。他认为,在某些情况下,窖藏的形式清晰地反映了历史中某些阶段的动荡乃至剧变,但这种功能主义的解释现在已经过时并受到了挑战(Rovelli, 2004: 242)。在特定时期内,导致窖藏的事件与导致无法收回的情况之间存在着复杂的相互影响关系,有关窖藏的记录往往因此被破坏。与孤币一样,窖藏也有可能揭示社会不同层次的货币现实。1831 年,在英国塔特伯里(Tutbury)城堡附近出土了一个巨大的窖藏,^①这个窖藏与这座城堡同名,很明显是 14 世纪兰开斯特的托马斯的在战争期间的所藏。托马斯曾公开反抗他的堂兄爱德华二世(King Edward II,英格兰国王,公元 1307—1327 年在位)。在 1322 年的伯顿桥战役(Battle of Burton Bridge)后,托马斯逃离塔特伯里,多达 36 万枚银便士下落不明——原来被埋在了这里(Kelleher and Williams, 2011)。在英国发现的其他的货币窖藏规模都比较小。人们在挖掘诺森伯兰(Northumberland)西威坪顿(West Whelpington)一处荒废的定居点时,发现了一个小型窖藏,里面有 5 枚银币(Evans and Jarrett, 1987)。近年来,学者们对史前考古学进行了广泛的研究,发展出更能有效阐释窖藏的理论(van Vilsteren, 2000; Myrberg, 2007; 2009)。

中世纪欧洲的"日常"货币(公元6—11世纪)

这一时期欧洲的铸币和通货,深受罗马传统的影响。在西方,在摇摇欲坠的帝国中出现的货币体系,从出现、到收缩、再到最后的崩溃,都是以 5 世纪的罗马模式为原型并受其启发的。在该体系顶端的是苏勒德斯金币,这是君士坦丁大帝于公元 309 年发行的一种金币,是帝国政府发展经济的主力军。这种硬币由拥有大量农业地产的上层社会组织生产,并被国家用来维持军队、管理公民、提供公共服务,对帝国的运转至关重要(Spufford, 1988b: 7–8)。你如果很有钱,可以用苏勒德斯金币支付你的土地税,或者用它购买奢

---

① 塔特伯里窖藏,在英国发现的最大的货币窖藏,其间约有30万枚硬币,这些硬币来自公元13—14世纪的英格兰、爱尔兰、苏格兰以及欧洲大陆,现藏于大英博物馆。

侈品，但它决不是帝国中大多数居民日常所使用的硬币。处在帝国货币体系底部的，是被称为"努米"的低面值铜币。努米和苏勒德斯金币的比率在整个6世纪一直在波动，从公元539年的7 200∶1下降到公元565年的12 000∶1（Spufford, 1988b: 8）。在这两端之间没有其他面值的货币，这是有问题的，银的缺乏导致了6世纪银币的消失。

罗马行政机器崩溃后的短时间内，其"继承国"在5世纪末和6世纪开始出现。在不列颠出现了特别的景象，硬币的供应完全停止。但后人对窖藏和孤币的发掘表明，剪边的斯力克（siliquae）银币在5世纪上半叶大量流通，这说明在罗马铸币厂官方停止供应后仍有大量货币被使用（Abdy, 2006: 94–95; Naismith, 2017: 31–34）。在不列颠之外，帝国西部的铸币厂落入了"继承国"国王的手中，他们伪造帝国硬币，随后又铸造了自己的货币以体现国家的独立性（Blackburn, 2005b: 661）。在这一时期，铜币（北非国家和意大利发行的钱币除外）的铸造几乎绝迹，而金币的发行也基本上限于最小面值的特雷米斯（Grierson, 1991: 9）。因此，西欧的野蛮王国在苏勒德斯和特雷米斯的基础上开发了单本位制的铸币系统（Blackburn, 1995: 539）。6世纪的拜占庭帝国拥有相对繁荣的货币经济，其基础是金币（分为三种面值）和阿纳斯塔修斯（Anastasius，拜占庭帝国皇帝，公元491—518年在位）于公元498年发行的五种面值的铜币（Grierson, 1999）。在多瑙河下游和地中海东部的一些城市，尤其是在雅典、萨迪斯（Sardis）、凯撒里亚、迦太基（Carthage）、萨多维奇（Sadovec）和希斯特利亚（Histria）等地发掘的6世纪货币，其数量之多，支持了这一分析结果。然而对比各地遗失货币的平均值（contrasting average value of losses），整体考察这些货币的铸造币厂，可以发现，当时的货币供应和使用均是不稳定的（Guest, 2012: 112–119）。直到公元615年，一种介于高、低面值硬币间的货币才出现，它就是赫萨格兰姆（hexagram）银币。

7世纪盎格鲁-撒克逊铸币的发行范围有限，但那时的墨洛温金币仍有大量留存至今。这种货币在数百个铸币厂被铸造，表明它是一种"非常重要和活跃的货币"（Blackburn, 2005b: 672）。7世纪之后，金的短缺导致盎格鲁-撒克逊和法兰克金币的纯度明显下降——降至25%，甚至更低（Blackburn, 1995: 539）。法兰克王国发行的最早可确定日期的银币是由纽斯特里亚（Neustria）的希尔德里克二世（Childeric II，墨洛温王朝国王，公元662—675年在位）所发行的银币，其铸造时间为公元673—675年。奈史密斯认为，英格兰货币从金币到银币的转变始于（甚至可能早于）这一时期（Naismith, 2017: 85–87）。小而厚的银便士（通常被误认为"希特斯"）[①]是在英格兰南部和东部以及欧洲大陆的许多商业中心生产的。所有这些共同构成了横跨北海的密切联系的货币体系（Naismith, 2017: 88）。学者们经常试图了解这种货币在北海地区不同社会阶层中的流通范围和渗透程度，并为此争论不休。金属探测器在英国的"生产场所"中的许多发现表明，货币是日常生活的重要组成部分（见Pestell和Ulmschneider 2003年的论文，尤其是Blackburn的）。考古发掘，为研究早期便士的供应、年代和使用提供了有价值的视角。在对8世纪和9世纪丹麦里伯（Ribe）繁荣的贸易中心进行挖掘时，考古学家发现的货币在地下的分布层次异常清晰，其中包括200多枚早期

[①] 希特斯（Sceats或Sceattas），一种小而厚的盎格鲁-撒克逊货币，一般是银币，极少情况下由金或铜铸成。——编者注

的便士（Feveile, 2008）。在这些硬币当中，85% 是奥丁/怪物型（X系列）[1]的，因此这些便士被认为是里伯铸造的。此外，这些发现的历史背景表明，8 世纪后这种便士逐渐成为里伯货币体系中的主导，而在 9 世纪早期也没有完全消失，远远超出了这种便士在英格兰和弗里西亚流通的时长。

如果说 6 世纪和 7 世纪的货币起源于古代晚期，那么 10 世纪和 11 世纪出现的拉丁基督教国家的货币就是在加洛林王朝统治下对货币进行根本性改造的产物。公元 754（或 755）年，在废黜了墨洛温王朝最后一位国王后不久，丕平（Pepin）对货币进行了改革。小而厚的墨洛温风格的德涅尔币被废除，取而代之的是在一个更宽、更薄的币坯中制作出来的硬币。继西哥特式和伦巴第式铸币开创的先河，此次改革也确立了皇室对铸币厂的权威（Blackburn 1995: 548）。查理大帝在 8 世纪 90 年代领导了重大改革，将德涅尔的重量增加到 1.7 克，并规定统一使用卡罗洛士（Karolus）花押字图案进行设计（图 4.2）。铸币厂的数量从 100 多家减少到 40 家。在欧洲，出土加洛林王朝硬币最多的地方是多雷斯塔德，它靠近乌得勒支省莱茵河最北端的支流。在遗址上出土了大量的查理大帝时代的花押字型硬币和虔诚者路易时代的基督宗教型硬币（见图 0.2），这表明从 8 世纪 90 年代到 9 世纪 30 年代，那里的经济活动持续稳定地增长，并且，多雷斯塔德是整个帝国贸易网络中的一个重要地点（Coupland, 2010: 98–100）。查理大帝的影响力辐射到盎格鲁-撒克逊人所统治的英格兰帝国的疆界之外，在那里的麦西亚（Mercia）王国，国王奥

---

[1] 奥丁/怪物型（X系列），一种北欧风格货币。顾名思义，其中的大多数一面为奥丁的形象，一面为怪物图案。奥丁为日耳曼神话中的主神奥丁神。

发（Offa）也推行了货币改革。这项改革首次推出了一种全银的宽币坯的便士（纯度约 96%；1.3 克），上面刻有国王的名字和头衔，以及铸币者的名字。在意大利，拜占庭的影响让位给了法兰克王国的加洛林王朝，伦巴第、教皇和贝内文加贬值的金币被银币取代。尽管 8 世纪时硬币的产量有所增加，但它的使用很大程度上限于城市和社会上层的少数人。

图 4.2 查理大帝在美因茨（公元 793/794—812 年）铸造的德涅尔银币，背面为阶梯上的十字架
版权 © 剑桥大学菲兹威廉博物馆

查理大帝在公元 800 年圣诞节被教皇利奥三世（Leo III）加冕为皇帝，这个吉庆的事件巩固了加洛林王朝在北欧和西欧大部分地区的统治地位。帝国范围内对货币重量和度量标准的改革，确保了整个帝国货币的统一（Blackburn, 1995: 543）。银币在货币体系中占据主导地位，但它是否是日常所使用的货币，以及帝国货币化的程度到底如何，仍存在着争议。西蒙·库普兰（Simon Coupland）最近的研究表明，货币的结构受地理和时间因素的影响，并且地区差异明显。考古发掘的零散硬币、窖藏和文献证据表明，在西法兰克王国，尤其在塞纳河和莱茵河之间出现了新的铸币厂后，铸币十分常见。相比之下，在布列塔尼（Brittany）和莱茵河以东地区发现的货

币和铸币厂就很少了（Coupland, 2014）。阿尔卑斯山南麓也是如此，这说明加洛林霸权未能将该地区纳入帝国的经济活动主流（Rovelli, 2009: 75-76）。不过，在加洛林王朝出土的零散硬币中奥波勒斯占总数的 16%（半便士），这标志着货币在普通民众中的使用已经多样化了。在帝国的西方，除非为了展示或仪式使用而铸造，金币实际上是不存在的。在查理大帝政权的南部和东南部，货币的单金属本位制却并非常态。在拜占庭帝国和阿拔斯哈里发王国，金币和贱金属硬币同时被大量铸造。在意大利的中部和南部，货币的区域差异就更加微妙了，这反映出该地区在西欧、拜占庭帝国和穆斯林文化交汇处的地位。在南部，主要有纯度在一个世纪中不断下降的贝内文托的货币，以及拜占庭在那不勒斯和西西里岛所发行的货币（一直到公元 878 年）。9 世纪，英格兰的货币使用在南北方分化为两轴。在北方，小而厚的银币〔被误认为是斯泰卡斯（stycas）〕[①] 逐步贬值，以至根本不含银。丹麦于公元 867 年占领约克，从此结束了诺森布里亚的货币统治。在 9 世纪的英国，取代斯泰卡斯的硬币由于价值更大，不适合在日常交易中使用，其中每一便士的价格都远超当时英格兰大多数商品和服务的价值。英国南部的威塞克斯王国和麦西亚王国的铸币风格，则完全不同，从大约公元 760 年开始，当地的硬币就以加洛林风格的大银币为基础。在该世纪的最后 25 年，阿尔弗雷德（Alfred）领导了两项改革，将贬值的银币从仅仅四分之一的纯度提高到了 1.6 克的标准含量。在丹麦法区（Danelaw）[②]，

[①] 斯泰尔斯，公元 7—9 世纪，诺森布里亚王国国王发行的贬值的希特斯。——编者注
[②] 9 世纪后期维京人中的丹麦人入侵英格兰，占领其北部、中部和东部，在此进行统治，施行丹麦法律，影响直至 12 世纪。这一历史阶段的这些地区被称作"丹麦法区"。

货币具有更加多样的特征，窖藏中包含各种各样的硬币。在阿什顿（Ashdon）和埃塞克斯（Essex）同时发现了属于盎格鲁-撒克逊人、维京人和加洛林王朝的硬币就是例证（Blackburn 1989）。9 世纪，货币使用的水平仍然受到北欧供应情况的制约。

在 10 世纪，西方的货币依然以银币为主，但是，可用的铸币数量和使用水平大大下降。斯普福德将此归结于三个因素：奴隶贸易的减少导致与东方的国际收支恶化，白银流入教会的金库，以及斯堪的纳维亚人的入侵（Spufford, 1988b: 60）。只有在伊斯兰教的统治地区，如西班牙和西西里，或者拜占庭帝国内部，金币才顺利流通。西欧金币只在特殊情况下生产。加洛林王朝的硬币生产模式一直延续到 10 世纪，但在法国和德国，该模式发展的方式并不相同。随着帝国政治权威的崩溃，铸币权也开始去中心化，无论这种去中心化是以篡夺的途径还是以被授予的形式实现的。在法国，加洛林体系的遗产体现在硬币类型的延续之中。一个多世纪以来，伯爵对铸币权的夺取导致了固定化硬币（immobilized coins）的出现，这些硬币经常令人沮丧地没有日期，也不成系列。在德国，随着捕鸟者亨利（Henry the Fowler）在公元 918 年取得王位，权力轴也从西部的莱茵兰、巴伐利亚转到了其东部和北部。位于哈尔茨山区戈斯拉尔的拉默尔斯堡（Rammelsberg）银矿储量丰富，这使得那里建起了一个高产的铸币厂。该铸币厂从 10 世纪 90 年代开始繁荣，并生产了大量奥托-阿德莱德芬尼（Otto-Adelaide Pfennige）[①]（Spufford, 1988b: 74）。随着新的帝国铸币厂的建立，铸币权被授予更多人和机构，

---

① 芬尼（Pfennige），德国旧时的货币，价值约为德国马克的1/100。奥托-阿德莱德芬尼指奥托一世及其妻子阿德莱德在位时发行的芬尼。

通常是主教和修道院。在波希米亚，铸币的数量大幅增加，在王国的一些大城市里，贸易往来带来了来自巴伐利亚、教宗和英国的货币，当地人又从中汲取灵感，发行新的货币。

法国和德国硬币生产的去中心化与英国日益加强的集权形成了直接的对比。10世纪初，威塞克斯王国、麦西亚王国控制着位于其南方的南部丹麦法区和斯堪的纳维亚的诺森布里亚的铸造货币。大约在公元973年，英格兰国王埃德加（Eadgar）改革了铸币，这使所有英国铸币厂的铸币在设计上趋于统一。9世纪，维京人的扩张开始以不同的方式影响西欧沿海地区：在北海地区，多雷斯塔德铸币厂在几次遭到维京人的袭击后关闭；而在英国和爱尔兰的部分地区，由于维京人的定居，约克和都柏林都引进了维京人的货币。9世纪，斯堪的纳维亚半岛出现了"金属经济"（bullion economy），硬币和贵金属制成物品被用作交换和储存财富。这种"金属经济"也于该世纪初出现在受斯堪的纳维亚人影响的英格兰和爱尔兰，位于兰开夏郡（Lancashire）的克代尔（Cuerdale）和约克谷（Vale of York）的窖藏就是很好的例证（Williams, 2011a）。同样，北方的扩张者给北方带来了一个新的货币，那就是大量进口的伊斯兰白银。他们在东部的贸易中，通过保加尔人和可萨人从河中地区带来了大量的中亚迪拉姆。这些构成了在斯堪的纳维亚贸易遗址中出土的大部分硬币，这些遗址包括挪威的开帕根（Kaupang）、瑞典的比尔卡（Birka）和乌普克拉（Vppåkra）以及哥得兰的帕维肯（Paviken），这些地方，从9世纪后期开始就承袭欧洲的货币（Blackburn, 2007a: 53）。10世纪，随着萨曼王朝和伏尔加河流域的保加尔人仿制品的货币占据主导地位，其货币的构成发生了根本性变化（Blackburn, 2007a: 39-40）。在挪威西福尔郡（Vestfold）著名的科克斯塔德海葬船附近新发现的维京人遗址中，9世纪和10世纪的迪拉姆银币都是碎片，且大部分的单枚重量不超过 0.5 克（Gullbekk, 2014）。碎片化表明了作为支付手段的白银适应日常的市场需求。在维京人的世界里，小片的迪拉姆银币被广泛使用，包括在英格兰的托克西（Torksey）和雷普顿（Repton）等维京人的营地。在斯拉夫的土地上，从事远距离贸易的上层人士和商人一直在使用白银。他们的贸易路线中有两条已被确认：一条是从波罗的海到波美拉尼亚（Ponerania），另一条是从基辅到波兰东部、马佐维亚（Mazovia）和大波兰①。在10世纪末，硬币碎片的使用变得越来越广泛，碎片也变得越来越小（Bogucki, 2011: 146）。尽管铸币术扩展到东欧，但硬币的广泛应用还是受到了限制。也许这一世纪最具活力的是维京人的碎银经济（hacksilver economy），它将大量的迪拉姆银币吸引到北欧，并将其出口至斯堪的纳维亚半岛、波罗的海周边、北不列颠和爱尔兰等地。

　　11世纪的货币在不同程度上受到当时重大事件的影响。在西班牙北部、斯堪的纳维亚半岛和匈牙利，新近信奉基督教的国家都采用了银便士。欧洲许多地区的铸币需求的增长不尽如人意，尤其是在11世纪下半叶（Grierson, 1991: 65）。虽然便士依然强劲，但其他面额的货币也开始出现，这意味着人们希望铸币厂发行的硬币在价值上能够灵活多变。在西北部，金币的发行仅限于仪式的需要，如埃塞尔雷德二世（Æthelred II，公元978—1016年在位）和忏悔者爱德华（Edward the Confessor，公元1042—1066年在位）使用便士模具铸造出来的盎格鲁-撒克逊金币。然而，伊斯兰金币对与哈里发王国接壤的国家的影响导致了巴塞罗那、萨莱诺（Saleno）和阿马

---

① 大波兰，波兰西南部地区，以波兹南为中心，是中世纪波兰最早的历史中心区域。

尔菲（Amalfi）等地出现了仿造的第纳尔（dinar）①。价值不到一便士的硬币，从公元 700 年开始在法兰克王国，从 9 世纪开始在英国和意大利被陆陆续续地铸造，越来越多的人开始使用这种硬币。这些硬币大多以圆形的奥波勒斯或半便士的形式出现，但在英国，便士被切成两半和四分之一，在东欧甚至还有更小的碎片。11 世纪德国皇室对铸币的控制逐渐减弱，许多铸币厂都由教会掌控。在这些地主发掘的窖藏揭示了其铸币厂发行主导货币的总体趋势，铸造的年份紧凑，这说明当时的人们需要将从外部流入的货币换成本地铸币厂生产的。在哈尔茨山脉开采银的规模在 1025 年达到了顶峰，而在 1040 年之后迅速减少，这导致萨克森、巴伐利亚、波兰、斯堪的纳维亚、波罗的海以及莱茵兰和弗里西亚西部的铸币厂金属供应匮乏（Spufford, 1988b: 95-96）。法国的铸币业被强大的领主所控制，这些领主继续用劣质的原料、工艺和审美情趣生产铸币（Grierson, 1990: 68-70）。随着中央控制的削弱，铸币厂可以自由地降低发行量，以至于到 11 世纪末，图卢兹的德涅尔只相当于两个梅勒哥耶（Melguevl）的德涅尔，或者四个勒皮（Le Puy）的德涅尔（Spufford, 1988b: 103）。与德国和法国形成鲜明对比的是，英国在大约 70 个铸币厂铸造了一种统一设计并严格控制规格的国家货币。为了保证国王的利益，大约每三到六年货币的设计就会改变一次，这体现出高度的控制。在诺曼王朝，盎格鲁-撒克逊货币体系和铸币在最初的变化不大，反映了诺曼人对货币灵活性的偏好，这种偏好使他们在西西里岛和意大利南部成功地发行了雷格诺（Regno）。根据金属探测器的发现，硬币的使用仍然局限于王国的主要城镇以及英格兰东

---

① 第纳尔，亚洲西南部和非洲北部的一种金币。——编者注

部和南部少数几个农村地区（Kelleher, 2015: 59–60）。

在维京时代，爱尔兰第一次生产了硬币。公元 995 年，西特里克·希尔肯博德（Sihtric Silkenbeard，公元 989/995—1036 年在位）以他的名义在都柏林铸造硬币，并使都柏林成为硬币使用的中心城市。在都柏林王国之外发掘的窖藏和零散硬币表明，货币并不常见，并且与周边的许多欧洲国家一样，只被少数城市居民所使用（Woods, 2014: 296–312）。同样在维京时代，苏格兰使用的硬币也比较混杂，包括从盎格鲁-撒克逊、挪威和伊斯兰地区引进的各种硬币。这些仅限于挪威人的定居点（Williams, 2006b: 171）。直到公元 1000 年后，斯堪的纳维亚的铸币业才开始兴起，在丹麦最为显著，在那里，埃塞尔雷德二世时期的盎格鲁-撒克逊便士被当作标准样本使用。

意大利在货币使用方面处于领先水平，但使用情况并不清楚，其发展与衰退的证据同时存在（Spufford, 1988b: 97–98）。在那里有两种体系：北部采用的是德国的帝国银便士体系；南部则混合着拜占庭及其他独立的货币体系，流通的是阿拉伯西西里金币和拜占庭铜币。1050 年，诺曼人在意大利南部建立了定居点，后来在教皇的庇护下被合法化，并在 11 世纪末征服了西西里岛。他们继承的铸币厂继续铸造与以前一样的硬币：卡普阿（Capua）和萨莱诺的福利斯（follis）铜币，萨莱诺、阿马尔菲和西西里的塔勒尼（tareni）金币，以及西西里的卡鲁巴（kharubba）小银币（Grierson and Travaini, 1998: 76–78）。

在东欧，铸币变得更加成熟。匈牙利铸造的便士比较粗糙；而在波希米亚，硬币的产量很大，而到了 11 世纪的后半叶，它们变得越来越轻。11 世纪初，波兰的货币化仅限于商铺以及公爵和皇室的宫廷，但到了 11 世纪后半叶，当地市场更频繁地使用硬币，特别是进口的硬币——至少有 50 000 枚这样的零散硬币被发掘，它们主要来自德国（Bogucki, 2011: 147）。公元 1040 年之后，德国的银矿开始枯竭，伊斯兰土地上中亚的矿藏开始减少，这些引起了一连串的反应，并造成了拜占庭银币在公元 1000 年之后的急剧减少。到了 1092 年，在亚历克修斯一世（Alexius I, 公元 1081—1118 在位）实行的改革中，这一货币被彻底废弃。11 世纪时人们的货币体验由地理因素和社会因素决定。硬币被切割成较小的面额以及外国硬币的进入都表明了货币使用的动态变化，但当时货币的供应和需求仍未达到平衡。

12—14世纪的铸币与通货

矛盾的是，尽管 12 世纪欧洲的贸易活动增加了，对硬币的需求也越来越大，但黄金却在持续短缺（Grierson, 1991: 81）。在三个主要的铸币地区（德国、法国和英格兰），人们以不同的方式感受着这种变化。尽管不是唯一诱因，但这种变化通常导致了货币的贬值及其重量的减轻。金币在很大程度上仍然被拜占庭或那些与伊斯兰世界接壤或被其再次征服的国家使用。尽管在 11 世纪经历了挫折，但德国仍然是欧洲最强大的国家，特别是在腓特烈一世巴巴罗萨（Frederick I Barbarossa, 1152—1990 年在位）和亨利六世（Henry VI, 1190—1197 年在位）的统治下。然而，当时铸币业掌握在主教和大主教以及皇帝的手中，尽管腓特烈复兴或新建了铸币厂，但整个帝国并没有一种标准的铸币。事实上，不同地区的铸币常存在着明显的差异：有些地区，较小的银币坯比较常见；而在另外一些地区，大而薄的币坯则更普遍。在法国，像香槟地区和梅勒哥耶这样的大封地的铸币广为流传，论质量，它们甚至让皇家铸币相形见绌。不过在腓力二世·奥古斯都（Philip II Augustus，公元 1180—1223 年在位）的统治下，复兴的君主国开始收回皇室对铸币的控制权。12 世纪，安茹的亨利（Henry of Anjou）将安茹（Angevin）地区的地方贵族的铸币整合在一起，形成了一个更加紧密的统一体。1180 年后，这个体系被固定为英镑（Cook, 2006: 671）。

在英格兰，皇室的控制得以维持，从而在总体上避免了贬值——尽管在斯蒂芬（Stephen, 1135—1154 年在位）统治的内战期间，一些贵族以及亨利一世之女玛蒂尔达（Matilda）和她的安茹盟友都铸造了硬币（Blackburn, 1994; Allen, 2016）。亨利二世（Henry II，公元 1154—1189 年在位）即位后，当时流通的货币很快因为 1158 年的一次大规模重铸而被取代，这一次货币重铸使英国放弃了已有数百年历史的货币体系。1180 年进行的第二次货币重铸，将十字、小十字（Cross and Crosslets）便士替换为短十字（Short Cross）便士，这种硬币随后以固定的形态延续了四个朝代又八十年（图 4.3）。1180 年的货币重铸，极大地提高了铸币厂的生产能力和货币的规模（Allen, 2007: 273）。

图 4.3 短十字银便士，由铸币官艾萨克在约克铸造
版权 © 剑桥大学菲茨威廉博物馆

苏格兰第一批硬币的铸造，大概发生在大卫一世（David I，公元 1124—1153 年在位）入侵坎布里亚（Cumbria）并占领卡莱尔（Carlisle）的英格兰铸币厂的时候。卡莱尔和爱丁堡也少量铸造英格兰风格的硬币，但这些硬币很少见。同英格兰北部和西部的大部分地区一样，货币的使用并不常见。那么，爱尔兰呢？1185 年，约翰王子（Prince John）作为爱尔兰的领主恢复了都柏林的铸币业，组织生产了重量轻的便士。12 世纪 90 年代，他第二次发行便士和半便士。另外，阿尔斯特（Vlster）男爵约翰·德·库西（John de Courcy）也铸造便士和半便士。

商业最发达的两个地区是低地国家和意大利。在意大利北部，新的铸币厂开张了，但在加洛林王朝崩溃后货币化程度较高的帕维亚、维罗纳（Verona）和卢卡（Lucca）仍占据着主导地位（Saccocci, 1999: 41–42; Day et al., 2016）。在南部，1140 年，诺曼人留下的混合货币被一种新的货币体系所取代。拜占庭和伊斯兰的元素在四种面额（这四种面额的货币包括 1 种铜币、2 种银币和 1 种金币）和两种簿记货币中仍然可见；与此同时，欧洲大陆仍然保留着当地的传统（Travaini, 2001: 184）。与前几个世纪的帝国或法国的硬币不同，低地国家的硬币具有其独特的特征。在市政机构和议会的控制下，小德涅尔币（*petit deniers*）被大量铸造。而在斯堪的纳维亚半岛，最重要的硬币来自丹麦。除了在王国的边缘有受德意志影响的痕迹，丹麦的窖藏硬币主要来自当地。譬如，在坎姆平吉（Kampinge）出土的薄片币便与斯堪尼亚集市（Scanian fairs）有关（Steen Jensen 1999: 314）。

在公元 1096—1099 年第一次十字军东征的过程中，四个十字军国家在黎凡特（Levant）建立起来。与诺曼人统治的西西里王国一样，这些封建国处在一个交汇地带，深受拉丁本土、拜占庭帝国和当地伊斯兰传统文化的影响。在拉丁东部，北部的埃德萨伯国和安条克公国的铸币大幅借鉴了拜占庭模式。不过，这些硬币究竟在多大程度上被当地居民采用，至少在埃德萨伯国是有争议的。在对这一时期的遗址挖掘中，也很少能发现属于埃德萨伯国的硬币。在幼发拉底河上游的格里蒂尔（Gritille）等边境定居点发掘的硬币非常稀少，而那些被发现的硬币通常是法兰克式的德涅尔银币或当地的伊斯兰福勒斯（fulūs）[①]铜币（Redford, 1998）。安条克公国比埃德萨伯国更富有、更强大，维持的时间也更长，在最初采用福利斯铜币之后，开发出了一种大体型的比朗德涅尔（Metcalf, 1995）。安条克公国的比朗币，特别是博希蒙德三世（Bohemond III，公元1163—1201年在位）时期的比朗硬币的大量发行表明了货币在主要城镇中被广泛使用，但这些货币深入腹地的程度如何，还有待进一步的发掘和分析。耶路撒冷王国的情况却非如此，在那里，计划中的维勒讷夫（Villeneve）定居点使帕尔瓦·马哈梅里亚（Parva Mahumeria）和贝特吉伯兰（Bethgibelin）的法兰克殖民者都很想在为耶路撒冷、提尔和阿卡提供服务的那些农村社区中使用货币（Kool, 2007）。在挖掘帕尔瓦时，在50%的住宅中发掘出将近100枚硬币，其中包括一个小规模的金币窖藏。零散的硬币则来自耶路撒冷王国、安条克公国、的黎波里伯国、法国和拜占庭帝国。在这里，货币的日常使用方式多种多样，从里吉斯城堡（Castellum Regis，位于阿卡以北的一个城镇）的特许证上可以看出，使用公共浴室需要低价值的硬币（半个德涅尔）（Kool, 2007: 139–147）。

[①] 福勒斯，发展自福利斯（follis，复数为"folles"，也译作弗里斯）。——编者注

本地货币能满足大多数日常交易所需的低面额要求。12世纪货币的发展为13世纪的重大转变奠定了基础。在1170年之前，硬币的使用就已经向下层社会延伸，但要使货币成为欧洲的日常用品，硬币的供应量还须大幅增加。

到了13世纪，特别是在该世纪下半叶，货币的"普通"使用取得了重大进展。便士的铸造数量不断增加，而体积较大的银币的发行、金币铸造的恢复又促进了大规模的贸易，推动了"商业革命"的发展。如果没有大量新开采的白银，这种发展是不可能的，而这些白银是该世纪初从迈森富饶的弗里萨赫地区开采出来的。黄金主要来自伊斯兰世界，但西里西亚、匈牙利和特兰西瓦尼亚的矿山在当地也很重要（Grierson, 1991: 105）。在整个13世纪里，法国王室对封地的控制不断加强，他们将非王室发行的德涅尔的流通限制在其发行地区，并使王室的图尔德涅尔[①]和帕里斯（parisis）（及其片段）在流通中处于优先地位（Grierson, 1991: 113-114）。路易九世于1266年推出了一枚相当于12个德涅尔的图尔格罗斯币，它旋即被证明是成功的，并被广泛地仿制（图4.4）。欧洲的货币创新在德国未能实现，在德国，东部和南部地区继续使用芬尼。

13世纪，英格兰的英镑成为欧洲最重要的货币之一。铸币厂产量的大幅增长，再加上1247年和1279年的货币重铸，巩固了皇室对铸币生产利润的控制，也促成了总数减少的铸币厂的集中化（Allen, 2012, 特别见第二章《货币及其理念：中世纪的支付方式》）。13世纪50年代，金便士被引入，然后很快就被废止。到了世纪末，不同面额的新的银币出现了，其中成功的案例有碎便士。不过，格罗

[①] 图尔德涅尔，指在法国图尔城铸造的德涅尔。——编者注

图 4.4 图尔格罗斯银币
版权 © 剑桥大学菲茨威廉博物馆

特（四便士硬币）则发展得不顺利。在 1275 年以前，英格兰很少有低价值面额的货币，这给我们理解英格兰经济出了一个谜题。近年来，金属寻宝家发现了数千枚被故意切成半便士和四分之一便士（法辛）的硬币，这可以部分地为这一问题提供答案。这些硬币中许多来自农村地区，它们的分布有力地证明了那些从事商业活动的人在日常业务中使用了货币（Kelleher）。英镑质优量足，这使得欧洲大陆也在使用它。在那里发现的许多窖藏都中都有英镑，尤其是在法国和德国。它也出现在遥远的巴尔干半岛和地中海东部地区（Allen, 2001: 114–118）。英镑的受欢迎带来了一个不那么好的结果，低地国家和德国西北部的铸币厂仿制它，并且成色往往低于英格兰标准。这至少是公元 1299—1300 年英格兰重铸货币、禁止使用的原因之一（Kent, 2005: 18）。窖藏和零散货币的发现，表明了这些货币在英国的流通领域是如何广为传播的（Mayhew 1983; Kelleher forthcoming）。苏格兰和爱尔兰的货币深受英格兰人的影响，前者是模仿，后者则是继承传统。来自汤姆·阿布瑞奇（Tom A'Bhuraich，阿伯丁郡）、邓·拉盖德（Dun Lagaidh，罗斯郡）和基思（Keith，班夫郡)的大型苏格兰窖藏表明,英格兰的硬币在货币流通(Bateson, 1997: 45)中占据主导地位,零散货币的发现也支持了这一判断(Holmes, 2004: 247)。爱尔兰的铸币活动是零星的,仅限于公元1207—1211年、公元1251—1254年、公元1275—1302年这三个阶段。这些硬币的发行更多的是为了丰富盎格鲁-爱尔兰的国家财富,而不是为了地方上的使用,其中大部分硬币都是用作爱德华一世(Edward I,公元1272—1307年在位)的军事行动开销(Colgan, 2003: 27)。在欧洲大陆,一定数量的英格兰货币被发现,也确被仿制过。

意大利的铸币在欧洲大部分地区都很有影响力,但是北部和中部国家所用的货币与南部使用的雷格诺存在根本的差异。威尼斯、佛罗伦萨、热那亚和比萨等商业城邦最具影响力,在那里,由优质银制成的格罗西(*grossi*)被大量使用并成为国际贸易的必备货币,这与当地第纳里乌斯的持续贬值形成了鲜明的对比(Grierson, 1991: 105)。威尼斯发行了各种面额的硬币,分别用作不同的途径:毕考利(piccoli)是日常使用的硬币,格罗西则用于远距离贸易(Stahl, 2000: 202-212)。1252年,热那亚和佛罗伦萨出现了金币。1289年,威尼斯出现了金币。很快,金币开始主导国际贸易:在阿尔卑斯山以北有弗洛林金币,在地中海东部有杜卡托金币(Grierson 1991: 110)。在南部,塔勒尼金币与比朗第纳里乌斯并驾齐驱。安茹王朝国王查理一世(公元1227—1285年在位)的改革使得意大利南部与欧洲其他地区的联系更为紧密(Grierson, 1991: 112)。

13世纪,低地国家也在商业上崭露头角,尽管其货币受到邻国货币的影响,而且它们的货币发行机构决不会保持一致。在尼德兰北部,小德涅尔币让位于便士。在艾诺(Hainault),取代小德涅尔币的则是双便士（double pennies）和小格罗斯（petit gros）（Grierson, 1991: 121–122）。英镑扮演了重要的角色，每一枚都被征收4个佛兰芒便士的关税。图尔格罗斯币出现在13世纪末。在政治不稳定的丹麦，铸币业严重倒退，英镑替代了格罗特，斯卡夫特勒普（Skafterup）和博恩霍尔姆（Bornholm）的窖藏就证明了这一点，（Steen Jensen, 1999: 315–316）。虽然这些硬币逐渐退出，但在日德兰的塔恩博格（Tårnborg）发现的4 400多枚硬币（约1240年至约1341年）以及在丹麦发现的170 000多枚硬币揭示，它们能被广泛使用（GrinderHansen, 2000; Gullbekk, 2011）。在挪威，小格罗特币和英镑取代了体积小、成色不足的薄片币。这正好与货币化的发展相一致，尽管城镇与乡村之间差异显著：城镇使用硬币，而在乡村，商品交易更普遍（Gullbekk, 2003）。在瑞典，薄片币继续被使用。一项对在瑞典教堂发现的硬币的研究，揭示了13世纪下半叶货币化的显著发展（Klackenberg, 1992）。

伊比利亚半岛的货币开始改善。巴塞罗那已经是地中海地区的重要贸易重要中心，格罗西是重要的流通货币。莱昂和卡斯蒂利亚则根据阿尔摩哈德王朝（Almohad，公元1147—1269年）双第纳尔币（double dinar）以及大量的比朗币生产了黄金多卜拉（dobla）[①]。葡萄牙发行了一些金币和纯度较低的比朗丁希罗斯（dinhieros）。东欧的国家经历了不同的命运。尽管在13世纪20年代开采了伊赫拉瓦（Jihlava）矿场，但波希米亚的铸币纯度下降，并在撒克逊模式的基础上采用了薄片币（Grierson, 1991: 131; Spufford, 1988b: 119）。

---

① 多卜拉，可追溯到13世纪的西班牙金币。14世纪中期的多卜拉尤以其艺术设计而闻名。——编者注

西里西亚和波兰铸造了不同重量的薄片币。匈牙利的货币主要由弗里萨赫（Friesach）的芬尼主导，带动了硬币在乡村使用量的增加（Spufford, 1988b: 134–136）。在巴尔干半岛，如塞尔维亚和塞浦路斯，特雷西铜币（trachy，在塞尔维亚）和劣质的赫帕派拉金币（hyperpyra，在塞浦路斯）受拜占庭货币模式的影响，让位于威尼斯格罗西及其仿制品。第四次十字军东征和拉丁帝国（公元1204—1261年）的建立，使得来自法国的德涅尔得以流通和被仿制，并在13世纪中期成为一种主导货币。在阿卡和的黎波里残存的十字军国家继续发行拜占廷帝国的金币和银币，直到1291年悉数覆灭。13世纪开启了硬币被广泛使用的新序幕。贵族和商人使用新的金币和银币来助力商业活动，而来自城镇的硬币则开始重塑乡村的交易习俗。以物易物和商品交换仍然是日常生活中的一部分，但在乡村经济中，硬币已成为一种人们熟悉的交换工具。

14世纪延续了13世纪货币的创新和发展。金币的不断向外传播是14世纪货币发展的首要特征，这部分地得益于意大利城市与非洲的贸易丰富了地中海地区的黄金存量，在克雷姆尼察（Kremnica）等地发现了新的黄金来源也起到积极作用（Spufford, 1988b: 267–268）。波希米亚库特纳霍拉的矿场从14世纪初开始出产大量的白银。14世纪末，金币已从意大利和法国传播到了西班牙、低地国家、匈牙利和英格兰。但是和银币一样，各个国家金币的重量和纯度各不相同（Grierson, 1991: 139）。这一世纪，"黑死病"造成了社会动荡和人口变化，这对硬币的供求产生了直接的影响。法国是当时欧洲最强大的国家，随着圣路易的改革，王家铸币已经成为王国中最重要的货币。在百年战争期间（公元1337—1453年），货币贬值的困扰持续存在，尽管查理五世（法兰西国王，公元1364—1380年在位）

在 14 世纪 60 年代曾暂时解决过这一问题。而在战争期间，这些货币构成了大部分的财政来源（Grierson, 1991: 142-143）。同一时期，在爱德华三世（Edward III，英格兰国王，公元 1327—1377 年在位）和黑太子爱德华（Edward the Black Prince，爱德华三世之子）的统治下，伟大的加斯科涅（Gascon）铸币时代开启了。金币、银币，包括劣质的银币，以法兰西王国的模式在被它征服的土地上流通。

同时期，英格兰永久性地增加了诺布尔金币及其片段，以及大格罗特银币、半格罗特银币等品种，由此赶上其他欧洲国家。英镑在欧洲大陆被到处仿制，其间后世发掘的最常见的零散硬币来自沙蒂永的戈谢（Gaucher of Châtillon，公元 1313—1322 年在位）和盲人约翰（John the Blind，公元 1309—1346 年在位）时期（Kelleher）。法国加来（Calais）新建了一家铸币厂，将通过其贸易中心的羊毛贸易赚的钱铸成英格兰硬币——先是金币，然后是银币（Allen, 2010: 131），其铸币产量有时候与伦敦铸币的产量相当（Mayhew, 1992: 150）。出土的零散硬币和窖藏显示，在苏格兰流通的主要是英格兰的货币，苏格兰本土的铸币直到 14 世纪中叶还深受英格兰影响。1357 年，苏格兰国王大卫二世（David II，公元 1329—1371 年在位）被囚禁他的英格兰释放，他创造了一种新的铸币，将诺布尔金币、格罗特银币各取一半混合而成。银币重量不足，到了 1367 年又进一步降低，1393 年时发生贬值，使其最终在英格兰被禁止使用。因此，英格兰的硬币在苏格兰变得不那么常见。到了 14 世纪末，苏格兰的银币主要由罗伯特三世（公元 1390—1406 年在位）时期发行的本土硬币主导（Bateson, 1997: 59）。爱尔兰臣服于爱德华一世，它跟随英格兰的货币改革，铸造了便士、半便士和四分之一便士等硬币。然而在 14 世纪初，优质银币被大规模耗尽，取而代之的是英镑的仿制品、劣质的大陆货币如图尔的德涅尔和克重小的苏格兰格罗特，这使得由盎格鲁人统治的爱尔兰经济增长遭到破坏（Colgan, 2003: 27–33）。除了爱德华三世时期发行的较小的半便士和四分之一便士外，爱尔兰直到 15 世纪才开始生产硬币。

在意大利的北部和中部，黄金的使用很广泛，特别是在佛罗伦萨、威尼斯、热那亚、罗马、博洛尼亚和米兰等地（图 4.5）。银币比较复杂，主要分布在六个货币区域：阿斯蒂（Asti）和萨伏依（Savoy）、热那亚、米兰、威尼斯和维罗纳、阿奎利亚、博洛尼亚和安科纳（Ancona）。令人吃惊的是，这些地区所使用的货币绝大多数是由当地主要的铸币厂发行的，有时来自邻近地区的硬币还不到 1%（Saccocci, 1999: 43）。14 世纪，威尼斯开始生产日常使用的索尔迪尼（soldini）银币，而托诺塞罗（tornosello，三便士硬币）则出口到希腊，并在那里驱逐了其他的硬币（Stahl, 2000: 217–225）。在意大利南方，金币被大体型的银币取代，一些低品质的比朗第纳里乌斯也被使用。低地国家除了以英镑和黑色合金为基础，还铸造了大尺寸的格罗斯银币。在法国，从 14 世纪 30 年代开始，以弗洛林或法国金币为基础的金币，成为这个重要商区货币流通的重要组成部分（Grierson, 1991: 158）。德国落后于邻国，很晚才引进大尺寸的银币或金币。如今，铸币业在很大程度上成为几所城市的专有产业，最早的货币联盟因此形成。在北方，汉萨同盟的吕贝克、维斯马（Wismar）、汉堡、吕讷堡（Lüneburg）等城镇和其他地方达成了一项协议，共同铸造某一类型和重量的威滕（witten）银币（Grierson, 1991: 164）。

丹麦的本土货币比较劣质，因此引进了法国图尔的格罗斯、英镑和德国的薄片币。基里亚尔（Kirial）的一个窖藏里面就有 80 000

个德国薄片币。公元 1365 年以后，汉萨同盟的城镇用威滕币取代了这些货币（Steen Jensen, 1999: 316–317; Grierson, 1991: 166）。在瑞典和波罗的海地区，第一批银币出现在里加（Riga）、多尔帕特（Dorpat）等城镇。雷瓦尔（Reval，今塔林）开始铸造硬币，以满足城镇生活及其贸易所需。在波希米亚，富庶的库特纳霍拉矿使布拉格格罗森（*pragergroschen*）成为中欧最重要的货币。匈牙利国王查理·罗伯特（Charles Robert，公元 1288—1342 年执政）时期的金币是中欧货币的补充。在地中海东部，塞浦路斯的格罗西币为贸易的发展增加了动力，小亚细亚的罗德岛（Rhodes）和希俄斯岛（Chios）上的吉利亚蒂（*gigliati*）银币也是功不可没的（Grierson, 1991: 174–175）。

图 4.5　佛罗伦萨的弗洛林金币
版权 © 剑桥大学菲茨威廉博物馆

日常的体验？

本章探索了中世纪货币在日常生活中的线索，以此考察了在这一较长的历史时期中的货币生产和货币化进程。传统观点认为，在 7 世纪到 12 世纪之间，欧洲各地的货币都是以银便士为基础的，而大多数民众使用的货币是很有限的。但是从 13 世纪（或者更可能是 12 世纪晚期）开始，由于白银供应的增加、大尺寸银币和金币的铸造，以及汇票和信用转账的使用，货币的使用被扩大到社会的各个层面（Spufford, 1988b: 378–379）。这一过程与从 12 世纪开始的城市化进程加快、人口不断增长息息相关，在乡村，它在农民以劳作交租向用现金交租的转变过程中发挥了至关重要的作用。

货币化是拜占庭帝国运转的基础。在拜占庭之外，铸币在中世纪早期很难见到，但对于社会顶层的人来说，货币是行使王权的对象。它是威望和身份的载体，允许掌握它的人购买奢侈品，并在具有象征意义的和宗教的仪式中发挥着作用。墨洛温王朝的金币率先承担了这些职能，而后是后来的法兰西与英格兰的银币。软弱的统治者失去了铸币厂，而强大的统治者却能控制铸币业，并将之作为收入和权力的来源。随着硬币自 11 世纪变得越来越普遍，它的用途也多元化了。在货币化发展的顶峰时期，硬币用作战争、外交和宗教奉献的开支，也为新建修道院和城堡提供了财务支持，还维持了民众的家庭生活。在刺激对货币的需求方面，商人是最具活力和最积极的参与者之一（Spufford, 2002）。货币的创新始于欧洲几个重要的商业城镇和港口，先是在意大利北部，而后发生在低地国家。城镇和乡村的货币体验不同，但其差异自 13 世纪变得越来越小（Wilkin et al., 2015）。银币的远距离流动往往发生在城市之间，但也渗透到乡村，因此在 12 世纪末到 14 世纪初，乡村和城市的货币使用都发生了根本性的变化（Spufford, 1988b: 143）。中世纪的城镇是大型的聚居地，大多数居民以贸易、工业和提供服务等非农业活动为生。城镇具有多样的职业和多种经济功能，而铸币对城镇的维持至关重要。从伦敦"黑死病"公墓出土的一具女性尸体上，就能窥见在当时的城市中货币是如何运用于日常生活的。在她身上发现了两个钱包，总共装有 181 枚硬币。其中一个钱包被挎在腋窝处，里面放的大部分是大尺寸的硬币；另一个在腰旁边，里面放的大部分是小尺寸的硬币。这是货币被用于日常生活的一个例子（Kelleher et al., 2008）。铸币厂都在城镇中。某些时候，这些城镇经营铸币厂并组成货币联盟，将彼此间货币的使用正规化、组织化。在本章行将结束时，我们将目光转向了乡村。农民个体在经济中不那么重要，但是农民群体是经济的重要组成部分，他们生活在不同的村庄，那里的经济情况因地而异，多元而复杂。他们中大多数人是自给自足的，依靠季节性的和小规模的易货贸易生活。但随着货币供应量的增加，乡村与货币的接触也越来越多，这种接触包含多种形式，如出售剩余物品、交税、交租、支付罚金，以及提供专门的商品与服务。在英国乡村，货币使用的数量是惊人的（Mayhew, 2002），考古发现使公元 1200 年之后的文献记录具体化了（Kelleher）。本章开头提出的关于货币日常使用的问题有着多种答案。中世纪日常生活与货币的联系，经济发展的精细程序、社会发展的水平决定，也因时、因地而异。

第五章
Chapter 5

货币、艺术与表现形式：
中世纪货币强大而实用的外观

丽贝卡·R. 达利（Rebecca R. Darley）[1]

概述

钱币文学和展览艺术中有一个永恒的比喻：硬币就是艺术。也许，这样的比喻能够使钱币这种小物件更具吸引力，或者足以声明它们与画廊里的作品是对等的。这一比喻或许也是对中世纪现象的投射：在 15 世纪，装饰性奖章成为一种艺术表现形式。然而，若将中世纪的硬币视作艺术必然面临两个问题。一方面，中世纪的"艺术"概念受到视觉文化和物质文化史学家的质疑，因为尽管中世纪的这些物件可能被制作得很漂亮，但这始终是次要的，它们是为另一个（非审美的）主要目的服务的。美是目的本身，以及艺术家是独立的个体，中世纪时尚未发展出这样的概念（Berger, 1972; Belting, 1994; Kessler, 2004）。其次，当许多中世纪的硬币吸引和诱惑着现代人时，还有一些硬币甚至挑战了最坚定的文化相对主义观众，他们坚信这些物件被创造出来仅是为了满足审美需求。不过，硬币当然都是具有象征意义的工具。事实上，图案是确认货币身份的组成部分。如果没有图案的区分，一块金属就不是一枚硬币，而只是一块金属，或只是一块铸锭。在硬币上做一个标记，使其在理论上易于识别，这就简化了交易——人们只需交换特定数量的硬币，而不必自己测量金属的纯度和重量，也不必花钱请别人来做（Kroll, 2012: 39–40）。在中世纪的世界里，这在实践中并不总是一帆风顺，正如本章将举例说明的那样，中世纪时发行硬币并不一定只是为了方便交易。然而不管怎样，了解中世纪货币图案设计的目的和结果都对理解中世纪货币的作用至关重要。

因此，本章的重点不是关注作为艺术品的硬币，而是关注使中世纪货币上的图案成为现实并具有意义的各种相互作用。当这些相互作用被讨论时，主题通常是制造硬币的机构和使用硬币的人群之间的联系，这是一种自上而下的联系，主题很少延伸到具体的对话中，比如一个目标受众拒绝使用某种硬币，或者一个同时代的评论者谈论硬币设计上的变化。而这样的对话，在有关加泰罗尼亚-阿拉贡（Catalonia-Aragon）国王海梅一世（James I，公元 1213—1276 年在位）的文献记录中有着清楚的记载。在海梅一世的治下，巴塞罗那的一个商会被授权就硬币的生产与国王谈判（Crusafont *et al.*, 2013: 51）。尽管这类对话的细节已不可查，但它在 7 世纪于叙利亚编写的《马龙派纪事》(*Maronite Chronicle*)[①] 中留下了明确的踪迹。《马龙派纪事》记载，穆斯林的统治者穆阿维叶（Mu'awiya，公元 661—

[①] 马龙派，基督教中属于叙利亚东仪天主教的一个分支，5世纪初由叙利亚教士马龙创立，7世纪正式组建教会。《马龙派纪事》为7世纪中叶时所编撰。

680年在位）曾于公元661年左右在主要由基督徒居住的地区"铸造了金币和银币，但由于上面没有十字架，没有被接受"（Palmer, 1993: 32）。然而，这一解释实际上隐含着一种观念，即硬币是艺术（或宣传——不过，"宣传"这一表达或许是不恰当的，因为它与现代国家直接地、全面地影响民众政治意识的主观目的、客观能力密切相关），在这种观念中，权力机构成为艺术家，而货币设计中微小的细节和变化都被解读为敏锐的晴雨表，它们揭示了国王和皇帝的个人情感与政治偏好（Füeg, 2007: 16; Treadwell, 2009: 369; Kotsis, 2012）。不过，从根本上来说，中世纪的硬币具有实际的使用价值，它被生产出来以调节社会的方方面面，包括纳税、供养军队、通过商业活动实现向宗教组织的奉献，或者分配帝国的慷慨捐赠等。所以，使用者理解并接受货币扮演的社会角色是货币得以使用的前提。

因此，本章将从货币的目标受众开始，考察中世纪人们与硬币相遇的方式，这些相遇也将告诉我们硬币上的图案在交流、创造、共享视觉信息等方面的功能。只有理解了这些，我们的研究才能转向当权者，探索硬币的发行者如何以及为什么在保守与创新之间做出了具体的选择。不过，这样的选择通常不是由下令制造硬币的权力机构做出的。人们往往忽略的是，中世纪的货币制造者在影响货币的图案和信息传递功能方面，起着独立而且重要的作用。最后，本章还将目光转向货币目标受众之外的人群。中世纪时货币一直在流通，一如既往，而硬币上的图案对视觉文化的影响远远超出了发行机构所控制的地域范围。目标受众与非目标受众对中世纪货币的不同反应，让我们进一步地理解了货币缘何承载着视觉上的熟悉感和陌生感，而对这一复杂情况，既随着货币的流通发生在中世纪不同的阶段和地区，也发生在当代——今日的观察家、收藏家、学者以及博物馆馆长，这些中世纪货币最终的非目标受众对它的反应催生了新的观念。

本章在谈论图案时，指的是货币制造者有意呈现在硬币上的所有视觉符号，包括人像以及动物、建筑物或抽象图案等复杂设计，也包括小一些、简单一些的图案，它们可能是上述复杂设计的组成部分，也可能只是独立地出现在它们旁边。有些图案构成了货币目标受众广泛视觉文化的一部分，例如基督教政权所发行的铸币上的十字架。十字架在多种情况下出现，比如在壁画、手稿和雕塑中，而且很可能会马上被大多数人所熟悉。有一些硬币上的图像和标记则有更深奥和更具体的含义，不过它们可能与许多硬币的使用者无关，或者根本不为他们所知，例如铸币厂的标记。还有些标记，虽然被今天的钱币学家用来识别硬币以将其归类，但仍然很难理解，它们可能有特定的含义，或者纯粹是为了装饰，比如主要图案周围的星星或圆点（通常呈现为圆形或球状）。硬币上的图案也可以是以铭文形式出现的文字，用以发表政治声明、宣布头衔和宗教观点、宣示制造者和铸币厂，或者表明硬币的价值或面额。在中世纪，图案和文字之间的平衡具有政治意义，下文将做讨论。

目标受众

每一种货币都始于一个假设，那就是它的目标受众是受货币发行者管辖的，但这一假设包含着一系列复杂的问题——从制造货币的目标，到制造者的地位和社会角色等。就制造硬币是作何用的话题，若上来就问中世纪早期的铸币主要用于财政目的（国家向雇员支付工资、雇员向国家缴税）还是主要用于商业买卖，难免将复杂问题简单化了,但这个症结一直未解开,并依然是基础性的论争(Grierson, 1959; Hendy, 1985; Banaji, 2001; Metcalf, 2006)。这也引起了人们的重要思考——一枚硬币被接受或被放弃的背景是如何影响人们对其图案的反应的。虽然富人和穷人都可能是中世纪货币的目标受众(至少在某些国家是这样),但他们与货币相关的经历也可能大不相同。譬如,彼得·萨里斯(Peter Sarris)就曾强调,当皇帝阿纳斯塔修斯一世改革罗马贱金属货币时,他因充实了国库而被上层社会的作家们称赞,同时也遭到了其他人的责骂,因为改革举措降低了城市贫民所依赖的低价值货币的购买力(Sarris, 2006: 200–201)。到了中世纪晚期,货币在商业和财政方面的重要作用已经显现,但考查个体如何与硬币相处这个问题的必要性丝毫没有因此降低(Spufford, 1988b)。此外,有些硬币似乎是为外来人制作的,用于出口或当作贡品使用,这就引发了新的课题,即这些硬币的制造者和目标受众之间的交流。不过,正如自中世纪留存的证据所显示的,中世纪上层社会对货币的反应更为后世所知。

在美国华盛顿特区的敦巴顿橡树园博物馆(Dumbarton Oaks Museum)存放着一只精致的金制臂环,它可能制作于7世纪中叶,其最引人注目的地方是镶嵌在一块装饰板上的5枚金币。要了解中世纪上层社会对货币图案的回应,这几枚金币或许正是线索〔Ross, 2005 (1965): 44–46, BZ.,1938.64M〕。这个臂环很有可能是在君士坦丁堡制作的,君士坦丁堡被现代学术界认为是拜占庭帝国的首都,而拜占庭帝国却自认为是古罗马帝国的完整继承者。该臂环的年代可以追溯到7世纪,因为上面的硬币是皇帝莫里斯·提比略(Maurice Tiberius,公元582—602年在位)、福卡斯(Phocas,公元602—610年在位)和希拉克略(Heraclius,公元610—641年在位)时期的。

当然，它也有可能是在此之后的某个时期制造的。但如果是这样的话，它应镶有后来的皇帝所发行的硬币。该臂环在其他方面的特征也与7世纪时拜占庭其他黄金制品相一致。它的奢华表明，佩戴者很可能是宫廷中的侍从。有了这一认识，再去看7世纪中期的硬币，令人费解。臂环中的五枚硬币全都镶在嵌有黄金珠子的框里，佩戴时硬币上的皇帝肖像朝外。五枚硬币中，最中间那枚是福卡斯皇帝时期的苏勒德斯金币〔苏勒德斯是面值最高的金币，它在希腊语中又称为诺米斯玛（nomisma）〕。它旁边围绕着四枚面值较低的金币，分别是莫里斯、福卡斯和希拉克略时期的金币。这就有些奇怪了，希拉克略是通过暴力政变罢黜福卡斯而登上皇位的。

福卡斯在公元602年的一次血腥叛乱中废黜了莫里斯，这场叛乱引发了拜占庭帝国与其东部邻国萨珊波斯帝国之间的又一场战争。虽然很难判断福卡斯死后所有记载的准确性，但从现存资料来看，他是一个变化无常、杀人成性、任人唯亲的统治者，差点儿摧毁了自己的国家（Turtledove, 1982: 1–3）。因此，假如臂环是给希拉克略宫廷里的人制作的，那么将福卡斯的头像放在中间，可能会被解读为一种戏剧性的也是警示性的政治表态，或者只是极欠考虑的、粗心大意的结果。不过，只有当有人去关注时，才会发现这一情况。如果这一发现导向了政治阴谋论，那么这几枚硬币的图案自然会引发一个问题：它们被设计成这个样子，是为了什么？这些虽然未必是全新的，但是新近制作、品质上乘、未经磨损的硬币向珠宝商及其经手人说明，它们是装饰性的物品，彰显主人的地位和所掌握资源的多寡。它们代表着财富，在更广泛的整体性的符号性语言中可能更流行，硬币本身可能被识别，但不会被仔细观察。同样被敦巴顿橡树园博物馆收藏的还有一条6世纪末或7世纪初的拜占庭式结婚腰带，也可能是项链。23个硬币状的金属圈串在一起，显而易见的是，这些小而圆、刻有图案或文字的金币是被有意打造的〔Ross, 2005（1965）: 37–39, BZ., 1937.33〕。不难发现，拜占庭金币的核心目标受众之一正是帝国宫廷中的上层人士。如下文将要讲述的，他们经常接受皇帝分发的薪金和给予的恩赐。这两件饰物传递了中世纪时的这一观念——金币代表着可确认的价值，而这一意义超越了每一枚具体的硬币所拥有的图案。

将硬币当作珠宝或者装饰在服饰上的事实向我们提供了有价值的信息：在中世纪，用作展示的硬币不仅仅与其图案有关。硬币经常出现在彰显浩荡皇恩的场景中。事实上，帝国的臣民不仅希望通过帝国的施予获得物质上的丰富，也希望以此得到公众的认可和地位的确认。10世纪中叶，西方外交官克雷莫纳的柳特普兰德（Liutprand of Cremona）前往君士坦丁堡，他生动地描述了在复活节前举行的年度庆典上，拜占庭的宫廷官员接受皇帝大笔赏钱的场面。赏钱被根据等级分装进大包、小包，大包被"放在（受赠人）肩上，而不是递到（受赠人）手上"，小包则不是直接从皇帝那里得来的，而是经由宫廷大臣分发（Squatriti, 2007: 200–202）。在柳特普兰德的记述中，宫廷前面摆放着一张"15英尺长，6英尺宽"的桌子，上面放着贴有价值标签的钱袋，等待分发，"每人领取与其职务相对应的一笔钱"。这一场面，包括其所涉及的社会等级制度，都被描写得清清楚楚。在皇室婚礼和外交访问中也有硬币的踪迹（Hendy, 1985: 269–272）。在中世纪，仪式在货币与其受众的互动中起着至关重要的作用，这一联系在拜占庭帝国之外也发生着。墨洛温王朝时期的圣埃利吉乌斯（Saint Eligius，公元588—660年）在他的《生平》（Life）一书中提到自己赢得了国王的青睐，国王"把一大堆金银珠宝交给他，甚至连重量都没有称"。黄金和宝石的堆积，以及其他朝臣因此而生的嫉妒，强有力地说明了公开奖赏的另一种意义——地位的逐渐提升，以及目标受众凭借财富参与了权力的宣示行为（McNamara, 2001: 143–144）。

这些例子如果起到了警示的作用，即不要认为目标受众只把硬币当作形象的载体，那么它们也就说明了目标受众从未对印在硬币上的信息无动于衷。在雷根斯堡修道院出土的一份加洛林时代的手稿（Sankt Gallen Stiftbibliothek MS 731）值得注意，其中第纳里乌斯或德涅尔上的法典文字旁刻有查理曼国王（即后来的查理大帝）的头像（Garipzanov, 2016）。这一头像不同寻常，它利用了硬币的精神力量，硬币上的铭文"卡罗卢斯·雷克斯"（Karolus Rex，即国王查理）非常显眼，传达着国王本人的权威。硬币承担非常详细和准确的演绎功能，也是新近发生的，这意味着至少对那时某个目标受众来说，硬币的视觉语言以一种高度罗马化的方式，用拉丁语和花押字（它们在罗马建筑和铸币上已经应用了几个世纪）宣告了国王的地位，从而在很大程度上实现了发行机构预期的效果。它表达了国王在罗马传统中作为法律和秩序代言人的权力，尤其是其身份的合法性。在有关加洛林政权性质的争论中，这一头像具有特殊的价值。尽管加洛林王朝的军事力量毋庸置疑，但王国的管理可能比较松懈，政府的治理是通过基本自治的权贵的参与实现的，而这些权贵仅仅是为了象征性的利益和统一将自己视为帝国的一部分。加洛林帝国由不同的民族构成，其中许多民族保留了自己的法律、语言和习俗。权贵们由国王庇护，国王在军事上是强大的，但未必不可挑战，这意味着共享的象征性语言、视觉符号以及公认的权威叙事都是相当重要的——它们使得日常生活的差异在广阔的包容性中共存。《圣加伦修道院抄本 731》（Codex Sangallensis 731）提供了一条线索，说明货币上的图案是如何在权贵与国王的对话中发挥作用的。

拜占庭臂环和《圣加伦修道院抄本 731》中的插图显示了受众对硬币上的图案截然不同的反应，一种是漠然置之，另一种则是仔细审视，不过他们之间有着巨大的差异，这一点在我们的材料来源中也偶有发现。弗朗切斯科·巴尔杜奇·佩戈罗蒂（Francesco Balducci Pegolotti）是一位 14 世纪的意大利商人，他编写了一份欧洲贸易尤其是地中海贸易的指南，其中记录了商人可能遇到的各种硬币。这份指南是无价的，一方面它让后人得以窥见当时的贸易活动，另一方面，它记录了在各个国家发行相互竞争又互为补充的货币的中世纪，受众对货币图案的反应，以及商人们是如何利用货币浮动的价值来赚取利润的。除了重量和纯度，佩戈罗蒂根本就没有描述那些最常用的硬币。不寻常的硬币倒是在指南中占得几行的篇幅。其中一个例子是东地中海地区的拉丁统治者仿造尼西亚帝国约翰三世杜卡斯·瓦塔特泽斯（John III，Ducas Vatatzes，公元 1222—1254 年在位）的硬币。这种硬币以传统的拜占庭硬币造型、图案为基础，在地中海的基督教教区比较常见——硬币的正面是登上宝座的基督，头后有一个光环，上面有十字架的印记；硬币的背面是一幅稍稍与众不同的拜占庭风格的图案，图案中圣母玛利亚正为披上拜占庭帝王装束的杜卡斯·瓦塔特泽斯加冕，画面两侧的文字是简短的希腊传说（图 5.1）。

图 5.1 约翰三世杜卡斯·瓦塔特泽斯海培伦（*hyperperon*）金币的拉丁仿制币，可能铸造于君士坦丁堡，重 4.62 克
来源：巴伯艺术馆（B6008）

佩戈罗蒂的指南讲求实际，言简意赅。他说，这枚硬币之所以能被认出，是因为它的一面有两个人，其中一个手里拿着一把杵，竖在两人中间。硬币的另一面只有一个人，而十字架上方则有一些小的图案。他把这些都在画在手稿中了，还评论说，有这些标志的硬币，与其他硬币相比，所含黄金的质量会差一些（Evans, 1936: 288; Leonard Jr, 2008: 81）。换言之，如前文以及这个例子所示，作者尽管对货币上的形象做了非常细致的观察，但对它们的含义始终毫无兴趣。在这一事例中，外观是辨识硬币和确认其价值的关键，在作者的眼里，它只有可交换的属性。

权力机构

佩戈罗蒂对货币的描述，可以用以观察了解硬币发行机构采取的措施以及受众的反应。为什么 13 世纪上半叶的拉丁统治者通过君士坦丁堡控制了拜占庭帝国，却在发行硬币时要仿制尼西亚帝国统治者的硬币（尼西亚帝国铸造硬币时采用了更早的拜占庭风格，以表明自己如果被驱逐，仍然是合法的拜占庭帝国皇帝）？中世纪铸币上的图案通常被认为太守旧，多重复且缺乏想象力，但对发行机构来说，保持其连续性和一致性更加保险。这个机构不一定是指国家，虽然在中世纪它往往就是国家。早期的盎格鲁-萨克逊便士和弗里西亚便士——在钱币学文献中也被称为"希特斯"——可能是一个例外，目前的研究表明，这些硬币是商人们为了方便彼此，共同商定其纯度和价值而制造出来的（Naismith, 2012: 143-144）。不过，在大部分情况下，货币是国家铸造的，因此从官方的角度来说，它是国家统治者制造的。硬币上铸有统治者的名字，通常在它旁边还有人物肖像或表示他们权威的符号即说明了这一点。但无论在哪种情况下，发行机构制造铸币的主要目的都是让它们派上用场，以实现自己的各种目的。通常情况下，这些目的包含实现财政支付和商业支付，因此铸币既要被领取薪金的国家雇员所接受，也要被希望用它做生意的人所接受。与此同时，百姓还须用货币作媒介向国家支付，其中最明显的就是税收。如此一来，在同一体系中，发行者尽可能减少硬币外形的变化就说得通了——尽可能少的外形变化保证了货币之于使用者的熟悉度、可信任度和有效性。统治者把自己的名字加铸在硬币上，而这些硬币与之前统治者的硬币相仿，这样他（有时是罕见的"她"）的统治看上去就合法化了，因为他没有中断先前统治的连续性（Naismith, 2012: 47-68）。在中世纪，篡位者、叛乱分子，甚至合法但短暂的统治者，他们生产硬币的速度表明，能够生产出被认可和被接受的硬币是其政治能力的重要证明，不过在大多数情况下，政治能力因革新而被削弱。因此，虽然设计上的变化能够最清楚地表明发行机构的目的和具体政策，但保守本身就是一种潜意识和有效的视觉沟通方式。在上面讨论的拉丁人仿效瓦塔特泽斯的例子中,货币发行者,即君士坦丁堡的拉丁皇帝和尼西亚的约翰三世,都在极不稳定的时期利用(货币的)连续性和保守性宣示了其统治野心。

另一个不稳定的时期是 7 世纪,但它以创新而非守旧为特征。在这一章,我们已经谈到了从莫里斯到希拉克略这些拜占庭皇帝在六、七世纪之交所面临的困境。公元 610 年,希拉克略加冕为帝,在与波斯交战之后,一支以先知穆罕默德为名义作战的军队出现在阿拉伯半岛。公元 629 年,拜占庭-波斯战争彻底结束,希拉克略赢得了一场艰苦的、看似不可能的胜利,并首次从阿拉伯入侵叙利亚。希拉克略没能活着看到这个对手发展为第一个伊斯兰国家并稳固下来,但他见证了这个国家之前萨珊波斯帝国的衰落,以及拜占庭帝国几乎丧失了在北非、埃及和黎凡特的所有领土。到了公元 690 年,倭马亚王朝哈里发改变了地中海地区的格局,确立了穆斯林对中东和近东大地区部分以及地中海南岸的统治(Kennedy 2004)。希拉克略、他的孙子君士坦斯二世(Constans II,公元 641—668 年在位)和倭马亚王朝哈里发阿卜杜勒·马利克(Abd al-Malik,公元 685—705 年在位)的货币揭示了,在叙述性史料极其贫乏的世纪里,货币上的图案发挥着特殊的作用,是发行机构与其臣民对话的手段。

希拉克略时期的赫萨格兰姆同时体现了创新性和延续性(见图 5.2)。它承载着非常精确的信息,传递给特定的和一般的受众。赫萨格兰姆是用银铸造的。当时,拜占庭帝国的货币体系以金币为基础,还有多种面额的铜合金硬币。这反映了希拉克略王朝因与波斯征战而资源严重枯竭时的经济需要。国家采用白银做财政支出,用黄金收税,这成为解决国家资金短缺问题的策略(Kaegi, 2003: 90—91)。银币还承担着视觉维度和象征意义上的功能。有人认为,拜占庭帝

图 5.2 希拉克略时期的拜占庭赫萨格兰姆银币,重 6.47 克
来源:巴伯艺术馆(B3057)

国在 7 世纪没有定期发行银币的原因之一,是那时银币的使用已经与教会联系在一起(Leader-Newby 2004)。教堂的装饰物和圣坛的盖子都是用银做的,所以金成了世俗的金属,银成了上帝的金属。狄奥法内斯(Theophanes)是一位 9 世纪的编年史家,他提供了拜占庭帝国在 7 世纪唯一有实质内容的叙述性史料。他记录了希拉克略为了充实国库,从君士坦丁堡教堂取走银盘并将其熔化(Hendy, 1985: 495)。赫萨格兰姆的出现,以及(也许至少在君士坦丁堡)让人们知晓用教堂银币制作赫萨格兰姆币这件事,可能是为了唤起对基督、对发行货币的皇帝的神圣认可,以共同对抗非基督教的敌人。这些硬币上清晰的铭文也支持这种解释,上面写着"上帝帮助罗马人"(DEVS ADIVTA ROMANIS)。这样的祈祷可能是为了整个帝国的基督教民众,但在这个具体的历史背景中,硬币上的图案也表明,它们还有专门的目标受众。希拉克略发行赫萨格兰姆的主要目标受众是军队,硬币上的铭文也暗示了这一点。莫里斯,是希拉克略前唯一发布战争手册的皇帝,他那本《为将之道》(*Strategikon*)

成书于 6 世纪末或 7 世纪初，记录了在训练中被用作鼓舞士气的"一呼一应法"（call-and-response）。在演习中，军官会喊"帮助（我们）"（adiuta），士兵们则回答"（哦）上帝！"（Deus！）（Dennis, 1984: 146）。因此，赫萨格兰姆既是基督教国家统治者的祈祷物，也是皇帝作为战地指挥官时为团结军队所释放的信息。

不过，硬币的图案设计并非完全是创新的，它的延续性反映了危机和不确定时期的沟通目标。赫萨格兰姆背面的十字架是在提比略二世（Tiberius II，公元 574—582 年在位）时期采用的，并成为拜占庭帝国贵金属铸币的标准设计，是基督教帝国有力而简约的象征。正面印的是希拉克略的肖像，旁边是他的儿子希拉克略·君士坦丁（Heraclius Constantine），即后来的君士坦丁三世（Constantine III，在位时间截至公元 641 年）。希拉克略·君士坦丁可能出生于公元 612 年，在父亲成为皇帝后不久，他立即被任命为共治皇帝（co-emperor），并与父亲并肩出现在硬币的图案上。希拉克略下令铸造这样的硬币大概是为了表明，在他死后统治权将平稳地过渡到儿子手上，而不像他自己掌权时那样经历暴力政变。随着岁月的流逝，铸币上希拉克略·君士坦丁的形象渐渐变得成熟：从一个有着胖乎乎的小脸蛋、与长着胡子的父亲在一起的孩子，到几乎和父亲一样高大的年轻人，有时没有胡子，有时下巴留着浓密胡须——最后，硬币上的他身材魁梧，站在希拉克略身边，虬髯及胸，须髭宽阔（Grierson, 1982: 84–138; Arnold, 2013）。中世纪铸币对统治者形象的描绘风格是完全定型的，他们的个性、年龄以及在其他方面的区别均不明显，因此赫萨格兰姆上君士坦丁三世的变化表明，希拉克略试图恢复"肖像绘制"（portraiture），在追求铸币上肖像与自身相像的同时，传递个人身份信息。有人猜测，这可能与皇室具有的亚美尼亚血统有关（Douglas, 1992: 141）。

用现代对中世纪肖像画的分析方法来理解希拉克略及其家族的形象，要比将货币上的肖像与人物个性特征相关联的努力来得容易。现代肖像画的概念源于文艺复兴和后文艺复兴时期的个人主义思潮，这时评价肖像画的标准是它在多大程度上接近描绘对象的外形、独特的个性，以及无形的个人气质（West, 2004）。然而，对中世纪肖像的研究表明，与描绘对象的相似性并不是其展示的主要目标；相反，那时肖像画的价值在于它代表了个体的社会身份。肖像不应看起来像被描绘者的外形，而应成为社会所理解的视觉符号，它向观看者展示描绘对象的社会地位与社会关系：年龄、性别、职业、社会或婚姻状况，也许还有他们居住地的特点。这样一来，形象展示的关注点是服饰、表现成熟或财富的符号，或者宗教形象。希拉克略时期的铸币强调人物的胡须长度、身高，实则是在关注人物的成熟度和社会地位。父子同台的肖像最初可能是强调希拉克略有一个继承人，并且有一个可行的继承计划，随着时间的推移，肖像的变化体现了这位继承人在完全成年后已具备真正独立地代替父亲施行统治的能力（Brubaker, 2013）。

希拉克略的第二个儿子君士坦丁·希拉克略（Constantine Heraclius，通常被称为赫拉克洛纳斯，Heraclonas）于公元626年出生，他的肖像立刻被加到硬币上。尽管硬币上的符号系统与之前一致，但还是稍微传达了不同的信息，这表明硬币上的图案看上去遵循旧例，但实际上也有灵活性。赫拉克洛纳斯是希拉克略和他的第二任妻子马丁娜（Martina）的儿子，而马丁娜又是希拉克略的侄女，这段婚姻被教会谴责为乱伦，并动摇了希拉克略身居皇位的合法性。可是，希拉克略却将赫拉克洛纳斯任命为共治皇帝，于是，赫拉克洛纳斯与他的父亲和同父异母的兄长约翰三世一起出现在铸币上，除了表明年轻的身高和胡须长度，他的形象与兄长的形象并没有明显区别；甚至，兄弟俩与父亲的形象也没有什么区别。三人都佩戴和携带着代表基督教皇帝身份的徽章。这些硬币清楚地表明，赫拉克洛纳斯是希拉克略合法的共同继承人之一。

然而，通过研究赫萨格兰姆上的家族图案，我们可以发现，对于7世纪的拜占庭皇帝来说，比起具体的硬币设计，他们更想传播一种信息，那就是无论遇到什么危机，他们都有能力发行一种有效的货币。即使帝国不得不使用白银来维持收支平衡，它也没有完全放弃金币，它那保持帝国经济运转的决心，最明显地体现在铜合金铸币上。在讨论货币的图案时，7世纪的贱金属货币经常被排除在外，原因显而易见。与7世纪的大多数皇帝一样，君士坦斯二世发行的铜合金铸币大多质量低劣，图像简单，制作粗陋。铸造这些硬币的坯料通常是用形状不规则的金属切削而成的，有时甚至不用坯料，直接用现有的硬币铸造，以至于原有的设计还隐约可见，新的设计反而模糊不清。然而，这些铜币上的图像必须用模子铸出来，这是一项技术操作，对这一细节下文将做更详细的叙述。铸币厂必须雇佣工人来铸造这些硬币，人们也不得不接受这些硬币。在讨论货币上的图案时，7世纪中叶的铜合金铸币是无法忽视的，事实上，这怎么可能呢？从最简单的层面讲，硬币是图案设计的对象，它不能没有图像，因此任何货币，不管它的外观如何不讨人喜欢，都不能被完全忽视。

制造货币需要资源，任何一种货币都包含着一份努力。目前尚不清楚这些硬币是为谁铸造的，也不清楚为什么有时快速地大量生产，或者在资源匮乏以致硬币上的信息几乎不可辨认却还要大量制造，不过这个问题或许可以把我们引向特别的场景，在这类场景中，货币本身具有象征意义，而不是其图案具有象征意义。对于城市下层社会来说，对于接受定期报酬而非一次总付或者将一次总付换成买得起的物品的士兵来说，对于将黄金交给国家而期望得找零的纳税人而言，君士坦斯二世的铸币是有必要存在的，它们真实可感地提醒着支付正在进行。而这些支付行为可以被视作"政府表演"的某个时刻，如阅兵式、公众游行、节日或社区征税，这些"表演"表明国家仍然致力于履行政府职能，于是要提供小面额的零钱（图 5.3）。

图 5.3 君士坦斯二世时期的拜占庭铜合金币福利斯，制作于君士坦丁堡，重 4.38 克，以希拉克略时期的硬币为基础压铸而成
来源：巴伯艺术馆（B3982）

7 世纪末，哈里发阿卜杜勒·马利克创新了货币图案的设计，这也是中世纪最引人注目的创新之一，只是它在很大程度上是为了展示统治者生产和控制货币的能力。公元 690 年，新成立的伊斯兰政权，也就是倭马亚王朝的哈里发帝国（Umayyad Caliphate），面临着一项任务，即跨越帝国全境和整个政治系统，对新、旧两种完全不同的货币体系、视觉传统施行统一的财政管理。在曾经的萨

珊帝国领土上，货币体系以银为基础，国家形象源自琐罗亚斯德教（Zoroastrianism）；而曾臣服于拜占庭帝国的北非、埃及和黎凡特等地居民[①]则使用金本位的货币，共享基督教视觉系统（Treadwell, 2009）。作为一种补充，或许也是面对统一化管理困境的结果，在阿卜杜勒·马利克统治时期，倭马亚王朝首次采取了使穆斯林身份清晰可辨的举措，其成果包括圆顶清真寺的建筑，以及《古兰经》的最早的复本（Johns, 2003）。铸币方面，有些尝试只是为了调整既有的萨珊帝国和拜占庭帝国货币，但这些尝试最终被放弃了，因为一个全新的设计（包括新的重量标准）出现了。这一新的设计拒绝了所有的图像，而采用了阿拉伯文的政治和宗教铭文（Heidemann, 1998）。随后，它奠定了新的一致性，成就了几乎数百年不变的伊斯兰铸币模式（图5.4）。

图 5.4　阿卜杜勒·马利克时期的一枚第纳尔金币，公元 701—702 年铸于中东某个铸币厂，重 4.27 克
版权 © 剑桥大学菲茨威廉博物馆（CM. PG. 8449-2006）

[①] 北非、埃及、黎凡特等地部分地区或全境在7世纪至8世纪初先后脱离拜占庭帝国，被阿拉伯帝国统治。——编者注

到了 13 世纪中叶，当地穆斯林统治者和东征的西欧人所建立的十字军王国争夺黎凡特时，大多数伊斯兰货币依然采用着这种默认的铭文模式。正是这种情况引发了丰富而复杂的（也是暴力和争斗的）视觉语言的交流。这一点在阿卡的十字军王国硬币上尤其明显，特别是其于 1251 年发行的一种硬币（图 5.5）。这些迪拉姆银币是由四面楚歌的基督教王国（即十字军王国）铸造的，没有名称，风格与当地穆斯林的铸币相同，有一个很大的阿拉伯式的图案。然而这种硬币正面中间的十字架却暗示着发行机构的变革，这一变革还体现在铭文之中。硬币上面的阿拉伯文写着"一主，一信，一洗"，而背面则写着"父、子、圣灵，只有一个神性"（Malloy et al. 1994: 138）。尽管这种货币所承载的发行机构的沟通目标和信念都是明确的，即针对基督教和穆斯林信仰之间的关键分歧，向基督教作出承诺，但受众不一定"买账"。

图 5.5　阿卡王国无名十字军的迪拉姆银币，于 1251 年铸造，重 2.92 克
来源：巴伯艺术馆（CR014）

到了 1251 年，在像阿卡这样的十字军国家里生活的基督徒已经能说两种语言了。他们在黎凡特长大，并且能说流利的阿拉伯语，但若是同这些人交往，也许说拉丁语或另某一种欧洲语言更合适，

因为它们能够表达排除了穆斯林邻居的宗教与文化领域的团结。或者，这些硬币的目标受众可能是该地区讲阿拉伯语的穆斯林，但想凭借货币上的信息来改变他们的信仰，不是不切实际，就是无奈之举。铸币上这种视觉信息的融合，将语言、象征和神学的符号层层叠加，形成一个引人入胜却又令人困惑的整体，反映出发行当局在一个有争议的政治空间里，在了解多元受众并尝试与之有效沟通时所遭遇的困难。

制作者

目前为止所考虑的例子都涉及目标使用者和发行机构与货币图案之间的互动，但是货币上的图案不仅仅是发行者和目标使用者之间的对话媒介，而仿佛是一杆标尺，守旧与熟识处于这一端，创新和参与则处于另一端。中世纪的各个政权是如何掌管硬币设计的，对此我们几乎无迹可考。硬币设计是统治者的政治宣言，不过，权力机构所做的任何声明、举措都可以被视作政治寓言。国王和皇帝建造城墙（Brubaker and Haldon, 2011: 413），支持宗教基金会（Jordan, 2009），委托制作手抄本（Hilsdale, 2005），领导军队（Flori, 2006），并制定法律（Wormald, 1977）。我们通常不知道国王、皇帝在这些任务中的参与程度，正如我们不知道他们在多大程度上赞同货币的设计，甚至不知道官员们是否征询过他们的意见。我们似乎有理由相信，一枚硬币在设计上越是打破了一般的期望和传统，就越有可能是是根据国王或帝国高层的意见设计的，甚至正是他们主导了设计的革新。因此，当爱德华三世在 1344 年将一种特定面额的金币引入英格兰货币体系时，他亲自挑选了铸币工匠来监督其（不成功的）设计（Allen, 2012: 214）。虽然不能确定，但当法兰克王国的提奥德贝尔特（Theodebert of Francia，公元 534—548 年在位）在硬币上铸上自己的名字而非罗马皇帝的名字时，这一设计很可能被直接批准了（Grierson and Blackburn, 1986: 115-116）。很少有文献提及硬币的外观设计接受了直接指导，这意味着统治阶层作此指令是很不寻常的。但是不管怎么说，决定做出之后，它又是如何施行的呢？

"制作者"是一个听起来很简单但又需要谨慎对待的称呼。最初对"制作者"的界定可能是"铸币官"，也就是负责发行货币的人，有时候也指铸币工匠，即管理铸币工人团队的负责人。不过，这些都是似是而非的解读。对中世纪大多数政权中的铸币官、"工头"，后世知之甚少，甚至，是否每个铸币厂都有这样一位"工头"也不得而知。例如，拜占庭帝国的铸币厂组织无疑是复杂的，多个作坊，有的时候是好几家铸币厂在帝国的各个地方生产相似的货币，但没有人知道具体的铸币者或者"工头"到底是谁。但在拜占庭帝国以外，情况就明朗些。从公元 570 年到 670 年，墨洛温王朝的金币都是以铸币官的名义而非国王的名义发行的；具体到银币，同样的情况持续到了 8 世纪中叶，一些文献中甚至记录了这些人的生平（Jarnut and Strothmann, 2013）。在铸币规模小的情况下，一个人就可以负责生产的每个阶段，但如果业务规模很大，就做不到这一点了。可以想象，在大规模的生产中"铸币官"是一个集体概论，指各个生产环节的负责人。中世纪时，西方和中东地区的大部分硬币都是用模具铸造的，这是一项复杂的技术：模具由坚硬的金属切割而成，其间有反向的图案（Malkmus, 2007）。模具的寿命有限，可能因长期使用而破裂，或者因各种原因"退役"，比如设计改变，国王或皇帝下台，对铸币的需求减少，或铸币所需的金银匮乏。因此，硬币上的图案，并不像众人以为的那样是委托铸币生产的机构的直接产物，甚至不是铸币官的直接产物，而是切割工的作品。

正是这些人创造了硬币上的图像。他们的技巧，或者明显地缺乏技巧，创造了许多细节，这些细节被乐观者认为是洞察货币发行者想法的窗口。然而，有时这种乐观忽视了认知上的巨大空白，比如设计，即便得到权力机构的认可，它是如何被传递到铸币厂并指导模切工的。自 5 世纪开始，在萨珊帝国的大部分地区，模具被集中切割而后分配给铸币厂（Schindel, 2005: 292）。加洛林帝国在公元 864 年颁布的《皮特雷斯敕令》（Edict of Pîtres）中有一条关于帝国硬币图案设计的说明，但这一说明很含糊，不可能是发给铸币官的唯一指示（Hill, 2013: 101, 104）。但是该法令明确要求铸造官到宫中来取用于铸币的白银。11 世纪英格兰的《土地调查清册》（Domesday Book）也提到铸造官要到宫中获取模具（Archibald et al., 1995; Naismith, 2012: 139）。这意味着不同形式的集权。在中世纪鼎盛时期的法国和伊比利亚半岛，人们发现了类似硬币的物体（图 5.6），它们被称为"厚坯硬币"，在设计上仿佛还没有被铸造成型

图 5.6 2007 年，在斯塔福德郡（Staffordshire）发现的银制品，直径为 20.5 毫米，重量为 7.19 克。它被鉴定为法国国王腓力四世时期的一种厚坯硬币
来源：可移动文物计划（WMID-47EBE7）

的硬币，试验性的观点认为，它们是被分发到铸币厂以展示新设计的样品（Crusafont et al. 2013: 152）。

除了模切工这些一定是熟练而有价值的工匠外，"制作者"还包括与图案有关的其他人员。纵观中世纪硬币制作的过程，投入不同人力的各个环节变得清晰起来。必须有专人计算出铸造硬币所需要的坯料的金属配比，或者决定不采用这种金属而选择适当数量的旧硬币以及形状不良的金属片——当然，这对图案的形成有着严重的影响。一个原料构成均衡的混合物比一个满是不同金属的混合物更容易被铸造成设计的模样。譬如，5世纪和6世纪在斯里兰卡在铸造一系列硬币时使用是铅含量高的铜合金（图5.7），设计图案很难压铸在硬币上，因为铅含量高使金属变得脆弱，一承压就会开裂（Walburg, 2008: 67）。有一点应该被记住，在中世纪的铸币工匠中，创造合金的人可能比熟练的模切工更有价值。制作出金属成分恰当且重量适当的币坯，需要大量的专业技术知识。尤其对贵金属铸币来说，是成分和重量更能决定铸币的成功，而不是硬币上面的图案。

虽然币坯的成分比压铸其上的图案更重要，但是它会影响图案设计的范围和可识别性。厚度均匀的币坯，要比一端厚另一端薄的更容易做图案设计；当然，体型较大的硬币更容易印上精细的图案，而直径较小的厚硬币则限制了铭文或图像的空间。从11世纪中叶开始，拜占庭帝国是用凹形的币坯铸造硬币的，过程很复杂，需要用多个模具将图形清晰地压铸在两个弯曲的面上，因此，币坯的制作者以及压铸的工人的技能对最终的图像至关重要（Bendall and Sellwood, 1973; Sellwood, 1980; Bendall, 1998）。最后，还有其他许多人，如技术要求不高的制作者，影响了硬币的外观，比如在两个铸币模具之间放置币坯的人。操作这一步骤的一惯性和精确性都会影响到一组硬币的整体外观，并且，具体到每一枚硬币，这一步骤模切工的设计水平清晰可见。

图 5.7 一枚制作于斯里兰卡的仿古罗马帝国晚期货币的铜合金币
来源：科伦坡国家考古博物馆（丽贝卡·R. 达利摄于 2011 年）

铸币厂的工作安排也会影响制作者努力的结果。一些外观"粗糙"的铸币被认为是匆忙铸造出来的，或者是在非固定的铸币厂中铸造的。这并非不可能，但应该引发关于流动性的思考。即使是一个与皇室一起流动的铸币厂，模切和压铸也往往是在停驻的时候完成的。"流动铸币厂"这个说法，出现在关于中世纪硬币图案的讨论中时往往被当作幻想，但它不应被夸大（e.g. Göbl, 1971: 32）。这也许是真实的，流动铸币厂的工人在出发之前没有足够的时间来生产一定数量的硬币，或者制模师不得不使用一些小的易于携带的工具。古罗马帝国晚期似乎就有流动铸币厂，与奔波的皇帝一起四处转移。他们生产出来的硬币在质量上与其他铸币厂没有明显的区别，就像 15 世纪晚期卡斯蒂利人[1]的国王一样（Hendy, 1985: 393–

---

[1] 卡斯蒂利亚人，西班牙的主体人口。中世纪中后期，伊比利亚半岛中部形成了基督教王国卡斯蒂利亚，它在针对南方摩尔人的再征服运动中逐渐发展壮大起来，最终于15世纪中叶与半岛东部的阿拉贡王国联合，形成了西班牙。

394; Crusafont et al., 2013: 399–400）。一般来说，硬币的价值越高，权力机构就越有可能强调生产的高标准，无论是对固定的铸币厂还是对流动的铸币厂。但是，事实并非总是如此。10世纪到15世纪，英国的国王们不仅努力防止伪造钱币，也防止铸币者和官员流通劣质的硬币，这有力地说明在铸币过程中失败是经常的，而成功则是偶然的（Allen, 2012: 368–376）。11世纪以后，美索不达米亚北部阿图基德（Artuqid）的统治者只是零星地发行了一些银币，那里大部分的硬币都是用铜合金铸造的，但他们的硬币通常制作得很好，模具被精确地挤压在大体型的币坯上，复杂的图案得以清晰呈现（Hillenbrand, 1990; Whelan, 2006）。

制作者在硬币图案的实现过程中扮演了重要的角色，并引发了"我们到底在看谁的作品"这一重要问题。通过硬币，可以看到权力机构的目的或意图，而制作者的目的或意图有时也体现在硬币上。后罗马帝国时期的一些西欧国家，特别是墨洛温王朝和西哥特王国的金币，因对罗马帝国，特别是拜占庭帝国货币的模仿和改变而引人注目。研究发现，这些国家生产出的金属制品与他们所使用的货币原型相比，风格差异十分显著，而这种差异不仅仅是缺乏技术的结果（Perea Caveda, 2001; James, 1988: 80–96）。很明显，西哥特王朝和墨洛温王朝在铸币时，有意识地模仿了同一时期罗马帝国（拜占庭帝国）的铸币（Grierson and Blackburn, 1986: 39–54, 81–135; Castellanos, 2012），但模仿的最终结果是视觉上的差异，这可能反映了不同的文化规范和习俗或者不同制作者的美学观，于他们而言，被模仿的形象是经由非罗马的形象创作、文化实践的镜头转译的。

前文提到的弗里西亚和盎格鲁-撒克逊的希特斯正是这种模仿的

产物。其中有许多有类似豪猪的形象（图5.8），这样的形象是由古罗马帝国晚期皇帝的肖像演变而来的——毛发变成了特别显眼纹饰，完全取代了之前可辨认的半身肖像。它的设计初衷、最终样貌，与它被重新设计时所承载的符号意义相比，不再重要。

图5.8 希特斯银币，约公元700—750年铸造于英格兰的一个无名铸币厂，重1.13克
版权 © 剑桥大学菲茨威廉博物馆（CM.1744-2007）

分析做工精良、压铸细致，并用了上好白银的硬币会发现，它们独特的视觉特征之所以成为被关注的焦点，是因为它们清晰可辨且风格独特，而不是因为模切工将图案铸造得精妙绝伦。西哥特的（硬币上）胜利女神像（图5.9）正是这种情况，在现代西方人眼中（接受过古罗马美学训练的眼睛），她看起来很像蜥蜴，很难被辨认出人的外形（Grierson and Blackburn, 1986: cat. nos 192–208）。不过，这并不意味着模切工工作不到位或者对模切工的监督不力，而表明在各种文化背景中"看的方式"的不同，这些方式源于在模型基础有所创造的手工业实践。制作者在权力机构和目标受众的沟通中起到关键作用，他们具体地建构了共享的视觉象征。

图 5.9 西班牙西哥特统治者发行的特雷米西斯金币,大约铸造于公元 507—580 年,背面为胜利女神全身立像,重 1.44 克
版权 © 剑桥大学菲茨威廉博物馆(CM.PG.10349-2006)

非目标受众

到目前为止,所有与硬币图案的互动都被假定发生在一个面向受众、权力机构和制作者的共同视觉环境中,并且,在检视硬币时,只考虑其诞生的社会背景。但在中世纪,硬币的流通超出了它的初始环境。在本章最后,我们将举的例子难以求证。许多情况实际上超越了硬币在诞生初期所面临的受众、权力机构和制作者共享的视觉环境,也超越了其时为硬币图案构建的传播链条。比较中世纪的与现代的非目标受众对钱币图案的反应是有用的。一方面,中世纪许多货币的非目标受众最终成为硬币使用者,并扩大了硬币图案的影响;另一方面,非目标受众对中世纪硬币的反应,提供了理解制作者、权力机构和目标受众三者关系的视角。外部观察者提供了一个比较和思考的角度。例如,拜占庭帝国的硬币出现在印度,其流通范围远远超出了最初诞生的政治和货币环境(Darley,2015)。它们最初是通过远距离贸易迁移的,但来到印度南部后,在其经济和

社会环境中无法发挥货币的流通职能，它们所代表的的政治权威在当地也无法被明确地、充分地理解。当地人对这些外来硬币上图像的反应，似乎与本章开头讲述的臂环上图像得到的回应正好相反。在印度南部，拜占庭帝国货币的价值主要体现在它们的图像上。那里的人们它们通常不知道这些硬币上的图像到底意味着什么，但还是给予它们极大的关注。模仿或部分模仿其他硬币，意味着赋予其设计元素特殊的意义（图5.10）。另外，在印度，硬币可能会被穿孔，而早期的罗马硬币通常有一个框和一个环，以便使用者将它挂在布上或链子上，引导人们察看它的图像。在印度南部，拜占庭帝国钱币上的穿孔让皇帝的半身像竖立起来。有时从磨损的情况可以看出，佩戴这种硬币时肖像可能面朝外，因为其反面与皮肤或衣服的摩擦而破损得更多。仿制集中在帝王的半身像上，而硬币的其他特征，如铭文或背面的图案被忽略或在很大程度上被改变。

图 5.10 在印度南部卡纳塔克邦（Karnataka）发现的狄奥多西二世（Theodosius II，公元408—450年在位）时期的苏勒德斯金币仿制品，为阿基阿鲁尔（Akki Alur）窖藏（Day 2012）的一部分，带有两个穿孔，可以使皇帝肖像垂直悬挂。重量和铸造地点未知
来源：彼得·伯豪斯（Peter Berghaus）

同样，6世纪和7世纪的墨洛温王朝硬币穿越英吉利海峡来到英

国，或在当地被仿制，无论是初始的还是被仿制的，总有一部分硬币有一排穿孔和得以直立悬挂的特征（图5.11）。不过，货币的用途无法预测。在萨顿胡（Sutton Hoo）[①]的一位盎格鲁-撒克逊勇士的坟墓中，出土了37枚墨洛温王朝的硬币，这些硬币与很高规格的船葬布置在一起，使人想起表演的元素。当把中世纪硬币想象成有图案的工具时，这些图案元素便会让人难以捉摸。然而，墓葬中还有另外三件类似铸币的物品，与硬币本身形成了有趣的对比。它们是完全的坯料或伪币，用黄金制成，重量和大小与墨洛温王朝的硬币相似。但是在这个例子中，没有任何线索能更清楚地证明硬币具有实际的用途，而不是图像的载体，它们的图像显然与即时的目的无关（Bruce-Mitford, 1968: 47）。

图 5.11 仿6世纪末或7世纪初铸造于马赛铸币厂的苏勒德斯，镀金，穿孔用于悬挂，以免破损和遗失。2004年在英国诺福克的欧巴肯纳姆（Old Buckenham）发现，重1.8克
来源：可移动文物计划（SUR-09EA44）

前文提过的阿尔图格的铸币展示了与众不同的视觉风格，并且

[①] 萨顿胡，英国7世纪盎格鲁-撒克逊时期的一处国王墓葬，于1939年被发现。其中大量金银制品被藏于一艘长船中，埋在一座土堆下面。

对货币上肖像的应用具有高度的创造性，其参考的对象是其他硬币与视觉媒介。阿尔图格铸币的一面几乎总是带有阿拉伯铭文的图案，表明货币发行者，同时沿袭了阿卜杜勒·马利克在7世纪建立的伊斯兰货币传统；它们的另一面则可能包含了从同时代的拜占庭帝国硬币（上面有给拜占庭皇帝加冕的圣母玛利亚的形象）、更古老的硬币（如7世纪希拉克略和希拉克略·君士坦丁的肖像）中提取的图像元素，甚至还有一些古罗马和古希腊的图像（图5.12）。阿尔图格铸币在经济领域确切的功能无人知晓，但它的精良制作、图像范围和组合方式都与所描绘的内容有关。这些铸币或许反映了十字军东征时期，美索不达米亚平原北部地区多元的、被认为是史实的关于

图 5.12 库特布·阿德丁·伊尔哈孜二世（Kutb al-din Ilgazi II，公元 1176—1184 年在位）时期的阿尔图格铜合金硬币，可能铸于马尔丁（Mardin），重 12.1 克。下面的两幅图显示其正面设计的原型——7 世纪，希拉克略与君士坦丁时期的苏勒德斯金币，重 4.41 克
来源：巴伯艺术馆（TK0033、B2818）

政权更迭的观念——拜占庭帝国宣称其权威继承自古罗马帝国,十字军宣称其权威来自罗马教皇,塞尔柱视其权力来自伊斯兰传统,而无数个小王国则一边抱守传统一边尝试新方法,以表明自己的身份。

结论

因此,没有绝对的钥匙可以解开中世纪硬币图案之谜。有些目标受众在硬币上看到了我们所想象的发行者的意图,许多人却看不到,而且社会中不同阶层的人对货币图案的反应各不相同。有些制作者小心翼翼地对待货币上的图案,还有一些制作者则做得非常糟糕,以至于货币上的图案几乎无法理解,但这并不说明货币发行的复杂程度,也不说明生产硬币过程中哪些是最紧要的。制造和发行货币具有"现场表演"(live performance)的意义,虽然这一情况现在已经基本上消失了,但了解它对了解中世纪有多少硬币被用作表征的工具至关重要。许多非目标受众也在所处的环境中读懂了硬币上表示权力或意义的图标。有些图标的含义很明确,比如西欧国家的国王在其发行的贷币上采用古罗马图案。但还有另外的情况,很难想象印度人在拜占庭帝国货币的肖像中看到了什么,或者在萨顿胡,将尸体埋入一号墓的人们看到他身边的墨洛温王朝货币和铸锭时所想的,是否符合这些货币上图案所传递的信息。不过,在不长的时间里,还是出现了一些具有普遍性的情况。

所有的硬币都有图案,但在中世纪的许多地方硬币已经非常普遍,以致它们的图案在发行者或目标受众看来都没有重要的意义。一枚硬币就是被视作硬币;货币应交易需求而生产,比如支付军队和官僚机构；为仪式需要而生产，在这些仪式中，硬币上的图案可能是关注的焦点，也可能不需要显露，前者如军事欢呼的仪式，后者如分发硬币或将它们装进袋子里，而此时，硬币的重量和数量才是最重要的。

中世纪的货币表明，政治上的主要立场是通过铸币来表达的，并且货币的设计往往很复杂，根据特定的情况定制。然而，它们也可能是高度守旧和具有高度模仿性的，是对前任政权、邻国或被篡夺的政权的货币既有设计的仿造或修改。这证明，至少在北欧、地中海和中东地区，地位或权力的视觉语言是共享的，并且正在不断地发展。这是一种通过货币的流动和接收来建构和交流的共同语言。对制作者或铸币者来说，实现权力机构的设计可能是一种工艺和创造性行为，即对旧的或外国的符号加以重新设计，或者进行技术上的创新试验。而在另一些时期和其他地方，铸币可能是一项机械任务，几乎不需要什么技术，也不需要什么特别的技能，只需利用有限的资源迅速生产。货币在流动。这意味着货币经常与非目标受众接触，货币上的图案于这些使用而言要比对目标受众来说更为重要。这些货币可能会成为新的权力或虔诚行为的表演道具，可能会被佩戴、埋葬或模仿，所有这些方式都展示了新的受众是如何看待它们的。

然而，即使货币被用作装饰，"艺术"一词也明显地不适用于中世纪。"艺术"，是现代观察者（也许是所有受众中最意料之外的）给中世纪货币贴上的"标签"。中世纪货币的受众，无论与最初的发行者相距多远，都不仅要应对货币图案所传递的信息，还要处理货币发行目标与他们自身所处社会环境的关系。货币发行目标与受众所处环境的互动有多种形式，包括外交、侵略邻国，或将外国因素引入国内。即使是几个世纪前就在硬币上体现人像的阿尔图格王国，也在进行外交、侵略等行为时制造自己的硬币，并由此彰显国家的地位。

据我们所知，中世纪货币的非目标受众并没有对硬币上图案的意义进行过推理、解释或讨论。这个问题留给了最近几个世纪的学者、收藏家和商人。中世纪的铸币，由于其图案在现代人眼中显得"粗糙"，长期处在古典时期铸币的影子之中。随着其价值被认可，中世纪货币图案的意义成为讨论的话题，有时甚至被过度"解读"了。之前大量的研究工作使得本章能够在历史和考古背景下研究货币的图像，并省略可能会让讨论更微妙、激烈或多元的例子。有一种趋势不可避免，即讨论中世纪货币的表现形式，仿佛由博物馆橱柜、拍卖行目录和期刊文章或会议论文组成的论坛，在某种程度上成了确定货币图案意义的决定性的也是最主要的阵地。这样的观点只能通过系统的思考来调和，正如钱币学研究正在做的那样：硬币是具有社会用途、社会关系的物品，处于更广阔的物质文化背景中，这一背景塑造了货币的表现形式，反过来也被货币的表现形式所改变。

第六章
Chapter 6

货币及其阐释：教会对货币的态度

斯韦恩·H. 古尔贝克（Svein H. Gullbekk）

在中世纪，货币随着国家的形成、城市化进程，以及社会、政治和宗教的全面变革而不断发展。历史学家亚历山大·默里（Alexander Murray）在描述 11 世纪的货币发展时指出："货币进入欧洲经济体系，引起了环境的根本性变化，它带来了新的可能性，也促成了新的目标、活动和习惯。"（Murray, 1992: 59）货币经济的兴起也成为 11、12 和 13 世纪"商业革命"的一部分（Lopez, 1971）。中世纪的欧洲，社会生活的方方面面走过了漫长的道路，磕磕绊绊地前进着。在里尔的阿兰（Alan of Lille，公元 1120—1202 年）[①]的作品《自然的怨诗》（*De planctu naturae*）中，诗人借天国的访客哀叹这个世上"金钱就是一切，金钱就是规则，金钱能使鬼推磨"（转引自 Langholm, 2015: 96）。近来，学界则更加强调从文化史，尤其是从宗教背景的角度去解读货币：教会融

[①] 里尔的阿兰，12 世纪的著名教士、神学家和早期人文主义者。

入世俗社会，应对不断变化的社会和经济生活（Jasper, 2012）。

经历 11 世纪的变革，教会为拉丁西方构建了一个单一的身份——"基督教社会"，它在 13 世纪达到顶峰。在中世纪，针对"基督教社会"应该是什么样的社会这个问题一直存在着争论。到了 14 世纪，政治理论家们越来越认识到基督教、统治权以及社会的复杂性。在宗教改革之后，曾经作为一个整体的基督教世界的解体成为欧洲历史的一个分水岭。在现代学术中，普世社会的概念在许多学科中得到完善、被深入探究。随着基督教世界的扩张和教会改革的影响，以及随着永恒受难和救赎的观念成为各地基督徒生活的共同基础，基督教社会的价值观和期待对欧洲人的日常生活产生了越来越广泛的影响，其中包括他们是如何使用和如何看待货币的。

在基督教触达的地方、基督教文化覆盖之所，货币的图案与形状是丰富多样的，正如罗里·奈史密斯所说，"这些变化在信奉基督教的欧洲各地表现不同"（Naismith, 2015: 19）。基督教教义及其传承会影响人们对货币与货币文化的态度，不仅如此，它还会影响硬币和铸币的设计与使用方式。如何定义货币、如何界定标准，尤其是持有哪种观念，对货币史研究尤为重要，它们也是本章关注的重点。这将有助于在更广阔的领域中讨论货币的使用和对货币的态度，特别是在公元 10—15 世纪的北欧——在那里，货币供应量的增加和基督教社会的形成产生了最为显著的影响。

货币和铸币的观念

社会学家马克斯·韦伯（Max Weber）曾说："货币是个人生活中最抽象、最去个人化的元素。"（Weber, 1958: 331）即使是陌生人，也愿意通过这种无个人色彩的媒介做交换——向他人提供商品或服务从而获得货币，它因此被广泛地视作城市和商业有机体的重要流动要素。货币最令人印象深刻的一个特点是，它能渗透到宗教、文化和社会政治的不同派别中。货币提供了一种交换和交流的工具，比任何其他有形的社会工具都更有效、更灵活和更具适应性。在一个社会中，货币之成货币的特质，常常被拿来与确定时间的标准、语言的发展或应在道路的哪一边通行等基本习俗相比较（Tobin, 1992: 770–778）。简言之，重要而普遍的是做出选择，而不是选择了什么（Tobin, 1992: 771）。因此，在世界历史上，货币的形式庞杂而多样，它们不仅是人工制品，也是商品。

10—15 世纪，铸币的概念在拉丁西方变得越来越重要（Spufford, 1988b: 74–263; Bolton, 2012: 19–43, 113–138）。古罗马帝国的经济运行是以现金为工具的，但西方世界在西罗马帝国灭亡后的初期并非如此。然而，从古罗马帝国晚期到 13 世纪，拜占庭帝国一直延续着一种复杂的货币体系，而公元 698 年阿卜杜勒·马利克的货币改革又为伊斯兰货币取得巨大成功奠定了基础。这种货币建立在哈里发的财富基础之上，并影响到其境外的货币体系。从 8 世纪开始，银便士就成为西方铸币的普遍标准。基督教世界的边界逐渐扩张，铸币则随之发展。13 世纪，西欧的货币格局有了飞跃式的发展，与公元 1—3 世纪的古罗马货币文化相似。1266 年，在路易九世的统治下，法国引进了一种混合银币——图尔格罗斯币，从而为格罗特币和格罗森币的诞生铺平了道路。在同一时期，金币重现意大利北部城市佛罗伦萨、热那亚和威尼斯。这些弗洛林金币和杜卡托金币流通地域广阔、流通时间长，因此具有重要的意义（威尼斯杜卡托金币是其中历史最长的，在拿破仑·波拿巴于 1797 年征服威尼斯之前，它的铸造方式不曾改变），并将促进北欧金币的发展。

然而，中世纪货币和货币文化的历史远不止于硬币，正如彼得·斯普福德所说：

> 在中世纪晚期欧洲的大部分地区……货币扮演着两种截然不同的角色。一方面，簿记货币是衡量价值的标准；与此同时，实物货币是交换和储存财富的媒介。簿记货币的名字源于它的功能。作为一种衡量价值的工具，它几乎完全用于簿记。大多数金融交易最初是用簿记货币来确认和表示的，尽管随后交易双方很自然地用硬币支付——令人惊讶的是，用作支付的通常还有其他商品。（Spufford, 1988b: 411）

在很多情况下，中世纪欧洲许多地区的商品被用作支付，它们以货币的形式被接受，其价值标准是固定的，在这些方面它们与现金很像。成为价值单位的商品包括英格兰的猪，西班牙、苏格兰和斯堪的纳维亚半岛的牛与黄油，冰岛的织物，格陵兰岛的海象牙，中国西藏的盐，刚果的铁，哈里发帝国的丝绸，以及东南亚沿海地区和中国部分地区的玛瑙贝。[1]

贵金属作为贵重物品被普遍接受，发挥着通货和硬币的功能，并构成我们所知的货币基础。某些地区严重依赖白银，如公元800—1200年的欧洲，而拜占庭帝国则青睐黄金和铜，哈里发帝国更喜欢使用黄金与白银。可移动的财富成为通货，最终会在贸易活动的下游地区成为通行的货币。

"货币是抽象的，或者说仅仅是对价值的呈现"，这种观点即便在13世纪90年代的意大利北部城邦，也仅仅处于萌芽阶段。在这一时期，中国的货币体系是以法定货币为核心来运行和管理的。几个世纪以来，使用纸币是中国经济的普遍特征之一。威尼斯探险家马可·波罗在其旅行记述中深刻阐释了中国和西方的社会环境与文化背景下，人们对待货币的差异：

> 就在大都，大汗拥有了他的造币厂……事实上，那里的纸币是用桑树皮制成的，桑叶则用来喂蚕……货币发行的方法非常正式，就仿佛它们是纯金或纯银。在每一张纸钞上，官员们都会签名、盖章。当这项工作按规定完成后，负责人用颜料浸渍他的印章，并在纸币的顶部留下朱红色的印记。这使得这张纸钞货真价实。这种纸币在大汗统治的各个地方流通，谁都不敢冒着生命危险拒绝接受它。（马可·波罗《马可·波罗游记》，2005，第18章）

马可·波罗被这样一个想法逗乐了：几个世纪以来，炼金术士们一直在徒劳地把贱金属变成黄金，而中国的皇帝们不费力气地把纸变成了货币（Schefold，2016: 366）。意大利的贵族都不大愿意接受这种贵重的纸张。他们的不情愿表明，在基督教社会经济最发达的区域，哪些货币是人们认为可接受的。据我们所知，纸币最早传入欧洲经济领域是在1661年，出现在瑞典的斯德哥尔摩。与中国人不同的是，几个世纪以来，欧洲人持续强调对具有内在价值的有形制品（无论是货币还是商品）的信任。本章后半部分将阐述这些价值观念所带来的影响，不过我们首先要讨论教会是如何看待并使用货币的。

货币、教会和基督教社会

货币的概念与其社会和文化背景密切相关,对这一时期的欧洲来说,主要指基督教社会和文化背景。无论其形象是正面的还是负面的,货币都是《圣经》中重要的话题。比如图尔大主教、拉瓦尔丹的希尔德贝特(Hildebert of Lavardin,公元1055—1133年)等就在书中写下"今天的不法行为都源于对金钱的贪爱",这是对《圣经》的回应。但是,福音书中有货币发挥积极作用的例子,譬如关于才能的寓言以及寡妇的奉献等(Hildebert of Lavardin, *De Nummo*; ed. Migne 1844–1864, vol. 171, col. 1403C)。正如罗里·奈史密斯所指出的:

> 简单地把"教会"当作一个整体是严重的误解。在对待财富的态度上,没有一条统一的教会界线。这是一个调适和两极分化的时期:思想和实践如万花筒般分离、碰撞和重新融合。对财富的态度模棱两可,这是意料之中的事。货币只是这一调适和分化过程的组成部分,它们在《圣经》中地位显著,因此在整个基督教历史中发挥着作用。(Naismith, 2015: 19)

在基督教世界中,人们从不担心货币本身是邪恶的。然而,使用货币的动机和意图在基督教社会中始终是一个需要仔细研究的问题。

禁欲主义作家约翰·卡西安是最早探讨硬币的物理形态与精神意义之间密切联系的基督教作家(John Cassian, d. 435)。对卡西安来说,每一个信徒都必须不断审视心中所想,以查验它们的起源和本性。每一个基督徒都需要检视自己的内心，成为精神上的"货币兑换者"，就像世俗生活中的货币兑换者在市场上判断硬币的价值那样。首先，他确保硬币是由最纯的黄金制成的，而不是普通的黄铜第纳里乌斯。然后，他应查验硬币上的图案并评估货币的重量，拒绝接受重量不足的硬币（John Cassian, Conferences I.20–22, trans. Ramsey 1997:59–63）。[2]

教皇圣格里高利（St. Gregory the Great，公元 590—604 年在位，即格里高利一世）用硬币作比喻，他敦促基督徒，衡量自己心中祈祷的品质时应像货币兑换者检验金币的质量。检视人的初心，应像货币兑换者测试硬币的金属含量一样；判断一个人是否表里如一，应像货币兑换者观察硬币的图案那样；而考察人的行为，应该像货币兑换者测试硬币是否重量适当（St. Gregory the Great, *Morals on the Book of Job*, III.2; ed. Adriaen 1979–1985）。基督教有一个悠久的传统，将货币兑换者评判货币的工作比作审视灵魂的重量（Welch Williams, 1993: 13）——区分好坏是货币兑换者工作的核心。不同的货币，以及制造了不断变化的铸币并使之在地方、地区，甚至国际范围内流通的中世纪货币体制，要求人们对当下的市场状态有广泛的、及时的了解。

在中世纪最有影响力的思想家坎特伯雷大主教安塞尔姆看来，金钱和财产本身并没有好坏之分，只有在代表了善行或恶行时才有区分。安塞尔姆审视过货币，也使用过货币。在他看来，货币并不是万恶之源。他以坎特伯雷大主教和修道院长的身份，负责铸造货币、交易，管理财务，包括征税和收缴应付款、出租土地、监管建筑项目和捐献物品……不止于此。[3] 因此，安塞尔姆不会反感托马斯·阿奎那（Thomas Aquinas）给货币作的界定："货币……的发明主要是为了进行交易，因此使用货币主要的以及正确的途径是日常交易。"（Thomas Aquinas, *Summa theologica*, Iia, Iiae, q.78, art. 1; Aquinas 1920）

11 世纪，改革后的教会拥有了铸币权，欧洲各地有许多大主教、主教和修道院在发行硬币。例如，在 11 世纪萨利安王朝时期的德国，教会铸币厂就比世俗铸币厂要多（Steinbach, 2007）。事实上，早在阿德里安一世（Adrian I，公元 772—795 年在位）担任教皇期间，其治下的铸币活动已与地方世俗机构展开合作（Grierson and Blackburn 1986: 262–263）。在丹麦，教会铸币开始于国王斯文·埃斯特里森（Sven Estridsen，公元 1047—1074 年在位）统治时期，主教们从主教区的铸币收入中获利（Hauberg, 1900: 61 ff.）。1293 年，罗斯基勒（Roskilde）的主教和国王的铸币者发生冲突，国王的铸币官在代表国王筹备重新铸币时，用计谋取胜，比主教的铸币官多赚了一笔。按照主教的说法，教会因此失去了每年从铸币厂获得的大部分收入（Hauberg, 1884: 219–220）。几年后，在挪威的斯塔万格镇（Stavanger），一位叫阿恩（Arne）的主教就因为大教堂主圣坛上一个奉献箱的收益权问题而被审判。这位主教败诉了，不得不支付总共 15 马克挪威货币的诉讼费用（Lange *et al*. 1847–2011, IV, 25）。这两次冲突都涉及教会精英如何处置货币的问题，但据我们所知，这两次冲突都没有导向货币是邪恶产物的原则性讨论。神权机构天然地需要处置货币，通常包管理货币，它通常涉及道德意义和现实意义。

神职人员的收入来自信徒的奉献，但有时神职人员支配收入的方式被认为是不道德的，巴黎的彼得·阿伯拉尔（Peter Abelard）就曾批评他那个时代的神职人员用供奉和穷人的善款来奖励吟游诗人和杂耍艺人（Murray, 1967: 30–31）。安克马尔（Hincmar）是公元

845年开始任职的兰斯（Reims）大主教，也是秃头查理（Charles the Bald，公元823—877年，即查理二世）的老师，他记录了神职人员是如何处理货币收入的。据安克马尔的记载，教士们把硬币放在用旧书页做成的信封里，因为他们喜爱金钱〔*Vita Remigii*, preface, (ed. Krusch, 1896: 251–252), cited by Nelson, 1987: 28〕。

教会在处理世俗事务时，一直用货币做交易。教会在管理地方和跨境财务时也将货币当作首选媒介。1308年，教皇克莱蒙五世（Pope Clement V，公元1305—1314年在位）宣布，犯罪者向讨伐穆斯林的十字军捐献一便士（图尔货币）便可获得一年的赦免（Lunt, 1934: II, 458）。资助十字军东征对中世纪的教会来说是一项艰巨任务，正因如此，教会才反复征税。这样做是为了满足日益增长的资金需求，以支持大规模的建筑工程、十字军东征以及基督荣耀的展现。这样做也意外地推动了货币化的进程，因为哪怕基督教世界偏远角落里最小的教区，也需要为满足教会的需求而提供现金。

于是，罗马教廷成为中世纪欧洲最大规模的金融活动的中心。货币从最小教区的教堂转移到主教区，再流转到大主教处，最后抵达罗马（以及阿维尼翁[①]）。大量的记录记载了机构和个人从拉丁西方一笔笔地转移资金，供奉修道院和教廷。[4]尽管什一税归地方行政机构管理，但一个包含税收、会费以及供奉物的复杂名录仍确保了资金源源不断地流向罗马。

货币有可能在个人追求精神生活之完善的斗争中造成干扰，因此要从神学和道德的层面关注货币（Newhauser, 2014: 3）。13世纪

[①] 克莱蒙五世时期，天主教教廷由罗马迁至阿维尼翁。——编者注

初，十字军与阿西西的圣方济各（St. Francis of Assisi）[1]共同发起的反对邪恶金钱的运动达到了顶峰：方济各代表着贫穷者及乞讨者所选择的激进的宗教生活方式（想要了解圣方济各，参见 Robson, 2011）。圣方济各厌恶金钱，并试图保护他的修士免受金钱的玷污。1223 年，他通过制订《后来的规范》（Regula bullata）来禁止他的修士接受各种形式的金钱（Merlo, 2009）。不过，对那些负责为病人购买衣服和必需品的修士，规则略有修改（Coleman, 1987: 80–81; see also Lambert, 1961）。托钵修会章程明确禁止修士在讲道时收取钱财，也禁止修士储藏货币（Lawrence, 1994: 186）。[5]方济各会创造了贫穷的信条，它从 13 世纪的意大利流传，传播广泛而有影响力。在 13 世纪和 14 世纪，包括方济各会、本笃会、多明我会（Dominicans）以及一些小教团组织如布袋修士（Friars of the Sack）在内的托钵修会运动在欧洲的城市中广泛开展，影响了人们对货币及财产的思考方式（Andrews, 2015: 189–190）。圣方济各告诉他的追随者们，对待金钱要谨慎，在实践中与之相遇时要极其谨慎："在任何地方发现硬币时，我们给予它的关注都不多于脚下的尘土。"[6]（Lambert, 1961: 39–40）

自 11 世纪末以来快速发展的"贫穷运动"是对 10 世纪和 11 世纪商业化和货币化的显著发展的回应。在一个日益货币化的社会里，做一个好基督徒是很难的。中世纪的城市化进展与社会分工的专业化塑造了许多人的生活方式，在一般情况下，城镇里的许多服务都与天主教的教规相违背，其中一项服务就是借钱给别人并索要利息。12

---

[1] 圣方济各（1182—1226年），出生于意大利中部的阿西西，青年觉醒后投身于传教、感化和慈善活动，并且创立了托钵修会圣方济各，致力于在新兴的城市中传教以及向东方传教。

世纪末，巴黎的彼得·康托尔（Peter Cantor）指出，商人要么为了高利贷而下地狱，要么为了遵守教会的禁令而沦为乞丐，除此之外，别无选择（ed. Migne 1844–1864, vol. 205, col. 263, cf.col. 145–146, 149, 157–158）。[7] 货币及其商业用途在本质上是与基督教教义相悖的。就像教会对待货币的态度，高利贷的问题不仅在基督教内部，也在伊斯兰教内部引起了激烈的辩论。

11 世纪末，坎特伯雷大主教安塞尔姆在讲道和劝诫时将放高利贷与盗窃画等号，从而抛弃了高利贷仅是"不义之财"的传统观念（ed. Migne 1844–1864, vol. 158, col. 659. Abulafia 2002: 35）。托马斯·阿奎那问道："借钱收费，也就是高利贷，是一种罪恶吗？"答复很明确，在 13 世纪，高利贷"盗窃"是一种对正义的犯罪："借钱收费本身就不公正，因为一方向另一方出售不存在的东西，这显然形成了有悖于正义的不平等。"（*Summa theologica*, Iia, Iiae, q. 78, 20; Aquinas, 1920）托马斯·阿奎那用另一种表述将这个问题进一步明确化："金钱不会自我复制。"

高利贷这个问题，最关键的还不是钱的问题。中世纪神学家在对高利贷的论述中发展出越来越精致的论点。一份 13 世纪的手稿——巴黎国家图书馆的 *Tabula exemplorum* 写道："每个人在假日都停止了工作，但是高利贷的牛还在不停地劳作，并因此得罪了上帝和所有的圣徒。高利贷既然是一种无尽的罪，同样地应受到无尽的惩罚。"（ed. Welter, 1926:83, no. 306）假如时间有价格，它所对应的债务按照年月来计算利息，那么人的思想和道德感会高度紧张，因为时间是上帝的专有财产。假如时间有价格，如果时间拥有的价值可量化，那么该如何计算其他无法量化的事物，如热量、速度或爱情呢？（Crosby, 1997: 71）

同样的,高利贷的问题不在于货币本身,在基督教社会的文化背景下,它关乎的是货币的生产如何符合基督教的教义,以及最终如何有利于世俗交易的开展。到了 13 世纪,教会中的一些人对借贷和收取利息的态度有所缓和,因为 1232 年萨拉戈萨(Saragossa)主教公开地将一笔资金外加 10% 的利息汇给了圣殿(Goudsmit, 2004: "International banking + Templars.");而在中世纪晚期和文艺复兴早期,教会中的另一些人对高利贷的态度则几乎没有改变(Geisst, 2013: 58)。在世俗世界,获得资本回报的必要性使得权力机构通过法律确立了此类回报的最高限度,利息超过这一限度的借贷将被视为高利贷并界定为非法。在 13 世纪的意大利,贷款利息在 10%~50% 波动(Cipolla, 1963: 404–405)。

当然,行善是使用货币的另一种选择。在基督教社会中,施舍被普遍认为是一种重要的美德。慈善的理念通过货币延伸到社会的各个层面,善行会得到回报的信念得以传播,尤其是施舍。12 世纪,一本挪威的布道书中有一篇题为"论邪恶和美德"(*Om dydene og lastene*)的文章,这篇文章最初是 9 世纪时阿尔昆(Alcuin)在查理大帝的宫廷里撰写的(ed. Salvesen, 1971: 18–45)。[8] 阿尔昆高度重视的美德之一便是施舍。在"与罪的斗争中,施舍和斋戒是所有美德中最为有力的"(ed.Salvesen, 1971: ch.17)。1191 年,一群丹麦朝圣者到了挪威的卑尔根(Bergen),在那里,他们见识了镇上熙攘的游客和众多的商品。他们对当地的认知是模糊的,尽管如此,他们承认:"挪威人酗酒,但他们在施舍时很慷慨。"(ed. Salvesen, 1969: ch.11)

许多人认为,有了钱,就自然有机会救赎自己和家庭了。正如理查德·萨瑟恩爵士(Sir Richard Southern)所指出的,"死去时未完成忏悔，或者还没有为忏悔做好准备，是世界上最可怕的事情。在还清债务之前，没有人能够得救"。一个显赫的人，能自己偿清债务，也能够请他人为自己赎罪（Southern, 1990: 227）。在中世纪的教堂和修道院中留下的捐赠和遗赠记录数量巨大。有钱人来可以在一个离圣徒和基督更近的神圣场所购买墓葬，最好是在教堂里。信徒可以支付牧师和僧侣费用，请他们为自己祈祷，可以一次性支付多年的祈祷服务。如此一来，教会就成了欧洲最大的土地所有者。

然而，不要以为支付更多的金钱，就能够更快、更安全地进入天堂——成为一个好的基督徒和金钱之间的关系并没有这么简单和直接。由威尔士的杰拉尔德（Gerald）于1188年撰写的《爱尔兰志》（*Topographia Hibernica*）指出了精神品质的重要性。诺曼人入侵爱尔兰，一个弓箭手在都柏林沦陷（1171年）后来到圣三一教堂（基督教堂）的十字架前献上一便士，但当他转身时，那枚硬币便打在了他的背上。他接过硬币又献了一次，但硬币再一次回到了他的身上。这让在场的人都惊讶不已。弓箭手很尴尬，他只好公开地承认自己抢劫了大主教的宫殿。于是，他被要求归还所拿走的一切。之后，他怀着虔诚和紧张的心情再次献上那枚硬币，结果，硬币留在了十字架的底部。这个故事告诫我们，在宗教交易中，只有金属的纯度是不够的，心灵的纯净才是宗教交易有效的关键〔Gerald of Wales, *The History and Topography of Ireland*, ch. 75 (trans. O'Meara 1982: 86–87)〕。

这种观点在中世纪结束很久后才引起了社会的共鸣。1619年8月24日，意大利旅行家彼得罗·德拉·瓦列（Pietro Della Valle）在伊斯法罕（Isfahan）写的一封信中提到，波斯国王将特制的硬币施舍于人，他给每个穷人 3 枚西昆（sequin）[①]——不是普通的那种，是从亚美尼亚人那里买来的。彼得罗写道，亚美尼亚人的硬币是通过正义和辛勤的劳动获得的，因此最受上帝青睐（Della Valle, 1843: II, 42. Cited in Travaini, 2009: 242）。

自公元 1 世纪开始，用金钱供奉就是基督教世界的既定习俗。无论是在历史资料还是考古资料中，关于这种做法的记录都很丰富。大约公元 870 年，布尔日（Bourges）大主教伍尔法德（Wulfad）写信给他在教区内有影响力的教友："赶快把你的奉献物送到那里（教堂），并请求在那里得到祈祷"（ed. Dümmler, 1925: 188–192, no. 27; cited by Nelson 1987: 28）。在这个故事中，祭品是用作交换祈祷的。在整个西方基督教世界里，人们都被期望去大量地捐献，为的是纪念基督、帮助需要被帮助的人，提供资金以维持教会并资助教牧关怀。早在 13 世纪，人们就普遍认为，一个好的牧师需要财产才能令人满意地履行其教牧关怀的职责，同时保障其所服务的教堂的维护和教区的发展（Hoskin, 2014）。最初的自愿奉献通过习俗传承逐渐成为教区居民的强制性义务，这种习俗有严格的法律效力（Coulton, 1925: 289）。

为了寻求永恒的救赎，整个西方基督教世界的农民、市民和贵族聚集在一起，用箱子、盒子和袋子把他们的奉献物装好，放在圣坛上，就像大卫·甘兹（David Ganz）说的：

> 基督教圣坛成了一个特殊的场所，用来向上帝和他的教会赠送礼物，因为它也是纪念上帝给人类以礼物的场所：

[①] 西昆，旧时流通于意大利、土耳其的一种金币。——编者注

基督的献身（他曾嘱咐所有信徒分享其身体并以此确定其教会成员的身份）、互惠奉献的圣餐体验、不断且必要的重复奉献，以及奉献的精神层面，这些都是最基本的。（Ganz, 2010: 18）

几个世纪以来，这一普遍的传统使得巨额资金在每个星期天和重大节日流入教堂的金库。居住在西方基督教世界的大部分人都会向教堂奉献金钱。不过，能证明这种宗教实践的，大多来源于文献资料中的引用，包括布道、对圣徒生活的描绘、文学文本、教规、法律以及对法庭案件的记录等。在各地基督徒的虔诚生活中，捐赠时的宗教实践经验是非常要紧的。尽管仍有许多事物需要我们去了解，但是考古学的证据已可以让我们更好地理解捐赠的目的和原理，以及这种宗教实践是在何时、何地，如何发生的。

通过对斯堪的纳维亚和瑞士各教堂〔如瑞典哥得兰岛的邦吉（Bunge）教堂、挪威的霍尔木板教堂（Høre stavechurch）、芬兰奥兰群岛（Åland）的约马拉（Jomala）教堂和瑞士伯尔尼的施特菲斯堡（Steffisburg）教堂等〕的深入研究，研究人员发现，存留的硬币一般都集中在主祭台、圣坛拱顶、侧祭台、入口等关键位置，而在教堂中殿硬币的分布则比较随机（Kilger forthcoming; Jonsson forthcoming; Risvaag forthcoming; Schmutz and Koenig, 2003）。随着宗教改革的深入，教堂中硬币分布的地点也发生了变化，之后发现的硬币更多地散落在教堂的中殿，而在特定的祭台和其他关键位置则比较少见（Tveito, 2015）。

在14世纪早期的挪威，卑尔根圣约翰修道院的教堂账目详细记录了大量的英镑、图尔格罗斯、瑞典哥得兰的货币，这些货币被奉献于修道院教堂的圣奥拉夫祭台上。这些货币被放在不同的袋子里：图尔格罗斯币，重61马克；英镑（sterlings），重40马克、12欧拉（oras）和53.5马克；瑞典哥得兰的货币和其他货币，重88马克和104.5马克。所有这些硬币都被锁在一个箱子里，出于安全和再分配的考虑，也因为修道院严重的财政和纪律问题（包括对买卖圣职罪的指控），如果大主教不在场，移动这只箱子则需要得到哈康国王（King Håkon）的指令〔(Lange et al. (eds.), 1847–2011: II,96; I, 107; IX, 78〕。卑尔根奉献物中来自外地的货币与当地乡村教区教堂中的硬币形成了鲜明的对比，后者几乎全由当地货币组成，而且基本都是零钱。

在对斯堪的纳维亚教堂的考古调查和发掘中，研究人员发现了60 000多枚中世纪的硬币。这清楚地表明，从12世纪下半叶开始（也许更早），硬币就是挪威人的传统奉献物。这也反映了西方基督教世界的普遍做法。在11世纪挪威王国信奉基督教之后，这里的宗教奉献改用硬币，而不再是动物和饲料。

在教堂考古所发现的大量硬币中，零钱占了总数的90%以上。奉献物的品质与规模很少以货币的价值来衡量。这让人想起了圣经新约中那则穷寡妇奉献的寓言：她的两枚小硬币（minuta）比财主提供的所有硬币都值钱（Mark, 12:41–44, and Luke, 21:1–4; on this subject see Travaini, 2004:173）。在挪威的木板教堂中发现的大量零散硬币，帮助人们清晰地了解了这样的历史实践，而不是仅停留在理论认知层面。考古学证据清晰地显示，中世纪时的人们重视的是仪式而不是所供奉货币的价值。在1263年至1320年间，便士、半便士、四分之一便士和薄片币（当时生产的最小硬币，重约0.15～0.2克）均有流通。考古挖掘在全国各地的教堂里发现了其中的

4 000 多枚硬币，其中各种面值的比例（大约）如下：薄片币占62%，四分之一便士占 19%，半便士占 12%，便士占 8%（Gullbekk, 2009: 269–273）。更细致的记录显示，其中 81% 的硬币每一枚的重量均不足 0.25 克。这些低面额的硬币反映了农民或工薪阶层的支付水平。但奉献的规模并没有举行仪式时的礼拜剧重要。在法国流通过的体型最小的硬币是 14 世纪的"修道院德涅尔"（*deniers de l'aumosnerie*）。1421 年 11 月，一个巴黎人在日记中记录，由于零钱有限，穷人很难得到救济（Spufford, 1988b: 330—331；关于这一问题的讨论，参见 Courtney, 1972—1973 和 Murray, 1977）。

奉献物的价值很低，地方神职人员和负责教会财务的行政人员面临困境。他们应将自己的经济活动限制在圣经的框架内，寡妇奉献的寓言并未说明他们在货币文化体系中对社会负有义务。1424 年 6 月 1 日，哥得兰岛的维斯比（Visby）镇议会下令：向教会奉献在任何地方已经无效的丹麦货币是被禁止的，特别是妇女〔Galster, 1972: 20, n. 70a; Jensen (ed.), 1989: no. 670〕。这自然是因为奉献物收入是教区财政的重要组成部分，用于完成教区被期待的任务，比如施与教牧关怀以及维护当地教堂。1363 年，乌普萨拉（Uppsala）的大都会教区决定不再征收一便士税金（Peter's Pence）[①]，因为农民只能奉献劣质货币。当经济变得困难时，人们往往用手中最低廉的硬币向教堂捐献、交税、进行救济等（*Diplomatarium Suecorum* no. 7108）。

在危机时期，教会也会慷慨解囊。公元 557 年，君士坦丁堡发生了毁灭性的地震，一时间谣言四起——世界末日即将到来。在基督教叙事中，《启示录》占有重要的地位，面对末日启示的迹

[①] 一便士税金，也称"彼得的便士"，指每户每年给罗马教廷的献金。

象，人们会信任教会。君士坦丁堡的律师阿加西亚斯（Agathias）谈到，面对这些情况，人们的生活和态度发生了各种变化："突然之间，所有的人都在商业交易中变得诚实了。"就连政府官员也变得不那么贪婪。宗教行为变得普遍，人们过上了更加向善的生活，并向教会赠送礼物（Agathias, *Historiae*, V.5, ed. Keydell 1967: 169–170, quoted in Palmer, 2014: 1）。阿加西亚斯观察到人们对危机的普遍反应——不安，向比自己强大的力量寻求安慰。在6世纪的君士坦丁堡和整个中世纪的欧洲，宗教显然是一种选择。对多地教堂的考古发现显示，当"黑死病"蔓延至欧洲全境时，越来越多的人向教堂捐钱（关于挪威和芬兰的情况，参见 Gullbekk, 2009 和 Jonsson 待出版的新作）。

与朝圣有关的文献和窖藏货币的发现提供了认知欧洲大陆货币流动的视角。朝圣活动从经济上把罗马人与10世纪的盎格鲁-撒克逊英格兰和12世纪的挪威联系在一起（Metcalf, 1992; Schive, 1867: 276; Skaare, 1995: I, 58）。10世纪的《维塔·奥斯瓦尔迪》（*Vita Oswaldi*）讲述了奥斯瓦尔德（Oswald）在公元972年前往罗马接受披肩并成为主教，以及在旅途中慷慨赠送礼物的故事。瓦尔德给沿途的教堂、修道院和市民一大笔银币，正如伍斯特（Worcester）的科恩瓦尔德（Koenwald）主教在公元929年所做的那样（Keynes, 1985: 198–199; Leyser, 1994: 96）。

在中世纪，有数百万游客到过罗马。在圣彼得和圣保罗墓地的考古遗迹中，朝圣者留下货币的确凿证据非常丰富（Alteri, 2009）。在圣彼得墓的遗迹中，研究人员发现了多达2 400枚1世纪到15世纪的硬币，其中相当一部分来自北欧。公元1300年"大赦年"（Great

第六章　货币及其阐释
教会对货币的态度

Jubilee）①的文献记录与该考古证据相互印证。这一年，教皇账户上记录的圣彼得圣坛和圣保罗圣坛中奉献物的价值分别为 30 000 和 20 000 个金弗洛林。这些弗洛林都是由各地大量的小硬币（数量以百万计）熔铸的（Fedele, 1934: 7–25; cited by Travaini, 2004: 174）。

关于朝圣者及其使用货币的历史，帕绍（Passau）的沃尔夫格主教（Wolfger，公元 1191—1204 年在位，后于 1204—1208 年任阿奎拉大主教）的罗马旅行日记提供了一些有价值的信息。他记录了穿越阿尔卑斯山的主要路线以及沿途的经济情况等（Zingerle, 1877; see also Birch, 1998: 64–65）。沃尔夫格和他的同伴在向南旅行时，把不同价值的银锭换成当地的硬币。欧洲大陆上大量的、多样的货币制度的发展，使得旅行者必须适应和使用不同地区的货币。他在意大利边境的塔尔维斯（Tarvis）兑换了 3 马克的银子，在帕多瓦兑换了 1 马克，在费拉拉（Ferrara）兑换了 8 马克，在佛罗伦萨兑换了 5 马克，而他在博洛尼亚和锡耶纳（Siena）兑换的银子的重量未知。到了罗马后，他总共兑换了 44 马克的银子，然后返回。沃尔夫格主教的旅行日记也让我们了解了他旅行期间的一些花费。比如在维泰博（Viterbo），他用了 23 苏勒德斯买面包，花了 20 苏勒德斯买葡萄酒，用的都是当地的货币〔Jesse (ed.), 1924: 251, no. 370〕。他前往罗马时带了大量的随从，因此用银锭作基础货币是非常重要的，他可以在沿途把银锭兑换成当地货币。

在城镇、市场和教会中心，货币兑换商的交易是高度专业化的。1198 年，在图卢兹，图卢兹伯爵雷蒙德（Raymond）和圣吉勒市（St. Giles）的议员们颁布了一项法令，货币兑换商只要没有欺骗且准确

---

① 大赦年，罗马教会规定每隔约50年或在周年庆时进行一次大赦，赦免有罪的世人。

地为金、银或货币计重，计算便士的数量，那么他们与朝圣者兑换货币的行为便为合法。兑换货币不应在客栈或商店里进行，而应在医院骑士团（Hospitallers）、圣殿骑士团（Knights Templar）的驻地或圣吉勒的修道院里进行（Webb, 2001: 98）。到了 1337 年，图卢兹已经有 80 个货币兑换商在经营（Chevalier, 1973: 153-160）。著名的圣地吸引了大量的信徒和大笔的现金。在法国的沙特尔（Chartres），通往大教堂的街道之一就是货币兑换商活动的地方。在沙特尔，教会和货币兑换商的共同利益使得同业公会（Guild）为货币兑换商的经营大开方便之门，从而使教堂获得的奉献增加，也使货币兑换商的活动以及他们与教会的密切关系合法化（Welch Williams, 1993: 103 ff.）。

尽管在现存的资料中很难找到相关记录，但在（中世纪）复杂的货币体系中，货币兑换商确是整个欧洲家喻户晓的人物。弗朗切斯科·佩戈罗蒂从 14 世纪初开始先后管理位于安特卫普（Antwerp）的巴尔迪（Bardi）商行（公元1315—1317 年）、位于伦敦的巴尔迪商行（公元1317—1321 年）以及位于塞浦路斯的法马古斯塔（Famagusta）商行。他那本小册子《通商指南》（*Pratica della Mercatura*）是对如何在不断变化的货币市场中应对挑战最好的描绘（Grierson, 1957; Spufford, 1988b: 143）。在中世纪的欧洲，犹太人书写了货币史中一个特殊的篇章，他们主要扮演放债人、货币兑换者和商业管理者的角色，但很少参与货币的铸造。特许状的证据表明，13 世纪，匈牙利犹太人直接参与了铸币。另外，王室发行的部分货币中也标有犹太字母符号（Berend, 2001: 124）。作为基督教社会的局外人，犹太人既是极有价值的（尤其对统治者而言），又容易受到攻击（图6.1）。尽管教会作为一个实体是中世纪经济的最大贡献者，但大多数经济活动还是由世俗企业家在基督教社会的框架之内开展的。本章接下来将进入一个新的主题：在世俗世界中理解价值和信用。

图 6.1 1233 年国库券上以犹太人、金钱和贪婪为主题的漫画，列有诺里奇（Norwich）犹太纳税人的名单
版权 © 英国国家档案馆（The National Archives, UK, E 401/1565）

世俗交易中的国王、货币、价值和信用

在中世纪，上帝和国王的关系至关重要。在中世纪的统治舞台上，夸耀地展示皇室的财富、对基督的臣服，均是至为重要的，这在铸币这件事上也有所体现。硬币是前工业时代大规模生产的产物。负责铸币的人能够在铸币上体现政治、宗教和个人信息，这意味着他们会比其他人的社会交往更广。皇家税收、货币政策对社会产生了深远的影响，尤其对在基督教社会盛行的价值观和信用观有着深刻的启示（Reynolds, 2012）。

1318 年，在挪威西部的松恩峡湾（Sognefjord）发生了挪威有历史记录以来的第一桩处理假币的诉讼案件。被告是一位名叫居德伦的妇女，她来自挪威西部松恩峡湾内陆地区松恩菲尤拉讷郡的约斯特谷。居德伦在向国王支付地租而上交黄油时掺入块茎，因此受审〔Lange *et al.* (eds.), 1847–2011: I, 432〕。对伪造货币的惩罚是严厉的：根据 1274 年的土地法，使用其他物品冒充货币将被宣布为非法〔*Magnus Lagabøtes Landslov ch.* X, 2 (ed. Taranger, 1970)〕。在这个案件中，居德伦并没有制造假的硬币，而是用其他物品假冒通货向国王支付年度税金。她试图欺骗政府的收税人员，并最终欺骗国王。审判的结果我们不得而知，但居德伦大胆行为背后的理由大概是经济层面而非政治角度的：她要么无法承担税收负担——当时大饥荒肆虐北欧，农作物歉收，形势危急；要么不同意赋税金额（Jordan, 1996）。居德伦的案例揭示了在一个使用实物货币的经济体中，价值所面临的问题和挑战，以及国王与其纳税人的关系。

图 6.2 一件保存完好的长袍，1250 年至 1400 年由"格陵兰布厂"制作，该长袍发现于格陵兰岛上的挪威人聚居地赫约尔夫斯尼斯（Herjolfsnes）
版权 © 丹麦国家博物馆（mus.nr.D10584）

人们选择熟悉的、符合传统和习俗的物品作为衡量价值的标准。这些商品（实物货币），如苏格兰高地、挪威西部和西班牙北部的牛，英格兰的猪和冰岛的布（见图 6.2），反映了当地农民的重要产出。这些主要的商品将成为标准的价值单位和交换手段（Mayhew and Gemmill, 1995; Jarrett, 2014）。我们不应低估在实物货币和货币这两种交换手段并存的社会中，经济活动的复杂性。不过，尽管这一体系很复杂，但它将确保货币和商品可以互换，从而为社会提供多种交换手段，而货币经济赋予这些交换手段许多特性。

在用商品（实物货币）作交换手段的交易中，估价这个环节会引发不同的关切。在 13 世纪的挪威，一头母牛的标准价是一枚焚银（burnt mark，约 71 克）的三分之一，或者是 1 马克货币（13 世纪 70 年代）。在 12 世纪中叶的挪威，古拉辛法（Gulathing law）对标准价的母牛是这样定义的：不超过 8 岁，怀上至少第二头小牛，没有难看的外部缺陷，等等（Gulathing law §223: 相关讨论参见 Lunden, 1978: 56–62）。在当时，围绕母牛讨价还价的事一定时有发生。事实上，法律条款表明，交易的当事人有时会对支付的质量和价格产生异议。这对商业发展来说是一个明显的障碍，也是潜在冲突的根源——冰岛从前的法律中包含评估付款的条款即说明了这一点。交易中的每一方都要"选择自己的人作为合法的估价师和合法的仲裁者。如果彼此都不同意，那么就抽签，抽中的人要为自己估价行为宣誓"（Grágás §246, trans. Dennis, Foote and Perkins, 1980–2006）。如果当事各方意见不一致，估价就成了捍卫荣誉的责任。在维京人的社会里，为了避免证人和评估人员蒙羞，估价必须公正进行。

货币和商品（实物货币）价值的比对，解释了冰岛人哈尔多尔

（Halldórr）为什么会对挪威国王哈拉尔（Harald）将银币贬值的做法反应强烈。11 世纪 40 年代，维京人哈拉尔·西格德松（Harald Sigursson）从君士坦丁堡返回挪威，后来成为被称为"无情者"（Hardrade，故也称哈拉尔·哈德拉德）的挪威国王（公元 1047—1066 年在位）。他发行了一种货币，其中三分之一为银，其余都是铜。在 13 世纪 20 年代或 30 年代，冰岛的一位酋长斯诺里·斯蒂德吕松（Snorri Sturluson）创作了记述挪威国王传奇的《挪威王列传》（*Heimskringla*），其中《腐烂的羊皮纸》（*Morkinskinna*）一章里有一段文字描述了一个冰岛人对货币贬值的反应：

> 圣诞节后的第八天，这些人得到了工资。这种货币被称为哈拉尔萨塔（Haraldsslátta），成分大部分是铜，充其量只有一半的含银量。据说，当哈尔多尔拿到工资时，他用折起的外衣包着钱，握在手里，盯着它们看，银币看起来不太纯。他用另一只手猛击握着钱的拳头，所有的钱都掉到地上了。〔Morkinskinna, ch. 30, trans. Andersson and Gade 2000: 190.Discussed and translated by Skaare 1976: 9–11〕
>（图 6.3）

哈拉尔国王自然认为这是一种侮辱。哈尔多尔多年来一直是哈拉尔国王忠实的追随者。《挪威列王传》这部传奇将哈尔多尔描绘成一个非常正直的人，他说："我不认为我在追随哈拉尔国王时，像他付钱给我时那样奸诈。"他们曾在瓦兰吉安卫队（Varangian Guard）并肩作战，一起被拜占庭皇帝囚禁在君士坦丁堡，然后一起回到挪威——在那里哈拉尔成了国王。就在这个时候，哈尔多尔想回到冰岛定居。他获得的钱在挪威王国肯定会被接受并且能够增值，但在冰岛就不一样了。哈尔多尔移居冰岛,国王铸币的价值不再以哈拉尔国王的权威来衡量,而是作为商品以白银来衡量。他很不情愿。[9]这部传奇以其一贯的风格,以个人经历的视角,通过一次冲突让我们瞥见发生在强势货币与弱势货币之间的戏剧性事件,其记述的贬值问题已由现代计量分析证实(Skaare, 1976: 79–85 and 191–206)。

在货币史中,民众与政府之间的冲突并不是什么新鲜事,对基督教体系来说,这也没什么特别的。世俗的金钱冲突往往与价值有关。公元538年(或539年),拜占庭帝国皇帝查士丁尼一世(Justinian I,公元527—565年在位)发行了一种较轻的苏勒德斯金币。凯撒里亚的历史学家普罗科皮乌斯(Procopius)将其描述为查士丁尼"从所有人那里……砍掉每一枚金币价值的七分之一",从而大幅度地增加了自己的收入〔Dewing (ed. and trans.) 1935: 297〕。查士丁尼一世并不是唯一一个将货币当作收入来源的统治者,但这导致了民众的不满,并影响了公众对货币的信任。

图6.3　哈拉尔·哈德拉德时期的银便士,约1050年铸于挪威尼达洛斯〔Nidarnes,现称作"特隆赫姆"(Trondheim)〕。其正面的铭文是"哈拉尔·雷克斯诺"(HARALD REX NO),背面的铭文则是"尼达恩(NIDARNE)上的VLF"。这枚硬币是哈拉尔早期发行的硬币,由优质银币铸造而成,铭文清晰,不到哈拉尔·哈德拉德时期现存世硬币的10%
版权 © 奥斯陆大学文化历史博物馆(Museum of Cultural History, University of Oslo)

《奥拉夫·哈拉尔德松的传奇故事》(Saga of Olaf Haraldsson)让人们思索在一个没有国家货币可依赖的社会里的信用问题：索兰德，一个拥有王室特权的地主，11世纪20年代一直在法罗群岛（Faroe Islands）收集贡品。一个叫莱夫的皇家代表为国王征集贡品，问他是如何管理银器的。索兰德回答说："莱夫，这是一个钱包，你应该拥有它，里面装满了银币。"然后莱夫把银币倒在盾牌上，用手翻动银币，还叫他的同伴卡尔来看看。他们仔细看了一下，卡尔问莱夫这些银币怎么样，莱夫说："在我看来，北方岛屿上的每一枚坏硬币都到这里来了……我是不会把这些钱交给国王的。"

一场争斗差点儿爆发，但最后索兰德给了钱，他说这些钱是从自己的佃户那里弄来的。这个时候莱夫说："不用看太久，这次的每一枚硬币都比上一次的好，我们将接受这笔钱。"（Heimskringla, *St. Olaf's saga*, ch.143, trans. Laing, 1964）

莱夫对信用的理解与任何保证货币质量或价值的权威无关。有信用与无信用是同时存在的，征税者须认真检查他获得的货币。莱夫仔细检查后拒绝了一袋硬币，这说明他很有经验。作为一名皇家代表，莱夫和他的同伴卡尔在拒绝第一袋硬币时就明确了自己的立场。在这个故事中，后来成为圣奥拉夫（St. Olaf）的国王奥拉夫·哈拉尔德松（公元1015—1028年及1030年在位）是永远不会接受劣质货币的。

斯堪的纳维亚半岛的窖藏货币和在此发现的11世纪上半叶的大多数硬币，清晰地表明检测硬币质量的行为在当时是普遍。[10]在维京时代晚期，神圣罗马帝国在莱茵河沿岸和戈斯拉尔地区（Goslar）铸币厂铸造的银币芬尼被大量出口到斯堪的纳维亚半岛，其数量远远超过同时期的盎格鲁-撒克逊便士。这些硬币离开家园时，也就离开了发行它们的司法管辖区。一到维京人的土地，就再也没有任何权力机构为这种货币背书了。于是，白银从货币转变为商品时，人们会对它的价值持有不同的看法。维京人经常测试货币中的白银，他们会在每个硬币的表面留下啄痕或测试痕。在斯堪的纳维亚半岛发现的10世纪和11世纪的德国芬尼币上通常会有相当数量的啄痕。通过比较在斯堪的纳维亚发现的德国银币和盎格鲁-撒克逊银币，可以看出那时人们对德国硬币的测试比英国硬币要频繁得多（图6.4）。德国的铸币是被粗枝大叶地铸造出来的，类型和图案也不统一，而英国的铸币厂却在一定范围内精细地生产同一种类型的铸币。啄痕的差异明显体现出维京人对英国货币的信心大于对德国货币的信心。

敲凿货币的习俗不仅见于外来的硬币，也见于银锭、碎银、银环和珠宝等。这一做法在大约公元1100年的冰岛法律文书《灰雁法典》（Grágás）中有描述，并被称为"风和皮肤"（*hvitr i skór*）（Grágás Ia, 141, Grágás Ia, 248 and Grágás II, 214, trans. Dennis, Foote

图6.4 一枚埃塞尔雷德二世时期的盎格鲁-撒克逊银便士，发现于挪威奥尔斯塔德（Årstad）窖藏
来源：现藏于奥斯陆大学（Screen 2013,no.568）
版权 © 《不列颠群岛钱币分类》（Sylloge of Coins of the British Isles）

and erkins 1980—2006）。然而，当冰岛法律认可这种做法时，丹麦和挪威早已弃用了它。当挪威国王哈拉尔·哈德拉德在 11 世纪 40 年代末发行了一种全国性的铸币时，检测硬币的习俗几乎立刻消失了。流通中的硬币不再是商品，而是皇室发行的特定货币。在窖藏中以及零星发现的全国性货币，证明它们已经被接纳进入经济体系。而检测标记的消失表明，人们信任新的货币，即使每一枚硬币都严重贬值。

信用问题涉及质量和价值，也涉及名誉。如果一个君主通过货币贬值来从社会中获取财富，他就会失去社会的信任（Farber, 2006: 35）。在中世纪思想研究中，这是一个重要课题，特别是 14 世纪的尼古拉斯·奥雷姆（Nicholas Oresme，约公元 1320—1382 年）的研究。在中世纪的欧洲，很少有人能比这位法国主教和经院哲学家更清楚地表达对货币问题和货币本质的看法。他在 14 世纪 50 年代撰写的论文《莫奈塔》（*De Moneta*，也译作《货币论》）中指出，货币属于人民，而不是君主〔Johnson (ed.) 1956; cf. Hokenson and Munson, 2014: 42-44〕。货币的质量不应该由君主来决定。因此，未经人民同意，君主无权更改铸币。这篇文章是奥雷姆在中世纪最严重的一次货币贬值之后写就的。在法国，王室急需资金来支撑与英国人在法国西南部的加斯科涅（Gascony）和北部的佛兰德斯（Flanders）之间耗资巨大的战争。美男子腓力四世采取了特别措施，比如没收犹太人的财产、从货币贬值中获取巨额收入等。当腓力四世和爱德华一世于 1303 年签署《巴黎条约》（Treaty of Paris）时，法国货币的价值已经下跌了三分之二。在 1422 年之前的几年里，法国的通货膨胀导致物价上涨了 12 倍。皇室货币政策所导致的物价上涨，其幅度远远大于歉收所带来的农产品价格的最大涨幅（Spufford,

2015: 63-64）。

正如彼得·斯普福德所认为的，贬值是战争理所当然的副产品（Spufford, 1988b: 289）。价值的螺旋式下降会使人们对铸币失去信心，从而给政府带来麻烦。贵族、商人和普通民众不愿意接受货币的面值。货币的价值下降，也让政府在铸币这个领域的收益减少。为了重建人们对货币的信心，恢复铸币的价值势在必行。币值恢复会产生各种新的问题：强势货币的回归可能成为一个沉重的负担（Allen, 2016:41–52, esp.49）。在巴黎，铸币的改进加剧了社会动荡。城镇中的平民，包括漂洗工、织布工、旅店老板和其他人，都拒绝接受改进后的货币。1307 年 1 月，他们攻击并且破坏了一个资产阶级分子的领地——库尔蒂伊炮塔（*Étienne Barbette*，也称 *La Courtille Barbette*）。这位领主坚持在支付行为中全额使用新货币，他改变货币，造成了事实上的租金上涨。不满的民众涌往圣殿骑士团驻地——国王在那里。第二天，国王下令将 28 人吊死，他们的尸身被挂在通往巴黎的各座城门的绞刑架上（Cohn, 2004: 30–32）。1420 年 12 月，《特鲁瓦条约》（Treaty of Troyes）①签订后，货币升值，巴黎的房租上涨，穷人暴动，许多人放弃了自己的住处，离开巴黎（Spufford, 1988b: 309）。此时，众多在历史上几乎没有留下什么痕迹的人，高声抗议他们认为不可接受的货币制度，因为这些制度对他们的生活和福祉产生了实实在在的影响。货币政策一旦引发经济状况的不稳定，后果有时非常严重。公众对不稳定的货币政策的反应几乎一致是负面的。

---

① 《特鲁瓦条约》，英法"百年战争"后法国签署的丧权辱国的条约。1415年，法国在阿金库尔战役中战败，被迫将卢瓦尔河以北地区划给英格兰，并且承认英格兰国王亨利五世为法国国王查理六世的继承人。

在大众文化中，中世纪最有影响力的俗语著作之一、意大利诗人但丁的《神曲》（创作于 1308 年至 1322 年之间）也清晰地描述了货币贬值的问题——这一灾难使千百万人的生活陷入困苦。但丁把法国国王腓力四世置于地狱（图 6.5）中，让他为其腐败的货币政策而永远受苦（Canto 19, trans. Hollander and Hollander 2000）。法国国王成了数百个，甚至数千个降低货币质量的统治者的象征，这些统治者包括皇帝、国王、贵族、市议员和教士等。仅在 10 世纪到 13 世纪，让铸币厂降低货币价值的法国封建领主就多达数百人。在法国和伊比利亚（Iberian）地区，如果货币没有贬值，许多统治者甚至会以此为由征收超额的税收（Bisson, 1979）。在 1241 年至 1340 年的内战中，丹麦的货币被贬值到材料中只含纯铜（Grinder-Hansen 2000）。挪威国王哈拉尔·哈德拉德、斯韦勒·西居尔松（Sverre Sigursson，公元 1177—1202 年在位）、埃里克·马格努松（Eirik Magnusson，公元 1280—1299 年在位）和哈康五世（Håkon V，公元 1299—1319 年在位）同样是但丁笔下地狱故事的最佳人选，中世纪晚期来自阿拉贡（Aragon）、卡斯蒂利亚和德国贵族阶级的统治者，都与严重降低货币价值脱不了干系（Skaare, 1976; Gullbekk, 2009）。

法国国王在不断的货币贬值中走向了下坡路。货币贬值引发了社会动荡，甚至是暴乱。在法国的货币传统中，贬值在封建时代是规律而不是例外。相比之下，英国王室从维京时代开始就不同程度地保持了货币体系的稳定。当追求收入时，他们选择重铸货币而不是降低货币的价值。收回流通中的货币，让民众支付铸币税（这是一种传统的到期支付），会换来充足的收入。重铸货币可以定期进行，或者在货币处于不良状态时进行。编年史学者马修·帕里斯

（Matthew Paris）注意到，1247 年，商人团体就抱怨铸币受到了磨损。那年早些时候，英格兰政府就对流通中的硬币进行了一次品质检查，结果发现它们已经被严重蚀薄，必须用新的硬币来代替。旧的和磨损的硬币被收回、熔化和重铸。马修·帕里斯解释道，引入新的长十字（Long Cross）设计，是为了避免广泛存在的裁切硬币的现象。就此，他画了银币的反面，展示中间有孔洞的十字架的长臂，与之前盛行的短十字形成鲜明对比（图 6.6）。到了 1247 年，英格兰

图 6.5 但丁《神曲·地狱篇》早期手稿的插图（该书藏于法国巴黎国立图书馆）
版权 © 维基共享（Wikipedia Commons），知识共享许可

政府还在发行自 12 世纪 80 年代便开始发行的短十字设计的银币。许多硬币已经明显地磨损和被剪切过了。马修·帕里斯把这种欺骗归咎于犹太人:"这些硬币是被受割礼的人行割礼了。"(Vaughan, 1993: 15)

尽管用新硬币代替旧硬币的点子听起来不错,但对大多数人来说,这样会花费他们大量的成本。首先,国王要求对每一磅的硬币征收 6 便士的重铸税。此外,旧硬币在运送到位后要称重,如果一个商人原本带了 10 磅旧硬币,由于在途中发生的磨损或切割,那么他可能只能收回 9 磅。难怪会有抱怨。编年史家马修·帕里斯曾写道:"在以旧换新的交易中,30 个旧先令几乎换不到 20 个新先令。"也许他说得有点夸张,但这表达了民众对重铸货币的不满(Vaughan, 1993: 62)。1279 年,在亨利三世(Henry III,公元 1216—1272 年在

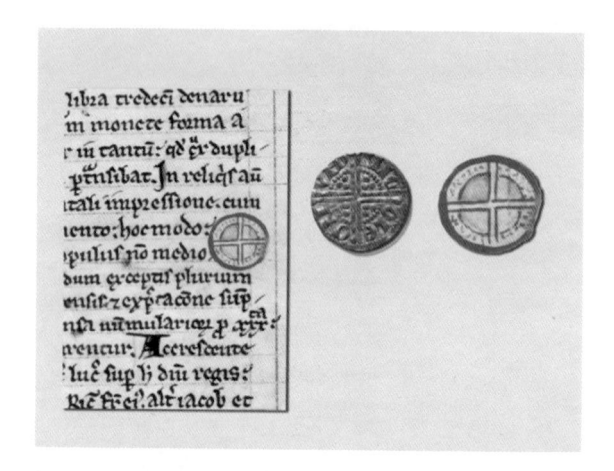

图 6.6　马修·帕里斯在他的《大编年史》(*Chronica Majora*)中描述了重铸货币的历史。他解释道,引入新的长十字设计,是为了避免广泛存在的裁切硬币的现象。他画了英镑的反面,展示中间有孔洞的十字的长臂,与之前盛行的短十字形成对比。这样的设计是为了阻止硬币被进一步裁切。据我们所知,这是现存最古老的硬币绘画
版权 © 剑桥大学基督圣体学院(The Master and Fellows of Corpus Christi College, Cambridge)

位）的继任者爱德华一世改革货币时，上溯至1247年，英格兰就没有重铸过货币。爱德华国王下令在铸币上加铸自己的肖像，以确保获得不菲的收入。1281年底，铸币厂的账目显示，重铸给他带来了18 219英镑的收入（Prestwich, 1988: 247）。除此之外，考古发现，坚持将英镑当作具有国际地位的货币，使之从基克拉泽斯群岛（Cycladic）到挪威北部得以流通，为英国商人在国外市场提供了强大的优势。

推动货币化的教会力量

从10世纪到15世纪，货币变得无处不在。从神学家到货币兑换商，人们关心的是货币带来的价值和信用问题，包括货币的精神价值。教会是中世纪经济最大的参与主体，它的需求和思想对货币的使用、有关货币的观念产生了重大影响。对货币使用的道德问题的关注，通过布道、圣徒的生活和中世纪文学被传播到世界各地。基督教定义的大罪（cardinal sins）包括骄傲、贪婪、欲望、嫉妒、暴食、愤怒和懒惰等，这些罪构成了不法行为的基础，其中许多与货币的使用有关。在中世纪社会，教会对货币的看法会限制货币的使用。虽然托钵修会在总体上不让其成员卷入货币体系，但在中世纪，教会会用与货币有关的问题来污蔑犹太人。尽管货币的使用存在着许多困境，但教会对世俗世界货币的态度是不断变化的。一种货币文化发展出来，货币嵌入各行各业，从乞丐到国王，与各个阶层的人相遇，并影响了人们对货币、价值和衡量标准的看法。

正如彼得·斯普福德所指出的，"充足和不间断的货币收入为政府的变革创造了条件"（Spufford, 1988b: 247）。在11世纪下半叶兴起的教会改革，就利用了日益提升的货币化水平，以及日益精细的货币制度所带来的货币产量的增长。由于随时能够得到货币，教会组织成为了中世纪最复杂的行政和经济实体。在西方的基督教世界里，一个统一的教义被传播开来，它的基本内容深深地印在大多数人的脑海中。规则因遵守基督教义而被制定，从耶路撒冷到格陵兰，各地形成了共同的行为模式。在中世纪的鼎盛时期，即使在基督教世界最偏远的地区，教会的统合也在相当大程度上使其体现出欧洲和天主教的外在形式。

从 11 世纪开始，教会将自己组织成一个由教皇、大主教区（metropolitan sees）和分布广泛的教区所组成的等级网络，这样的方式不仅可以利用货币的技术，还可以推动其进入西方基督教世界的每个角落。从此，教会改革成为促进西方货币化和货币经济崛起的主要力量。在欧洲北部和东北部，铸币业似乎跟随着基督教化的脚步而发展。在许多方面，教会成为拉丁西部货币化最显著的推动力。

第七章
Chapter 7

货币与时代：货币的多元性

罗里·奈史密斯（Rory Naismith）

13世纪90年代，在佛罗伦萨，多明我会的学者、传教士雷米吉奥·德伊吉拉米（Remigio dei Girolami）告诉他的一位听众上帝如何赐予他们美丽的城市以七份礼物。其中两份礼物，即第一份和第二份，都来自这座城市的货币〔Florence, Biblioteca Nazionale Centrale di Firenze, Conventi Soppressi G.4.936 (s. xiv), ff. 89v–90r (quoted in Davis 1960: 668)〕。

因为上帝已经赐给这城七份独特的礼物，人若滥用它们，就必盲目（往往如此）；若使用得当，就必开明。这些礼物是：货币的充足、金钱的高贵、人口的繁茂、生活的文明、羊毛产业、武器制造工艺、乡村的支配地位（无论是在郡县还是在更大范围内的地区）……关于第一份礼物，必须指出的是，如果一个人贪婪地使用货币，货币会使他盲目。关于第二个礼物，请注意，金钱的高贵在三个方面显而易见：从原材料上看，塔里（tari）①金币是好的，奥古斯泰尔（augustale）②金币则更好，弗洛林金币却是最好的；从设计上看，弗洛林金币的一面有主在《马太福音》第 11 章提到的施洗者约翰……另一面则是一朵百合花，品格高贵的事物，在《雅歌》（5:13）中，基督和他母亲就被比作了百合花；从流通方面来看，弗洛林金币传播到世界各地，甚至到萨拉森（Saracens）③当中。骄傲自大、虚荣自负的人也会在它的高贵面前黯淡无光。[1]

雷米吉奥对这些礼物的评论有一个矛盾之处。货币数量的增加使他发出迫切的警告——贪婪是危险的，但随后，他又对佛罗伦萨的货币大加赞誉，认为它在纯度、外观和流行程度等各方面都优于其他货币。佛罗伦萨的通货是这座城市声名远扬的基石之一。这种个人所面临的风险与集体自豪感的结合，为我们提供了一个适当的切入点，从而能够深入了解中世纪货币的一些关键而又自相矛盾的特点——我称之为货币的"多元性"。在这一标题下，我试图查明一些影响中世纪货币的主要问题。彼时的货币可能意味着许多事情。塞维利亚的伊西多尔（d. 636）的《词源学》（*Etymologiae*）是一部百科全书，几百年来被广泛阅读，读者会在这本书的第 16 卷中发现，"金钱"（pecunia）被归类在"黄金"名下。伊西多尔指出，货币的拉丁名源自"牛"（pecus），在他看来，这是因为早期的货币是由皮革制成的。但伊西多尔最终坚持，货币是经过铸造的一个一个

---

① 塔里，中世纪时于意大利、西西里岛、马耳他铸造的一种小型硬币。——编者注
② 奥古斯泰尔，13世纪，神圣罗马帝国皇帝腓特烈二世在意大利铸造的金币，图案仿照古罗马金币奥里斯（aureus），正面是披着罗马服装的皇帝半身像。——编者注
③ 萨拉森，文中泛指穆斯林。

的金属单位〔Isidore, *Etymologiae*, XVI.xviii (ed. Lindsay 1911 II.212–214; trans. Barney et al. 2006: 329–330)〕。[2] 理想的通用而可靠的交换手段和本质上属于商品的货币（在某种程度上取决于其贵金属的含量）之间的平衡问题，在中世纪长期存在。

多元性的第二层含义是对第一层的补充，具体指货币与权力机构的关系。中世纪的货币源自古罗马帝国，这种古罗马遗产有着强大的生命力：中世纪的英镑（£或磅）、先令（s.或苏勒德斯）和便士（d.或第纳里乌斯），以及十进制前的现代货币都源于古罗马货币。但是，古罗马晚期货币的统一性在中世纪早期就消失了，在许多地区，货币的发行变得极度分散。结果，整个欧洲的各个城市和公国都在使用自己的货币。从地域大而权力集中的地区如英格兰（这些地区的铸币独立而相对稳定），到低地国家和意大利北部，都有大量不同的货币出现。

中世纪货币多元性的第三层也是最后一层含义，藏在货币的使用与现代如何解释这一使用的联结之中。正如雷米吉奥·德伊吉拉米所强调的，铸币极具象征意义。它不仅是交换媒介、价值储存手段，还在簿记制度和更广泛的价值观念中将抽象的价值具体化。中世纪的基督徒都很清楚《新约》中的故事：一位贫穷的寡妇向圣殿奉献了两枚小硬币，可她的这两个小钱比有钱人的一大堆奉献更重要，是更有意义的献祭（Mark, 12:41–44; Luke, 21: 1–4）。换言之，尽管硬币一直扮演着经济角色，但它们也是窗户，透过它可以看到中世纪的人们是如何与周围的世界"讨论"价值观念的，它有时是以令人惊讶的方式进行的。硬币可能会被故意折叠或者丢弃，以确保获得上帝和他的圣徒们的支持，有时候也会被埋在土里，从而圣化教堂奉献，或者运用于王宫或教堂中各种精心组织的仪式。当然，大多数零散的硬币并没有迹象表明它们被安排了前述的角色，但是它们有广阔的可能性，在神圣的与世俗的环境中来回穿梭，发挥社会的、象征意义的、商业驱动的作用，而这正是中世纪货币最迷人的特征之一。

货币的形式

从面值判断，中世纪货币趋向流通范围最大化。以金币和银币为基础的货币簿记体系无所不在，以墨洛温王朝和加洛林王朝晚期为最著名，即每先令等于 12 便士，每英镑等于 20 先令（240 便士），这种体系在英国一直被沿用到 1971 年。不过，在这个例子中，簿记体系正从由作为交换媒介的货币所构成的实际流通中分离。簿记体系所使用的绝大多数硬币都是便士，在 13 世纪及以后，金币以及面值更大的硬币成为该体系的补充（在某些高价值的交易中，它们直接取代了便士），但通常情况下，这些硬币根本没有易手。付款时，使用由标准簿记体系估值的商品是很常见的，有些付款则须用指定的"等价物"（res valentes）（Bloch, 1939）。7 世纪英格兰的一份契约展示一个有趣的例子：一位男修道院院长为了一块土地付给国王 500 苏勒德斯，并解释道，这些苏勒德斯相当于十二张床（带华丽的枕头和床单）、两个奴隶、一枚金胸针和两匹马（带两个马鞍）（Kelly, 2009: no. 4c. See further Naismith, 2012）。

将货币当作簿记单位的认识，以货币为流通中交换手段的事实，这二者的关系错综复杂。硬币在使用范围和数量上受到限制，同时还受到不同交易传统的影响，这意味着它绝不是唯一被当作货币的交换媒介。无论商品以货币计价成为交易的一部分，还是商品自身成为货币，都是有争议的，通常简洁的历史料很难把这个问题讲清楚。

西罗马帝国崩溃后的最初几个世纪困难最为严重，那时，继承自古罗马帝国传统的、以苏勒德斯金币为基础的簿记系统已为人熟知。高价值的苏勒德斯是以硬币形式存在的，但它的数量逐渐被特雷米西斯所赶超，后者是传统货币体系中面额最小的金币，价值只相当于三分之一个苏勒德斯。已探明的这一时期的主要特点是重视实用性，特雷米斯的发展即表现之一。然而，它的缺点也很明显：在5世纪，一枚特雷米西斯可以买到大约30公斤的猪肉〔根据《狄奥多西法典：新律 XIII.4》（Valentinian III, 445）（ed. Mommsen and Meyer, 1905 II: 95–96）〕，而同一时期，一枚苏勒德斯与200磅（约90.7公斤）猪肉的价值相当。面值较低的硬币在后罗马时期并不普遍。在罗马统治时期，日常所使用的硬币以铜合金硬币为基础，而在不列颠、高卢和西班牙，这些硬币的地位迅速衰落；在蛮族和后来的拜占庭帝国统治下，北非和意大利虽然还在使用铜合金硬币，但使用程度也持续地显著下降。只有在地中海东部，贱金属货币的使用才一直维持到中世纪早期之后，但即便在那里，这种货币也表现得相当脆弱。从现代发现的材料来看，从4世纪到7世纪，金币的流通一直很活跃（Naismith, 2014a: 281–283）。黄金在货币体系中的存续与它在簿记和税收体系中的地位有关，尽管在默认情况下，其他形式的交易（如租金支付和高价值或大宗商品交易）在一定程度内使用黄金，但毫无疑问，中世纪早期的西方货币体系已受到严格的限制。彼时的人们是如何应对的，还不是很清楚。分配和交换制度，以及当地贵族的财富规模与势力范围，在后罗马时代后确实收缩了，但在黄金主导的货币时代结束前开始恢复

（Wickham, 2008; Banaji, 2009）。货币的形式和流通几乎没有受到可见的冲击，这时的货币交易肯定只是整个经济活动中相对较小的一部分。硬币并非必不可少的，很可能没有参与大多数的交换行为。尽管由现存的资料很难确认，但互惠的交换、信贷和实物交易在那时一定很常见。古罗马帝国时期的铜合金硬币在某些情况被重新投入使用，以实现价值相对较低的交换。其中一些硬币甚至被用罗马数字标明了新的价值（Grierson and Blackburn, 1986: 28–31）。但这一做法是不可持续的。

值得强调的是，对于从事农业生产的大部分乡村人口来说，情况可能与以前相比并没有什么太大变化。在罗马的乡村，货币一直较少，整体而言，现金支付也很少，如果有，也是季节性的，由领主或国家的代理人自上而下强加的。后罗马时代，贵族们的经济资源有限，这意味着他们以各种形式榨取的利润变少了（Wickham, 2008: 23–24）。随着高卢和西班牙的土地所有者向佃户索要的越来越多，地方代理人开始收集和重新分配足量的农产品，提供兑换黄金的选择，以此来弥合契约货币制度所造成的差距（Naismith, 2014a: 298–299）。

7世纪晚期，银币的出现缓解了中世纪早期货币的基本问题。每一枚硬币的购买力都大大降低，在7世纪到12世纪的某些时候，某些地方的便士数量庞大。但是便士在缓解困难方面作用有限，价值相对较高的单一面值的货币仍然占据着主导地位。货币的替代品仅限于少数几个受欢迎的媒介。未铸造成硬币的金银——无论是作为未加工的物品本身、锭，还是碎金、碎银——在整个中世纪都是特殊的。它们成为便携的、有威望的、高价值的价值储存与价值交换手段，尽管在很大程度上只被贵族和富商所使用。中世纪早期，在古罗马帝国边界以外的欧洲地区（爱尔兰、苏格兰、斯堪的纳维亚半岛、德国大部分地区以及更远的东部地区,直至巴尔干半岛北部),由国家资助的铸币体系并不成熟,因此金和银主要是在礼仪中或以金银块的形式流通。在这些地区以及帝国边界内都发现了大量的碎金属和锭(Hunter and Painter, 2013)(图 7.1)。

图 7.1 移民时代(公元 5/6 世纪)的金币与黄金饰品,存放在被卷起的银盘之中。丹麦,富格莱桑(Fuglesang)
版权 © 丹麦国家博物馆

维京时代的斯堪的纳维亚半岛将贵金属打造成金条的形式,而不是以硬币的形式来使用,从而使该地区远近闻名。公元 800 年左右,当越来越多的伊斯兰银币流入时,这一地区以金条为基础的独特的交换体系变得非常牢固,该体系一直持续到 11 世纪和 12 世纪西方模式的货币经济的建立(Kilger, 2007; Skre, 2007; Williams, 2011b)(图 7.2)。因此,铸币绝不是一种规范,也并非总是社会不可分割的构成部分。有些人丢掉了使用铸币的习惯。在后罗马时代的不列颠,货币的使用似乎很快就跌入低谷。吉尔达斯(Gildas)是一位 6 世纪早期的作家,他认为铸币是早年罗马人强加(给不列颠）的，记录中世纪早期布立吞人（今威尔士人）的一手资料很大程度上弃用了罗马货币的术语，更多地记录了贵金属的重量，牲畜出现得则更频繁（Naismith, 2017: 28）。西班牙北部也有明显的标准化的"伪货币"（pseudo-monetary）牲畜——"苏勒德斯"奶牛（*bovo soldare*），以及这种"货币"的对应物。单一的"苏勒德斯奶牛"的度量方法是不太可能存在的，将牲畜当作货币是一种可塑的观念，适用于乡村社会。在这里，动物是像黄金、白银一样有效的价值单位（主要是想象中的）（Jarrett, 2014）。中世纪早期爱尔兰丰富的法律文本揭示了其货币体系在某些方面与西班牙北部相仿，各种各样的牛和奴隶共同构成核心的价值单位（Kelly, 1997: 587–599）。这一体系具有深远的历史渊源，表明了早期爱尔兰社会最为珍视的商品是什么。但是到了中世纪早期，牛和奴隶不再成群结队地穿过乡村。相反，它们都被确立为价值的衡量标准，可以用几种不同的媒介交换，其中包括黄金和白银（Breatnach, 2014）。

图 7.2 维京时代晚期（公元 10/11 世纪）的硬币及碎金属，以及储存它们的罐子
版权 © 丹麦国家博物馆

在中世纪，几乎没有哪个社会完全由单一形式的货币所支配。中世纪早期的威尔士发行了一些黄金和白银，其中一部分是以硬币的形式流通的；而维京时代的斯堪的纳维亚则在当地铸造了与金银块一起流通的硬币，同时也用日用品比如布料、黄油和动物皮等进行交易。所有这些社会，以及那些以货币簿记系统为思维基础的社会，都受益于簿记单位的多样性——这也是中世纪的特点。在西罗马帝国灭亡后的最初的几个世纪中，旧的簿记单位被替代，新的簿记单位补充进来。英镑和苏勒德斯是从古罗马晚期的货币体系中留存下来的，大约在公元 700 年左右，法兰克王国引入了这两种货币，并按银便士（拉丁语为"第纳里乌斯"）估算其价值〔参见 *Concilium Liftinense* ch. 2, ed. Werminghoff 1906–1908: I, 7——这是有日期标注（公元 743 年）的最早记录新货币体系的文本之一〕。同一时期盎格鲁-撒克逊诸王国也参考便士，发展出对先令和英镑的价值计算体系（Naismith, 2017: 361–365）。它们与法兰克人一样，簿记体系所采用的都是拉丁语，还有与现德国境内其他日耳曼语使用者一样的当地语言。在古英语中，磅拼作"*pund*"，苏勒德斯是"*scilling*"，第纳里乌斯成了"*pæning*"或（更罕见，通常只在早期文本中可以找到）"*sceat*"。这些同源词存在于古撒克逊语、古高地德语和 7 世纪到 8 世纪的其他语言中（Schröder, 1918）。涉及这些语汇的最早资料主要存在于注释之中，准确的使用日期、背景均难以检验。不过，在中世纪早期的北海地区显然存在着一套由拉丁语和日耳曼语构成的常见货币词汇。货币词汇和货币观念的传播的速度得见于一个全新的货币单位曼库斯或曼科苏斯（*mancosus*），这一货币在 8 世纪 70 年代到 90 年代自意大利的中部和北部传播到了法兰克王国和英格兰（McCormick, 2001: 323–342; Prigent, 2014）。"曼库斯"这一名称来自阿拉伯语，或是对贬值的拜占庭帝国苏勒德斯的非正式称呼，最初专门指金币。根据计量和对应的白银价值，每枚曼库斯的估价为 30 第纳里乌斯。它也被用来表示相应的黄金重量，表明当时人们心目中的黄金是金块的形式。后来，曼库斯被当作价值等同于 30 第纳里乌斯的通用货币单位。

马克的传播在许多方面与曼库斯相似。这个货币单位成为中世纪核心时期簿记体系的支柱，并被额定为 1 英镑（160 第纳里乌斯，或 13 苏勒德斯加 4 第纳里乌斯）的三分之二，有时被分成 8 个或 10 个欧拉。马克和欧拉的出现被认为与维京人有关，因为斯堪的纳维亚的人们喜好当地未经铸造的银和金（Williams, 2011b: 342–350）。瑞典北部一枚铁环上的早期古铭文中就已提及欧拉，而马克最早出现在斯堪的纳维亚半岛，可能是在维京晚期的石头上（见符文石，Jungner and Svardström 1940–1970: no. 4; and Brate and Wessén 1924–36: no.11，以及福萨环，Liestøl 1979）。不过，其实早在阿尔弗雷德大帝和维京统治者古斯鲁姆（Guthrum）与英格兰签订的一项条约中，它就已经出现了（Alfred-Guthrum treaty, ch. 2, ed. Liebermann 1903–1916: I, 126–127）。10 世纪，在维京人定居的英格兰东部部分地区的文献记录了马克与欧拉；11 世纪初，这两种货币已经传播至伦敦和英格兰王国的其他地区。也正是在 11 世纪的最初几十年，马克开始在德国西北部（在中世纪后期与德国关系最密切的地区）使用。它可能来自英格兰，也可能来自斯堪的纳维亚：科隆和该地区的其他城市与这两个地区都有贸易往来。于是，马克随着维京人从斯堪的纳维亚的故乡来到了英格兰，几代人之后，它又跨越北海。上述两个案例，都伴随着经铸造的白银的流动，它们被当作货币使用。

随着新矿山的投产和新铸币厂的大量开办，流通中的现金数量从12世纪后期开始呈指数级增长。就以意大利为例，1050年，已知的铸币厂只有16家，到了1300年，这样的铸币厂已经发展到近70家（Travaini, 2011: 57）。在英格兰，铸币厂的数量比较稳定（事实上呈减少趋势），但货币的供应量却激增：据估计，1158年左右，英国和爱尔兰人均流通1~4便士，到了1290年，该数字为40~53(Allen, 2016: 13; cf. Mayhew, 1995）。大约在1200年之后，货币，尤其是铸币，无疑在人们的生活中发挥着越来越大的作用。人们创造了新的货币工具，以便促进更高价值的交易。这些措施在意大利等经历过银币贬值的地区尤其具有吸引力，因为在这些地方，便士已不适合大规模的支付。更大、纯度更高的银币出现在13世纪早期，最开始是1203年在威尼斯出现的格罗斯，之后是1250年在佛罗伦萨和热那亚出现的金币。无论在簿记系统中还是实际的货币流通中，复杂的、多层次的货币体系都在形成。硬币主要有三个等级：黄金、优质白银和劣质白银（后两种有时被称为"白色"和"黑色"货币）（Spufford, 1988b: 319-335）。这些货币以不同的方式相互联系。优质的白银和黄金在本土以外的地方流通得特别顺利，与它们一起流通的还有银锭。它们的普及程度以及流通的规模取决于欧洲和西亚铸币的浮动汇率（Spufford, 1999）。使用现金做跨地区大规模交易的商人需要对不断波动的汇率保持敏感，他们制订了兑换手册以帮助自己（Spufford, 2008）。另一方面，低值硬币的流通趋向于本地化，通常只在家乡城镇或地区，但也有一些例外，例如低价值的威尼斯硬币则在英格兰占据了一席之地（Stahl, 1999; Cook, 1999）。

　　簿记系统遇到了如上所有困难，甚至更多。从根本上说，在中世纪欧洲的大部分地区，英镑、先令和便士在货币体系中的地位是一样的，不过，许多新型硬币（或旧货币转变而成的）的加入，加深了该体系的复杂程度。在这种复杂性中，根本的问题是如何应对贵金属硬币内在价值的多变。在佛罗伦萨和威尼斯，每一种硬币都有自己的簿记体系，一镑格罗西或索尔迪尼或黄金，都是其自身的240倍。更令人困惑的是，硬币本身的价值可能随簿记体系而发生波动，以便应对黄金和白银需求的变化或其自身的贬值〔有点像现代的"金块硬币"，如克鲁格（Krugerrand）金币〕。因此，同一个名称的货币，既可以是价值浮动的真实的硬币，也可以是更稳定的簿记单位（Sargent and Velde, 2002: 82–83 and 149–185）。所以，货币与"货币"之间存在着一种弹性关系，这提醒我们，货币——即使是贵金属货币，并不总是至高无上或者能带来稳定的。

中世纪后期，票据和传播范围更广的信贷以簿记体系为基础发展起来。13世纪，意大利商人率先使用汇票，以便资金在意大利城市、香槟地区的集市和其他商业中心之间流动，而无需付出高昂成本且冒着风险长途携带现金（Spufford, 2002: 16–46; Spufford, 2008）。信贷随着货币供应的延伸而增长，而在中世纪，债权人仍然期望以现金得到偿还。在中世纪后期，信贷开始变得越来越广泛，甚至渗入农民的生活（Nightingale, 2004; Briggs, 2009; cf. Bolton, 2012: 191–196 and 274–293）。"货币"的含义在不断演变，以应对货币本质上是以商品为基础的流通物的天然缺陷。

货币权力

货币和权力的关系密切，但往往是间接的。中世纪欧洲从古典传统中继承了统治权与货币之间的紧密联系。皇帝的名字和肖像被铸在硬币上,他通过立法,强制民众使用这些硬币。继古罗马帝国之后,西欧被一些蛮族统治。这些王国保留了当地许多基础设施,在大多数情况下包括铸币——正如上文所述,通常是金币。但是,这些铸币上大多没有出现当地统治者的名字。与之相反,后罗马时代的欧洲铸币厂仍然在苏勒德斯和特雷米西硬币上压铸皇帝的名字,至于是否为现任皇帝,则取决于各种因素,包括他下令铸造的货币的普及程度以及他本人在政治上的被接受程度。后罗马时代,不在硬币上压铸国王或铸币厂的名字,意味着只要硬币的重量适当、纯度够高,它们就可以相对自由地流通。但这使得鉴别自古罗马帝国留存下来的铸币变得异常困难。尽管同时代的人们也可以轻易地辨认出某些铸币上的帝王肖像、其出产地区和铸币。比如 6 世纪初,勃艮第王国就颁布法律,在铸币上呈现这些信息,还规定了哪些形式的苏勒德斯是不可接受的(*Constitutiones extravagantes* ch. 21.7, ed. de Salis 1892: 120)。在意大利和北非以外地区小规模生产的铜合金和银币,显得更为灵活,并能代表皇家和市政当局 [以罗马、拉韦纳(Ravenna)和迦太基为例]。然而,黄金仍然与皇权有着密切的联系。墨洛温王朝的统治者提奥德贝尔一世(Théodebert I,公元 534—548 年在位)大胆地将自己的名字和肖像印在了金币上——普罗科皮乌斯带着极大震惊地传播了这一传闻,尽人皆知(Procopius, *History of the Wars* VII.33.5–6, ed. and trans. Dewing 1914–1940: IV, 438–439)(图 7.3)。

通过货币来主张权力可能表现在许多层面。6 世纪末到 7 世纪,西欧货币背后深刻的结构差异表现出新的,明显的迹象。这是一个差异化的时代,货币流通的范围、图案的差异显而易见,这通常导致货币流通更受局限,至少对西方制造的硬币来说是如此(Carlà,

图 7.3 提奥德贝尔特一世时期的苏勒德斯金币
来源：维基共享（35517）

2010）。在西哥特王国时期的西班牙，从莱奥维希尔德（Leovigild，公元568—586年在位）时期国王的名字就出现在所有的金币上，而这些金币大多数是在大城市铸造的（Pliego Vázquez, 2009）。7世纪后期，意大利的伦巴第铸造金币，并偶尔铸造价值稳定的银币，模式大体一致（Grierson and Blackburn, 1986, 62–66）。墨洛温王朝时期的法兰克王国则推行了一种迥然不同的机制。硬币在许多地方铸造，分布在大约800个不同的地方，这些地方的名称一般都被刻在硬币上。大多数硬币上的铭文并不直接提到国王或皇帝，更多地加铸铸造者的名字（这些人通常被称为"铸币官"）。这些铸币上信息的重点与罗马时期的铸币，甚至与同时代相邻王国的铸币都大不相同。将铸币官和铸币地点的信息加铸在铸币上，并非是为了炫耀或宣传，而是为了向收到虚假的或有缺陷的货币的人提供追究的线索。皇室可能以某种形式监管着墨洛温铸币。但是，铸币厂和对皇室负责的代理人高度分散且富有自主权，这很有很能是为满足铸币需求、管理而将权力下放的结果，而这些权力集中在从王国各地的地产中获取收益的乡村贵族手中（Naismith, 2014a: 289–300）。这一复杂体系很可能对七八世纪英格兰和弗里西亚的新兴货币产生了影响。

8世纪中叶，北欧王室的统治印记更加牢固，这显然始于英格兰北部（Naismith, 2012a）。在英格兰南部和法兰克王国，王室权力巩固的过程伴随着直径更大、厚度更薄的银币的采用。在（英吉利）海峡两岸的王国，国王的权力愈加彰显，但在如何表达国王的权威上存在着差异。公元751年，由丕平三世（Pippin III）建立的加洛林王国在其货币上加铸铸币厂的地址——通常是城镇名，偶尔也为有权势的人单独加铸名字的。后来的法律文书表明，负责在国王和货币生产之间调解的主要代理人是伯爵——他代表了强大的地方权力，负责执行王室的命令并维护国王的公正形象（Lafaurie, 1980; Naismith, 2012a: 314–316）。相比之下，英格兰的铸币厂数量相对较少，并集中在重要的城镇（主要是沿海地区），它们供养着许多铸币官。就像他们的墨洛温王朝同行一样，铸币主要体现铸币官的信息。然而，与墨洛温王朝不同的是，盎格鲁-撒克逊的铸币官和国王关系更密切，其原因可追溯到8世纪中叶，当时国王开始扮演更有影响力的角色，铸币官的权力相对受到了限制（Naismith, 2012b: 128–145）。

这两个不同的体系为10世纪和11世纪以及之后的发展奠定了基础。加洛林王朝风格的银便士或德涅尔传播到新的地区，主要是由政治而非经济因素推动的：这是法兰克王国的铸币，而这个帝国的新成员必须遵守这一原则。加洛林王朝铸币发展的高峰出现在9世纪20和30年代，当时的皇帝虔诚者路易下令铸造了一种新的货币（见图0.2），这种货币的铭文不再提及生产地，转而表达对基督教的虔诚（Coupland, 1990: 35–45）。铸造这一与众不同的货币，表明了皇帝加强其王国道德建设的努力，不过，路易的儿子们重启了在货币上加铸铸币厂地点的做法。虔诚者路易的儿子们及其继任者统治帝国的不同地区，它们管理铸币权的做法差异巨大。在意大利的中部和北部，铸造货币主要局限于具有悠久铸币传统的城市，直到 12 世纪，当城市政府的兴起和货币供应量的扩大为其他城市和统治者提供了机会时，铸造货币仍然是皇室和帝国的特权（Dumas, 1991; Travaini, 2011）。西班牙皇室（在早期，还有伯爵）对货币铸造的介入进行了更为持久，一直到 11 世纪和 12 世纪生产大规模复苏时（Crusafont, Balaguer, Grierson, 2013: 66–108）。在英格兰，铸币官与国王的联系持久存在（从 10 世纪初到 12 世纪末，拥有铸币厂的地方大幅度增加），并形成了强大的、控制严密的皇家货币基础。英格兰的这一货币体系贯穿整个中世纪（Naismith n.d.）。然而，在阿尔卑斯山以北的西欧，货币的权力结构却变得极其复杂。10 世纪，伯爵和其他的地方代理人（包括主教和修道院院长）代表国王管理铸币，并逐渐主张自己的权力。这些人的介入，构成了后加洛林时代欧洲地方权力具体化进程的一部分（West, 2013）。他们这样做并不会引起与皇室（王室）的对抗，而是得到了皇室（王室）的允许。许多新的铸币厂，尤其是东法兰克王国的铸币厂，都是经国王批准，由当地权贵建立的（Kluge, 1991:101–104）。10 世纪，在西法兰克王国，人们对加洛林王朝在任统治者的认可逐渐消退，到最后一位加洛林王朝的君主路易五世（Louis V，公元 986—987 年在位）当权时，只有一家铸币厂以他的名义发行硬币（Grierson, 1991: 51）。其他地方要么以地方统治者的名义，要么以王朝前任国王的名义组织铸造货币。

这一过程的结果，是出现了成百上千的独立而互有关联的当地货币，它们通常被称作"封地"铸币。它们的出现以经济的增长为基础，而经济增长的动力则来自城镇的扩张以及不断提高的交易和生产水平，然而，货币和政治权力之间的联系意味着货币扩张的形式是高度复杂的。中世纪中期与后期，欧洲的货币种类繁多，这意味着使用者经常有多种选择。如果没有强制使用某一特定的货币，那么格雷欣法则（Gresham's Law）[1]会倒过来演绎：人们会以保值和可接受度为依据选择他们认为最可靠的货币。因此，自身的质量高低和可获得的难易度等因素，导致不同铸币的受欢迎程度起起落落。

然而，政治也是一股主要力量。货币与国家的强大密切相关。13世纪法国皇室权力的扩张带来了皇室对权力的重申，包括对铸币权的重申（Grierson, 1991: 113–116）。英格兰货币的强势意味着它在13世纪末和14世纪初成了有利可图的仿制对象，此时，荷兰制造的纯度较低的货币"科洛卡"（crockards）和"波拉德"（pollards）成批进入英格兰，一度制造了完全替代当地货币的危机（Desan, 2014: 138–150）。竞争和威望是重要的力量：正如多梅尼科·迪·吉罗拉米（Domenico di Girolami）所强调的那样，优质货币能给佛罗伦萨带来繁荣，当威尼斯的四十人委员会（Council of Forty）[2]于1284年10月批准生产杜卡托金币时，它规定所生产的金币必须"和弗洛林金币具有一样的品质、纯度，甚至更好"（Quoted in Stahl, 2000: 31 no. 20）。

成功的货币一旦在国际上获得认可，就会带来巨大的利润和声望，这也成为保持货币稳定的动力。但对于那些发现自己收入不足却支配着货币的统治者来说，通过贬值来获利的诱惑是很强烈的。在11世纪和13世纪之间，一些国王、公爵和伯爵甚至为了抵销因未

---

[1] 格雷欣法则，即劣币驱逐良币法则，由16世纪英国伊丽莎白女王的财政大臣格雷欣提出。该法则指的是市场上一旦有劣质（实际价值低的）货币流入，优质（实际价值高的）货币将会被收藏或熔化而退出流通领域，劣币很快会挤占市场。
[2] 四十人委员会，形成于12世纪，兼有元老院职能，14世纪以后逐渐转为法院职能。

将货币贬值而产生的收入损失,而向臣民课税(Bisson, 1979)。为牟利而操纵铸币的人可以通过多种方式做到这一点:保持纯度,但减少重量;少用贵金属。后者更为普遍。统治者这样做可以在短期内筹集到大笔资金。但从长期来看,降低货币价值、推高货币价格,被证明是极具破坏性的。贬值往往有利于租金额度固定而拖欠支付的人,而希望从租金中获利的人(包括土地所有者)则会遭受损失。因此,中世纪的统治者发现自己进退两难:货币贬值一方面会带来现金的增加,一方面不仅会破坏当地经济的稳定,还会使自己出租土地的收入受损,并激怒地方领主。这种做法也存在道德问题,因为负责为所有人生产货币的统治者,不仅要考虑自己的需要,还要越来越多地考虑公众的利益。14世纪发生在法国的货币贬值,就引起了中世纪关于君王支配货币的复杂讨论。尼古拉斯·奥雷姆借鉴14世纪早期的学者以及亚里士多德和奥古斯丁的思想,在其具有里程碑意义的文章《论货币制度的起源、本性、法律地位和变化》(*Tractatus de origine et natura, jure et mutationibus monetarum*)中断言,最终对铸币(包括其贬值)负有责任的是社会,而不是君主(Langholm, 1983; Spufford, 2000: 62–75)。他说:"虽然为公共利益管理货币是君主的责任,但他不是在封邑内流通货币的主人或拥有者——货币只是物质财富交换的平衡工具……因此,它是这些物质财富拥有者的财产。"〔Nicholas Oresme, *De moneta*, ch. 6, ed. and trans. (with adaptations) Johnson 1956: 10〕奥雷姆的小册子(他还出版了一个法文译本)直接针对14世纪50年代后期的法国统治政权,他本人与该政权有着密切的联系,很可能在阻止其进一步将货币贬值方面发挥了一定的影响力(Nederman, 2000: 5)。控制货币无疑给国王带来了权力,但若因为贬值而将货币体系推至崩溃边缘,因货币而得的权力就有瓦解的风险。

在现代西方社会，货币无疑就是权力。在某种意义上，控制货币的分配、确保货币供应的健康合力构建了权力；在中世纪也是如此。但在货币制造领域，这个等式就不那么严谨了。尽管"虚拟"货币的确以簿记单位的形式存在，但在人们的认知中，账目最终仍然要以（真实的）货币的形式偿还（或至少是贵金属）。所以，人们的注意力依然在作为权力象征和经济工具的货币上。在中世纪，运用货币权力，既可以聚集能量，也可以形成毁灭性的力量。货币发行者可以发行民众所熟悉的硬币来获得支持，也可以发行异于传统的硬币来宣示权力。他们还可以监督生产品质稳定、面额多样的硬币，以满足不同群体的需要。但是，金银的供应、邻国的行动、影响价格的其他因素等影响中世纪铸币的变量，都意味着货币与权力的关系是不断重构的。

货币的使用

在中世纪，货币首先也很显著地被视作商业工具，是买卖的手段。但是，它也扮演其他的角色。较早时期，如前罗马铁器时代的欧洲货币，尤其是铸币，一直是学科最前沿的课题，而对货币窖藏和零散硬币发挥"仪式"和其他非商业功能的解释显得非常重要（e.g.Haselgrove and Webley, 2016）。这是完全可能的，这一时期的多数货币是因象征性和仪式性的用途而被铸造的。

毫无疑问，铁器时代和中世纪的货币在所处历史背景、结算以及用途的多样性等方面有着很大的不同。显而易见，现代学者在对两者的研究方面存在着很大的分歧。就已发掘的中世纪货币来看，一般认为，零散的硬币是在流通过程中偶然遗失的，而窖藏的硬币则是为了临时性的妥善保管而藏起来的财富集合。[3] 不过，其他的可能性及支持这些可能性的证据依然应当被重视。近几十年来，中世纪社会研究转向仪式的重要性，这促成了学者对中世纪与此前时代的差异，以及它是如何通过礼仪、行动来建构的更强烈的好奇（Buc, 2001; Arnold 2008: 88–94）。与之相仿，一种很强有力的传统观点认为，有些中世纪的硬币（尤其是早期的金币）只用作馈赠的用途（Grierson, 1959），即使现代研究判断它们是符合流通需要的（Naismith, 2012b: 252–276）。研究对中世纪货币及其用途需要更加开放的研究方法，既考虑中世纪货币不同于其前身的具体特点，也考虑到这些物品以商业和非商业方式在社会中流通的丰富性。

理所当然的，我们应当把焦点落在硬币上。硬币有一个特性，那就是人们在制作它时考虑的是其货币职能（尽管有些硬币只是处于这个定义的边界，即采用了硬币的形式，却显然无须承担货币的功能），而其他商品，虽然可以并且的确扮演了货币的角色，但通常是特定的交易背景才使其被确认为货币。举个例子，无论是在考古发掘中，还是在与交易无关的文献资料中，我们都无法辨别曾经在冰岛发挥货币功能的织物。即使在某处发现了硬币，通常也难以确认它们是在什么背景中被处置的。坟墓中的硬币则是特殊的例子。在墓葬中发现的硬币通常是特意地、为满足一定目的而放置的，是对墓葬中其他陪葬品的补充〔在瘟疫病人墓地和类似的地方，较少发现硬币与尸身一起埋葬的情况（Sloane, 2011: 98）〕。伴随着尸体及其装饰物、其他物品，以及未知的埋葬仪式的硬币到底意味着什么？这一问题令人遐想。在盎格鲁-撒克逊时代早期的英国，硬币和天平有时被解读为对动产或独立经营自由的一种控制（Scull, 1990）。萨福克郡萨顿胡 1 号墓宏伟的船葬中出土了一个华丽的金色钱包,其中的 37 枚金币(以及 2 枚银锭和 3 块坯料),是在盎格鲁-撒克逊人的坟墓中发现的最著名的硬币,这些硬币被认为是给幽灵划桨者的报酬——他们划船把国王带到来世,或者可能是送给死者及其身边人的具有特殊意义的外交礼物(Grierson, 1970; Carver, 1998: 169)。在中世纪中期和后期大部分地区的墓葬中很少发现硬币,不过一些特定情况例外。在勃兰登堡选帝侯阿尔布雷希特一世(公元 1124—1170 年)的石棺里就发现了一块银制饰片,上面刻着侯爵夫妇两人的肖像。这是侯爵发布过的唯一一种同时展示他和夫人形象的物品(制作于他死前十多年),这块饰片一定是有意挑选的,很有可能是为了强调他和妻子之间的关系(妻子的墓就在他的旁边)(Travaini, 2015: 213)。圣徒的坟墓也汇聚着访客留下的硬币,用卢西亚·特拉瓦伊尼(Lucia Travaini)的话说,这是"一种奉献,一次触碰,一场个人与圣徒的相遇",访客通过这种方式留下了自己与可敬的圣徒接触过的持久信号。圣徒的坟墓被打开时,埋于其中的硬币就成了时间胶囊。特拉瓦伊尼举了一个例子,位于摩德纳(Modena)的圣杰米尼亚诺(St. Geminiano)的坟墓,曾在 1109 年和 1184 年分别被打开以供检查(另一个说法是为了重新安置)——后人在坟墓里面发现了一组可以追溯到这两年的硬币(Travaini, 2015:211–212 and 216)。

在墓穴之外发现的中世纪的货币中,只有少量的使用背景是可以辨识的。一些货币被改造成其他物品(通常是胸针或装饰品),具有相当重要的象征意义,它们在被存放之前已不再在货币系统中发挥作用了。在整个中世纪及其后的岁月里,这种情况时有发生:沃尔特·斯科特爵士(Sir Walter Scott)的《魔符》(*The Talisman*)就受到了四便士硬币(Lee Penny)的启发。这种四便士是 15 世纪英国的格罗特币，但饰有一块红色的石头（Hall, 2016: 142–143），那时还有一个富有活力的传统，就是将硬币当作垂饰佩戴（图 7.4）。在已发掘的硬币中，未经改造而用途明显的相对稀少。一个明显的例外是在 10 世纪 40 年代的罗马维斯塔贞女院（House of the Vestal Virgins）地下埋下了许多英国硬币，其中有一对银色的扣件，上面的铭文表明它们是给教皇马林努斯二世（Marinus II，公元 942—946 年在位）的奉献物。这个窖藏的其他种种特征表明，它可能是由伦敦主教希优德（Theodred）带到罗马的（Naismith and Tinti, 2016）。但是这个案例中有两个明显的未解之谜。首先，出土的银币只表明了它们最终的用途，它们在被带到这里之前大概以其他用途流通过。罗马广场的窖藏中，一些硬币在被储藏前已有 50 年甚至 100 年的历史了，很显然，它们并不全是为用作奉献而铸造的。更进一步，罗马广场的窖藏硬币是否实现了其贮藏者的目的，不得而知。按照一般推定，奉献给教皇的现金将会被使用，极有可能是分配给罗马城内的不同教堂，正如《教宗志》（*Liber pontificalis*）中所记述的大量金、银奉献物。在罗马广场出土的窖藏要么是没有抵达教皇处，要么是

图 7.4 英格兰国王爱德华一世时期的一枚便士，其一面镀金，另一面装有别针
来源：可移动文物计划（PAS DOR–403D81）

经教皇分配立即封存起来。然而，这样的封存不太可能是永久的。

在基督教诞生前的世界，有这样一种观念：埋在地里的东西都可以在来世得到。尽管这种想法只是在后来被保留下来，但人们认为，在13世纪的《挪威王列传》记载的著名的"奥丁法则"（law of Odin）中，可以发现一些早期异教徒思想的回音。该法则规定，死人应该被焚烧，这样他们就可以在英灵殿里享受那些与他们一起焚烧的物品，或死前被他们埋在地里的东西〔*Ynglingasaga*, ch. 8 (Finlay and Faulkes, 2011: 11)〕。与之相反，《马太福音》则要求："不要为自己积攒财宝在地上……只要积攒财宝在天上……因为你的财宝在哪里，你的心也在哪里。"（Reuter, 2000: 11–13）在生活中储存金钱或其他物品可能适用于世俗的目的，但对人死后的灵魂没有好处。因此，在中世纪的欧洲确立为主要宗教的基督教强烈反对永久地积存财富。这正是中世纪的窖藏被认为是"失败的窖藏"的原因之一——那些被聚集的财富本来是要重见天日的，但不知为何并没有如此（Reece, 1987: 47）。

然而，理想与现实之间始终存在着差距，除了希望来世致富，囤积、弃置钱财还有许多其他的原因。9世纪的盎格鲁-撒克逊编年史作家这样论述道：在公元418年，"罗马人收集了所有在英国的宝藏，把其中一部分藏在地下，以便日后找回，而把另一部分带到高卢。"（*Anglo-Saxon Chronicle* s.a. 418, ed. Plummer 1892: I, 10; trans. Whitelock 1979: 152）为了避免财富落入敌人手中，人们会把它们藏起来，哪怕再也无法收回。当发现伪造的或者有缺陷的硬币时，主人会丢弃它们，而不会冒着被惩罚的危险继续使用它们。货币用作"仪式"的范围大大超出了人们期待在天国的重生。事实上，处置硬币的方式可以反映基督教的宗教奉献与驱邪避害（Thomas and

Ottaway, 2008: 383–393; Lauwers 2009）。史前考古学家将窖藏的货币定义为"结构化的沉积物"（structured deposits），这鼓励人们在地理环境、想象世界和社会背景中探究窖藏的地址，而不止于认为，人们只是选择一个方便的地方，既便于记忆，又能躲避举着火把和干草叉（或类似的东西）的恶棍窥探的眼睛。在英国和爱尔兰的教堂附近发现了窖藏，可能因为中世纪早期的教堂通常是物品分发和交换中心，但也可能是因为它们被圣洁气氛所笼罩（Woods, 2013: I, 331–332）。此外，在宗教仪式上交出硬币也是司空见惯的事。公元929年，伍斯特主教科恩瓦尔德代表盎格鲁-撒克逊国王埃塞尔斯坦（Æthelstan）前往欧洲大陆的各个王国和修道院，其中包括现瑞士的圣迦尔修道院。一则简短的故事讲述了科恩瓦尔德是如何带着国王奉献的银来到这里的。他在到达后的第二天进入教堂，把一些钱放在圣坛上，另捐献一些供僧侣使用，经过一些仪式后才被带入修道院的其他空间（Keynes, 1985: 198–199）。罗马广场下面的窖藏货币完全有可能是在一个相仿的情境中聚集起来的（或者至少是怀有相仿期待的场景），因为有力的证据表明，到罗马来的杰出访客有机会与教皇会面（Naismith, 2016b: 38–39）。钱币一旦交给教会，就会有不同的命运，但施舍给穷人则是受到青睐的用途（图7.5）。9世纪，英国坎特伯雷一位富有的牧师留下一份遗嘱，他希望每年给21个乞丐每人26便士，这样他们就可以买到衣服；此外，每年在他的忌日再给1 200个乞丐每人1便士，还有面包、奶酪或黄油〔Brooks and Kelly (eds.) 2013:no. 64〕。这种形式的施舍，其广度远甚于深度，规模惊人，人们希望它能与其他货币的使用方式相结合。

图 7.5 《乌得勒支诗篇》中的施舍场景（Utrecht, Universiteitsbibliotheek, MS Bibl. Rhenotraiectinae I Nr 32）（Rheims, s. ix），第 65 页，插图本：111
来源：乌得勒支大学

所有这些故事中（聚集）的货币若在今日被发掘，则均可被归类为货币窖藏。处理零散的硬币则完全是另一回事。这些具有象征性，意味着宗教对于放弃财富的关注并没有产生同样的影响力。改造硬币，使之承担不同的功能，这一传统不曾中断。在斯堪的纳维亚半岛上，有一种奇特的阿拉伯迪拉姆，它是在阿拉伯以穆斯林的宗教规范铸造的，上面却刻着基督教祈祷词，用的则是如尼文（runes）——一种早在基督教诞生之前就在北欧使用的字母。这枚硬币集中了三种不同的传统，成为微小而高度个人化的表达与信仰展示（图 7.6）。把硬币折弯是祈求圣人保护的一种手段。1290 年，威廉·克劳（William Cragh）被抓获并关押在赫里福德（Hereford）。受刑前，他以圣托马斯·德·坎蒂卢普（St. Thomas de Cantilupe）的名义将一枚便士折弯，藏在腰带里。威廉先后两次在绞刑中成功逃生，这促使教皇派出使团调查，寻求确立圣托马斯的圣徒地位（Richter, 1998: 202; Bartlett, 2004）。从 12 世纪开始，许许多多这样的传奇故事流传下来（Finucane, 1977）。被发掘的硬币也为这一习俗提供了物证（Kelleher, 2012）（图 7.7）。

图 7.6 铸造于公元 885—896 年间的迪拉姆，上面刻有如尼文铭文（可能刻于 11 世纪或 12 世纪），可译为"……耶稣基督，永生神的儿子。以父的名义，儿子……"；铭文在背面继续。该硬币在 1770 年发现于丹麦博恩霍尔姆岛
版权 © 丹麦国家博物馆

图 7.7 英格兰国王亨利七世（Henry VII，公元 1485—1509 年在位）时期的格罗特，发现于约克郡的富尔福德（Fulford），呈对折状，其间夹着绘有图案的织物
来源：可移动文物计划（SWYOR-4F7776）

硬币有时也被放在地基处。就像放在圣人坟墓里的硬币，它们只是用来标记某个场合，而不是作为财富来存储。在硬币发挥这类用途的事例中，最有名的是教堂（在考古发现和书面文献记录中都显著），尽管人们也曾在一座法国城堡下发现一枚 11 世纪的硬币（Mouton, 2008: 34）。一些关于硬币被放在教堂地基的书面记录流传于世。最早的一个例子是公元 983 年，在德国彼得斯豪森（Petershausen），康斯坦茨主教在一座新修道院教堂的四个角落下面各放了一枚金币（*Casus monasterii Petrishusensis*, I, 16, ed. Feger 1956: 54–55）。有声望的金币也许特别适合用作这一途径，在已发现的少量可能的案例中，有一处是在 19 世纪 20 年代伍斯特的圣克莱蒙教堂（St. Clement's Church）被拆除时发现的（Blackburn, 2007b: no. B8; Baker and Holt, 2004: 208–210）。后来在意大利某处发现的硬币倒无疑具有用作地基的特征，但在教会的环境中，它显得非常古怪，很可能是有意为之的：在伦巴第卡隆诺（Caronno）一座 15 世纪中叶的教堂下面，考古学家发现了一头年轻母牛的遗骸，它跪在中殿，头朝着圣坛，嘴里叼着一枚两百年前腓特烈二世（Emperor Frederick II, 公元 1220—1250 年在位）时期的硬币（Travaini, 2015: 220–221）。

铸币的"仪式性"特征完全是因地制宜的，取决于它们在何处以及被如何使用。如前文所述，窖藏发现显示了货币被奉献给教会或用作其他馈赠，但用货币作个人奉献物的事例也大量存在。在 20 世纪，人们在罗马圣彼得大教堂的忏悔室中发现了大约 1 500 枚来自欧洲大多数国家的中世纪硬币（Serafini, 1951）。这些在基督教世界最著名的教堂中心的壁龛里被发现的硬币，除了是几代朝圣者的存款之外，很难解释为其他任何东西，而在斯堪的纳维亚半岛和北欧某些地区的教堂地下发现的数以万计的中世纪硬币也是如此（Sortland,

2006）。而在另外一些地方，将从那里发现的硬币确认为赠予神职人员或神殿的是很容易产生问题的，尤其是那些有金钱收入并用于其他目的的富裕的机构。例如，在惠特霍恩（Whithorn）、邓弗里斯（Dumfries）和加洛韦（Galloway）等地的重要教堂遗址附近所发现的一系列盎格鲁-撒克逊硬币，可能是朝圣者和礼拜者有意为之的奉献，也可能是无意间留存的，但事实如何，仍有争议（Hill, 1997；Hall 2016：138–139）。

教堂显然是进行奉献和举办仪式的场所，因此最容易成为货币聚集和存积货币中的特别场所，但远远不是唯一可能的场所。在盎格鲁-撒克逊时期的英格兰，土地付款一直被当作礼物，通常还包括现金。参与交易的人可能知道，这本质上是一种购买，只不过是一种特殊商品的购买，它唤起了买主和卖主之间关系的古老观念，使他们成为礼物的赠送者和接受者。这种区分虽然可能是人为的，但直到11世纪还出现在庄重的公文之中（Naismith, 2016a）。

在较低的社会阶层，货币发生转移的方式也是多种多样的。其中最生动的例子见于维波（Wipo）所著的《康拉德皇帝本纪》（*Gesta Chuonradi imperatoris*）（ch. 13, ed. Bresslau, 1915: 35）：国王（不久成为了皇帝）康拉德二世（Conrad II，公元1024—1039年在位）将一块装满硬币的护腿甲奖励给一位在战斗中为主人失去双腿的意大利士兵。从7世纪到12世纪早期，法兰克人有一个悠久的传统，那就是在解放奴隶（还奴隶以自由）时，将金钱与自由联系起来（Kano, 2013）。其基本的观念是，当着国王的面，在奴隶面前抛出一枚硬币或从其手中掷出一枚硬币，可使奴隶成为自由人。这枚硬币究竟意味着什么，人们从未明确过，而且这一动作的意义也不是固定不变的。最新的观点是这种做法表示主人放弃对奴隶的权利，而奴隶被视作价值一便士的贡品。最初，是由释放奴隶的主人掷出硬币，可是从大约从公元 800 年起，国王在还奴隶以自由的活动中介入得越来越多：从奴隶伸出的手上敲下一枚或多枚硬币。11 世纪的意大利有这样一句生动的描述："国王把硬币放在男孩或男人的手里，然后敲打他的手，硬币就会从手上弹出来，越过头顶。"（*Liber Papiensis*, ed. Boretius 1868: 353）

结论

这一做法持续了大约四个世纪，让我们得以窥见附着于货币的象征意义以及多层次的含义。作为抽象价值的体现，硬币是追踪物质财富以何种方式被消耗的完美工具。重要的是，从人们如何分配资源的宏观视角来看看，货币的所有这些用途都构成经济的一部分，因此区分硬币的经济用途和非经济用途并非总是行之有效的。一个更具建设性的认知方法是思考使用货币时不同的意义和逻辑（经济意义的或其他意义的），以及这些意义和逻辑是如何通过并存或对立而相互关联的：商业与非商业的关系，这两者彼此的渗透有时比想象中的更为频繁；私人的与公共的对立，给予者、接受者和不同的观察者可能以不同的方式解释同一个事件；主动发掘与偶然发现，对发现的硬币的解读还取决于具体的情境。总的来说，很可能大部分中世纪硬币是通过流通而不是人为储存而聚集在地下的。同时，在社会、道德，以及严格意义上的经济领域发挥作用的商业交换，在中世纪货币的流通中扮演了关键角色。但是，仅仅关注主线会错过细节，而这些细节恰恰能揭示中世纪货币经济令人眼花缭乱的复杂性中的细微差别与变化。

图表目录
List of Illustrations

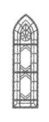

图 片

概述

0.1 维京时代的银器和碎银窖藏 　　　　　　　　　　　　　　5
0.2 虔诚者路易时期的第纳里乌斯 　　　　　　　　　　　　　9

第一章

1.1 年轻的白王学习铸币工艺 　　　　　　　　　　　　　　21
1.2 路易九世时期的图尔格罗斯币和德涅尔币 　　　　　　　26
1.3 小商贩 　　　　　　　　　　　　　　　　　　　　　　28
1.4 一套触针 　　　　　　　　　　　　　　　　　　　　　42
1.5 格雷戈尔·赖施《哲学百科》中的阿拉伯数字 　　　　　45

第二章

2.1 查理大帝时期的第纳里乌斯 　　　　　　　　　　　　　55
2.2 格涅兹诺大教堂门上的一块面板 　　　　　　　　　　　60
2.3 恩里科·丹多洛时期，威尼斯共和国铸造的格罗索 　　　63

第三章

3.1 对钱币状圣饼的崇拜 　　　　　　　　　　　　　　　　74

第四章

4.1 从白金汉郡的伦伯勒发掘出的盎格鲁-撒克逊窖藏银便士　　101

4.2 查理大帝在美因茨铸造的德涅尔银币　　107

4.3 短十字银便士　　115

4.4 图尔格罗斯银币　　119

4.5 佛罗伦萨的弗洛林金币　　125

第五章

5.1 约翰三世杜卡斯·瓦塔特泽斯海培伦金币的拉丁仿制币　　137

5.2 希拉克略时期的拜占庭赫萨格兰姆银币　　140

5.3 君士坦斯二世时期的拜占庭铜合金币福利斯　　144

5.4 阿卜杜勒·马利克时期的一枚第纳尔金币　　145

5.5 阿卡王国无名十字军迪拉姆银币　　146

5.6 腓力四世时期的一种厚坯硬币　　149

5.7 一枚制作于斯里兰卡的仿古罗马帝国晚期货币的铜合金币　　151

5.8 希特斯银币　　153

5.9 西班牙西哥特统治者发行的特雷米斯金币　　154

5.10 在印度南部发现的狄奥多西二世时期拜占庭苏勒德斯金币仿制品　　155

5.11 仿6世纪末或7世纪初铸造于马赛铸币厂的苏勒德斯　　156

5.12 库特布·阿德丁·伊尔哈孜二世时期的阿尔图格铜合金硬币　　157

　　希拉克略与君士坦丁时期的苏勒德斯金币

第六章

6.1 1233年国库券上以犹太人、金钱和贪婪为主题的漫画　　181

6.2 一件保存完好的长袍　　182

6.3 哈拉尔·哈德拉德时期的银便士　　185

6.4 埃塞尔雷德二世时期的盎格鲁-撒克逊银便士　　187

6.5 但丁《神曲·地狱篇》早期手稿的插图　　191

6.6 马修·帕里斯书中长十字设计的英镑　　192

第七章

7.1 移民时代的金币与黄金饰品，存放在被卷起的银盘中   201

7.2 维京时代晚斯的硬币及碎金属，以及储存它们的罐子   202

7.3 提奥德贝尔特一世时期的苏勒德斯金币   208

7.4 英格兰国王爱德华一世时期的一枚便士   216

7.5 《乌特勒支诗篇》中的施舍的场景   219

7.6 刻有如尼文铭文的迪拉姆   220

7.7 英格兰国王亨利七世时期的格罗特   220

注 释
Notes

第一章

1. 方济各会修士及金属专家布克哈德·瓦尔迪斯（Burkhard Waldis）在1532年为利沃尼亚的条顿骑士团大团长所编写的货币政策备忘录中记录道："无论什么时候，不管铸造多少种类型的硬币，他们都会将那种能让自己获益最多的硬币铸造得最多"〔Arbusow（ed.）1910:799〕。

第二章

* 本章由玛丽娜·斯塔里克（Marina Starik）译成英文。

1. 在Beaucage 1982中有大量这样的例子，另见1349年执行《劳工条例》时有关超额工资支付的法律纠纷，譬如Kinball（1962: 32–33）。一则关于在农村支付工资的经典评论可以在Duby 1961中找到。这些问题，参见Bernardi, Beck and Feller 2013。

2. 与普遍的观点相反，德斯派（Despy, 1968）强调地方贸易在中世纪早期财富积累和经济发展过程中的重要性。20世纪80年代，皮埃尔·图贝尔（Toubert, 1983）在意大利的例子中充分证明了他的观点。

3. 关于铸锭支付，参见Van Werweke, 1932 及 Kruse, 1988；关于格涅兹诺大教堂的青铜门，参见Gieysztor, 1959。

4. 同上，"马上，（他）又给了雇主们新的银币，作为他们应得的酬金，因为他们身上的小面额硬币已经没有价值了。"（et fist erraument faire mehailles d'argent per doner as maistres la sodee et que ils deservoient, que les petites que ils avoient ne lor venoient enci a eise.）

5. 见薄伽丘《十日谈》（The Decameron）之"第八天"的第二篇，它的标题正好描述了这些物品："瓦伦戈的教区牧师和贝尔科洛尔夫人上床，给她留了一件作为抵押的斗篷；然后，他借了她的一个研钵，又还给了她，并要求她归还留下来当作代币的斗篷，善良的女人勉强把斗篷还给了他。"

事实上，这件斗篷可以作为有偿服务的报酬。贝尔科洛尔想要回一条裙子和一条腰带，这是她抵押给放债人的，于是就向那位骗子要钱，可是他没有。因此，他给她留了一件短斗篷，用作支付她带给他的性满足。

6. 关于彼特拉克借书故事见Gioanni, 2015: 325–7；关于另一笔因为抵押的而未归还的图书借款，见Sibon, 2013。

第三章

1. 欧坦的奥诺里于斯《灵魂宝石》（*Gemma animae* I 35）（Migne ed. 1844–64, vol. 172, col. 555B）："*De forma panis.* Panis vero ideo in modum denarii formatur, quia panis vitae Christus pro denariorum numero tradebatur qui verus denarius in vinea laborantibus in proemio dabitur. Ideo imago Domini cum litteris in boc pane exprimitur, quia et in denario imago et nomen imperatoris scribitur, et per hunc panem imago Dei in nobis reparatur, et nomen nostrum in libro vitae notatur"。

2. 希波的奥古斯丁（*In Psalmum 21.Enarratio II, Sermo ad plebem, 28*）："Ecce Christus passus est, ecce mercator ostendit mercedem, ecce pretium quod dedit, sanguis eius fusus est. In sacco ferebat pretium nostrum: percussus est lancea, fusus est saccus, et manavit pretium orbis terrarum"。

3. Ambrose of Milan 1985a: *De Tobia*, 19, 64: "pecuniam habent et non habent, quia usum eius ignorant, pretium eius nesciunt, figuram eius et formam non cognouerunt."

4. 参考《马太福音》中的一段："Tunc impletum est quod dictum est per Ieremiam prophetam dicentem: Et acceperunt triginta argenteos, pretium appretiati quem appretiaverunt a filiis Israel, et dederunt eos in agrum Figuli, sicut constituit mihi Dominus"（Matthew, 27:9）。见Isidore of Seville, 1911, VII 9, 20 (d. 636)："Judas Iscariotes, vel a vico, in quo ortus est, vel ex tribu Issachar vocabulum sumpsit, quodam praesagio futuri in condemnationem sui. Issachar enim interpretatur merces, ut significaretur pretium proditoris, quo vendidit Dominum, sicut scriptum est: Et acceperunt mercedem meam, triginta argenteos, pretium quo appretiatus sum ab eis"（Matthew 27:9）。《马太福音》的这一段话最初见于拉丁文通俗译本《撒迦利亚的预言》（*Prophecy of Zacharias*）11:12–13："Et dixi ad eos: Si bonum est in oculis vestris, afferte mercedem meam: et si non, quiescite. Et appenderunt mercedem meam

triginta argenteos. Et dixit Dominus ad me: Projice illud ad statuarium, decorum pretium quo appretiatus sum ab eis. Et tuli triginta argenteos, et projeci illos in domum Domini, ad statuarium"。

5. 米兰的安希罗斯（Ambrose of Milan 1985b: 10. 52）："Puteus enim, si nihil haurias, inerti otio et degeneri situ facile corrumpitur, exercitus autem nitescit ad speciem, dulcescit ad potum. Ita et aceruus diuitiarum cumulo harenosus, speciosus est usu, otio autem inutilis habetur"。

6. 见《民法大全》〔（Corpus Iuris Civilis）1870–95. Codex, 1, 2, 14; 1, 2, 21; Novellae, 7, I ff.; Decretum Gratiani 1959〕。

7. 见《格拉提安教令集》〔（Decretum Gratiani）1959. C. XII, q. 2, cc. 1 ff.: 687 ff〕。

8. Ambrose of Milan 2000. II, 28, 137. 见《格拉提安教令集》〔(Decretum Gratiani) C. XII, q. 2, c. 70 (Friedberg ed., 710〕。

9. Bernardus Papiensis, Summa Decretalium, III 11(Precaria, commodatum, depositum, emptio/venditio, permutatio, pignus).

10. 见《格利高里九世教令集》〔（Decretales Gregorii IX）1959, l. III, t. XIX, c. VI〕。

11. Henry of Segusio, 1574: Lib. 5, ch. 19, 7。英文译文引自（有所修改）www.hetwebsite.net/het/profiles/hostiensis.htm；见Cornell 2006:13 ff., 20。

第四章

1. 非常感谢马丁·艾伦（Martin Allen）、斯韦恩·H. 古尔贝克和罗里·奈史密斯对本章初稿的阅读和批评。其中的任何错误都是笔者的失误。

2. 中世纪早期钱币集（Corpus of Early Medieval Coin-Finds，见www-cm.fitzmuseum.cam.ac.uk/emc/），可移动文物计划（见https://finds.org.uk/），以及努米，见（https://nnc.dnb.nl/dnb-nnc-ontsluiting-frontend/#/numis/）。

第五章

1. 这篇文章的撰写离不开本人作为图像研究项目（Bilderfahrzeuge Research Project, 2014—2015年）成员所参与的对话，该项目由伦敦沃伯格研究所（Warburg Institute）主持。非常感谢项目组的成员，特别是约翰内斯·冯·穆勒（Johannes von Müller）。如果没有罗里·奈史密斯的邀请，我是不会撰写本书的，非常感谢他给我提供这个机会，同时还要感谢他在我写作过程中给予的宝贵而有建设性的意见。另外，我要感谢巴伯艺术馆的玛丽亚·维利（Maria Vrij）为本书提供图片。最后，我要感谢乔纳森·贾勒特（Jonathan Jarrett）和丹尼尔·雷诺兹（Daniel Reynolds），他们阅读了本书的初稿并提出建议，为完善文稿给予了极大的帮助。当然，书中所有的错误都是笔者的失误。

第六章

1. 货币人类学的学术文献对一般性和特殊性问题进行了大量的研究。卡尔·波兰尼（Karl Polanyi）在这一领域颇有影响（Polanyi, 1968）。杰瓦则从法律角度深入讨论了中世纪的非货币支付方式（Geva, 2011）。
2. 关于卡西安对于货币论述的讨论，参见Dinkova-Bruun, 2015: 78–80。
3. 关于安塞尔姆及其对货币的态度的讨论，参见Gasper and Gullbekk, 2012。
4. 关于罗马教廷，参见Lunt, 1934；关于瑞典，参见Brilioth, 1915；关于挪威，参见Storm, 1897。对修道院财政状况的详细研究，参见King, 1985。
5. 关于11世纪后期到12世纪中期各修会（对待金钱）态度的变化，参见Gasper, 2015：44—52。
6. 一篇结合意大利社会和《圣经》文本，讨论圣方济各如何厌恶金钱的力量有趣文章，见Stark, 1966—972: III, 286—287。
7. 约公元1350年，意大利历史学家本韦努托·达伊莫拉（Benvenuto da Imola）在博洛尼亚重申了这一观念（Coulton, 1925: 327）。关于货币的高利贷及理论，参见Kaye, 1998。
8. 阿尔昆最亲密的朋友似乎是奥法国王的女儿、女修道院院长埃瑟尔伯格（Ethelburh）。当她无法去罗马朝圣时，阿尔昆劝她用（为旅途准备的）钱来照顾穷人（Dales, 2012: 58）。施舍的美德是阿尔昆作品中反复出现的主题（Smith, 2003: 64）。
9. 这部著名的传奇提到了哈拉尔·哈德拉德国王时期的货币，应该注意的是，这部传奇创作于13世纪20年代或30年代。其所记载的货币的影响已经被现代科学研究证明是可信的事实：在《腐烂的羊皮纸》中被描述为质量低劣的便士，其含银量仅仅是三分之一。从11世纪下半叶开始，研究者使用最先进的技术分析几百枚挪威便士。相关的传奇故事不仅真实地记录了货币的质量，还揭示了11世纪50年代人们对货币的态度。
10. 关于斯堪的纳维亚半岛维京时代硬币测试的讨论，参见 Malmer 1985：

51; Archibald, 1990; Gullbekk, 1991; Archibald, 2011: 51—64。

第七章

1. 除非另有说明，此处及其他引文均为本人所译。
2. 现代学者更倾向于认为早期的货币是牛，或者说牛是货币（cf. Marcos Casquero, 2005）。
3. 早先的学者倾向于将窖藏与特定的军事事件联系起来，他们认为，这些事件本来会阻止窖藏所有者返回来收回财富。不过，这种解释不再那么容易被接受了（Armstrong, 1998; Curta and Gândilă, 2012: 45–47）。

参 考 文 献
Bibliography

Abdy, Richard. 2006. "After Patching: Imported and recycled coinage in fifth-and sixth-century Britain." In Barrie Cook and Gareth Williams (eds.), *Coinage and History in the North Sea World c. 500–1250. Essays in Honour of Marion Archibald*. Leiden and Boston: Brill.

Abel, Wilhelm. 1986. *Agricultural Fluctuations in Europe: From the Thirteenth to the Twentieth Centuries*. London: Methuen.

Abulafia, Anna Sapir. 2002. "Theology and the Commercial Revolution: Guibert of Nogent, St. Anselm and the Jews in Northern France." In David Abulafia, Michael J. Franklin and Miri Rubin (eds.), *Church and City, 1000–1500: Essays in Honour of Christopher Brooke*. Cambridge: Cambridge University Press.

Adriaen, Marcus (ed.). 1979–85. *S. Gregorii Magni Moralia in Iob*. Turnhout: Brepols.

Allen, Robert C. 2000. "Economic Structure and Agricultural Productivity in Europe, 1300–1800." *European Review of Economic History* 4: 1–26.

Allen, Martin. 2001. "Hoards and the circulation of the Short Cross coinage." In Jeffrey P. Mass, *English Short Cross Coins 1180–1247*. Oxford: Oxford University Press.

Allen, Martin. 2007. "Henry II and the English coinage." In Christopher Harper-Bill and Nicholas Vincent (eds.), *Henry II. New interpretations*. Woodbridge: Boydell.

Allen, Martin. 2010. "The output and profits of the Calais mint, 1349–1450." *British Numismatic Journal* 80: 131–9.

Allen, Martin. 2012. *Mints and Money in Medieval England*. Cambridge: Cambridge University Press.

Allen, Martin. 2016. "Currency Depreciation and Debasements in Medieval Europe." In David Fox and Wolfgang Ernst (eds.), *Money in the Western Legal Tradition: Middle Ages to Bretton Woods*. Oxford: Oxford University Press.

Allen, Martin. 2016. "The First Sterling Area." *Economic History Review* (published online 2016): 1–22.

Allen, Martin. 2016. "The York local coinage of the reign of Stephen (1135–54)." *Numismatic Chronicle* 176: 283–318.

Alteri, Giancarlo. 2009. *Monete offerte dai pellegrini a san Paolo fuori le mura*. Rome: Ist. Poligrafico dello Stato.

Ambrose of Milan. 1985a. *De Tobia,* in Ambrogio di Milano, *Opere,* vol. VI. Milan-Rome: Città Nuova.

Ambrose of Milan. 1985b.*De Nabuthae,* in Ambrogio di Milano, *Opere,* vol. VI. Milan-Rome: Città Nuova.

Ambrose of Milan. 2000. *De officiis ministrorum,* ed. Testard (Corpus Christianorum, s. l., XV). Turnhout: Brepols.

Anderson, Gary A. 2009. *Sin: A History*. New Haven: Yale University Press.

Andersson, Theodore M. and Gade, Kari Ellen (trans.). 2000. *Morkinnskinna. The Earliest Icelandic Chronicle of the Norwegian Kings* (1030–1157). Ithaca: Cornell University Press.

Andrews, Frances. 2015. *The Other Friars: the Carmelite, Augustinian, Sack and Pied Friars in the Middle Ages*. Woodbridge: Boydell and Brewer.

Anon. 1553. *Baierische Landtsordnung*. Ingolstadt.

Aquinas, Thomas. 1920. *St. Thomas Aquinas: Summa Theologica*. 5 vols. London: Burns, Oates and Washbourne.

Arbusow, Leonid (ed.). 1910. *Akten und Recesse der livländischen Ständetage, Vol.* 3 (1494–1535). Riga: Deubner.

Archibald, Marion M. 1990. "Pecking and Bending: the Evidence of British Finds." In Kenneth Jonsson and Brita Malmer (eds.), *Sigtuna Papers, Proceedings of the Sigtuna Symposium on Viking-Age Coinage 1–4 June* 1989. Stockholm: Kungl. Vitterhets Historie och Antikvitets Akademien.

Archibald, Marion M. 2011. "The Cuerdale Coins: Testing." In James Graham-Campbell (ed.), *The Cuerdale Hoard and related Viking-Age Silver and Gold from Britain and Ireland in the British Museum*. London: the British Museum.

Archibald, Marion, Lang, J. and Milne, G. 1995. "Four Early Medieval Coin Dies from the London Waterfront." *Numismatic Chronicle,* 155: 163–200.

Armstrong, Lawrin. 2003. *Usury and Public Debt in Early Renaissance Florence*: *Lorenzo Ridolfi on the Monte Comune*. Toronto: Pontifical Institute of Mediaeval Studies.

Armstrong, Simon. 1998. "Carolingian Coin Hoards and the Impact of the Viking

Raids in the Ninth Century." *Numismatic Chronicle,* 158: 131–64.

Arnold, John H. 2013. "Theoderic's Invincible Moustache." *Journal ofLate Antiquity,* 6: 152–83.

Arnold, John. 2008. *What is Medieval History?* Cambridge: Polity.

Augustine of Hippo. 2000. *Expositions of the Psalms,* translation and notes by Maria Boulding. New York: New City Press.

Baker, Nigel and Holt, Richard. 2004. *Urban Growth and the Medieval Church: Gloucester and Worcester.* Aldershot: Ashgate.

Baldwin, James W. 1959. *The Medieval Theories of the Just Price: Romanists, Canonists and Theologians in the* 12. *and* 13. *Centuries.* Philadelphia: American Philosophical Society.

Banaji, Jairus. 2001. *Agrarian Change in Late Antiquity: Gold, Labour and Aristocratic Dominance.* Oxford: Oxford University Press.

Banaji, Jairus. 2009. "Aristocracies, Peasantries and the Framing of the Early Middle Ages." *Journal ofAgrarian Change,* 9(1): 59–91.

Barney, Stephen A., Lewis, W.J., Beach, J. A. and Berghof, Oliver (trans.). 2006. *The Etymologies of Isidore of Seville.* Cambridge: Cambridge University Press. Bartels, Christopher. 2000. "Zur Bergbaukrise des Spätmittelalters." In C. Bartels and M.A. Denzel (eds.), *Konjunkturen im europäischen Bergbau in vorindustrieller Zeit: Festschrift für Ekkehard Westermann zum* 60. *Geburtstag.* Stuttgart: Steiner.

Bartlett, Robert. 1993. *The Making of Europe: Conquest, Colonization and Cultural Change,* 950–1350. London: BCA.

Bartlett, Robert. 2004. *The Hanged Man: a Story ofMiracle, Memory, and Colonialism in the Middle Ages.* Princeton: Princeton University Press.

Bateson, Donal. 1997. *Coinage in Scotland.* London: Spink.

Beaucage, Benoît (ed.). 1982. *Visites générales des commanderies de l'ordre des hospitaliers dépendantes du grand prieuré de Saint-Gilles* (1338). Aix-en-Provence: Université de Provence.

Beck, Patrice, Bernardi, Philippe and Feller, Laurent (eds.). 2013. *Rémunérer le travail au Moyen Âge. Pour une histoire sociale du salariat.* Paris: Picard.

Bedos-Rezak, Brigitte M. 2000. "Medieval Identity: A Sign and a Concept." *American Historical Review,* 105(5): 1489–1533.

Belting, Hans. 1994. *Likeness and Presence: a History of the Image before the Era of Art.* Chicago: University of Chicago Press.

Bendall, Simon. 1998. "The Double Striking of Late Byzantine Scyphate Coins."

Celator, 12(6): 20–3.

Bendall, Simon and Sellwood, David. 1973. "The Method of Striking Scyphate Coins Using Two Obverse Dies In the Light of an Early Thirteenth Century Hoard." *Numismatic Chronicle,* 18: 93–104.

Berend, Nora. 2001. *At the Gate of Christendom: Jews, Muslims and 'pagans' in medieval Hungary* c.1000–c.1300. Cambridge: Cambridge University Press.

Berger, John. 1972. *Ways of Seeing.* London: Penguin and BBC.

Berghaus, Peter. 1965. "Umlauf und Nachprägung des Florentiner Guldens nördlich der Alpen." In *Congresso Internazionale di Numismatica, Roma 11–16 settembre 1961, Vol. 2: Atti.* Rome: Commision Internationale de Numismatique.

Bériou, Nicole and Chiffoleau, Jacques (eds.). 2009. *Economie et religion. L'expérience des ordres mendiants (XIVe–XVe siècle).* Lyon: Presses universitaires de Lyon.

Bernard of Pavia. [1860] 1956. *Summa Decretalium,* ed. Ernst A. Laspeyres. Graz: Akademische Druck- u. Verlagsanstalt.

Bernardino da Siena. 1956. *Quadragesimale de evangelio aeterno. Sermones XXXII–XLV (De contractibus et usuris),* in *Bernardini Senensis Opera,* Vol. IV. Firenze: Quaracchi.

Berschin, Walter and Häse, Angelika. 1993. *Vita Sancti Uodalrici: die älteste Lebensbeschreibung des heiligen Ulrich.* Heidelberg: Universitätsverlag C. Winter. Biel, Gabriel. 1930. *Treatise on the Power and Utility of Moneys.* Philadelphia: University of Pennsylvania Press.

Birch, Debra J. 1998. *Pilgrimage to Rome in the Middle Ages.* Woodbridge: Boydell Press.

Bisson, Thomas N. 1979. *Conservation of Coinage: Monetary Exploitation and its Restraint in France, Catalonia and Aragon (c. AD 1000–1225).* Oxford: Clarendon Press.

Blackburn, Mark A.S. 1989. "The Ashdon (Essex) Hoard and the Currency of the Southern Danelaw in the Late Ninth Century." *British Numismatic Journal* 59: 13–38.

Blackburn, Mark. 1993. "Coin Circulation in Germany during the Early Middle Ages: the Evidence of Single-Finds." In Bernd Kluge (ed.), *Fernhandel and Geldwirtschaft: Beiträge zum deutschen Münzwesen in sächsischer und salischer Zeit. Ergebnisse des Dannenberg-Kolloquiums* 1990. Sigmaringen: Thorbecke.

Blackburn, Mark. 1994. "Coinage and Currency." In Edmund King (ed.), *The Anarchy of King Stephen's Reign*. Oxford: Clarendon Press.

Blackburn, Mark. 1995. "Money and Coinage." In Rosamond McKitterick (ed.), *The New Cambridge Medieval History, Vol. II* c.700–c.900. Cambridge: Cambridge University Press.

Blackburn, Mark. 2003. "'Productive' Sites and the Pattern of Coin Loss in England (600–1180)." In Tim Pestell and Katharina Ulmschneider (eds.), *Markets in Early Medieval Europe: Trading and 'Productive' Sites*. Macclesfield: Windgather Press.

Blackburn, Mark. 2005a. "Coin Finds as Primary Historical Evidence for Medieval Europe." In Shinichi Sakuraki (ed.), *Kaheinimiru Dynamism: Ou Chu Nichi Hikakuno Shitenkara* (*Dynamism in Coinage: Europe, China and Japan, Comparative Viewpoints*), *Dai 12 kai Shutsudosenkakenkyukai Houkokuyoushi in Fukuoka 2005* (*Proceedings of the 12th Conference of the Coin Finds Research Group held in Fukuoka 2005*). Fukuoka: Coin Finds Research Group.

Blackburn, Mark. 2005b. "Money and coinage." In Paul Fouracre (ed.), *The New Cambridge Medieval History, Vol. I* c.500–c.700. Cambridge: Cambridge University Press.

Blackburn, Mark. 2007a. "The Coin-finds." In Dagfinn Skre (ed.), *Means of Exchange: Dealing with Silver in the Viking Age*. Aarhus: Aarhus University Press.

Blackburn, Mark. 2007b. "Gold in England during the 'Age of Silver' (Eighth-Eleventh Centuries)." In James Graham-Campbell and Gareth Williams (eds.), *Silver Economy in the Viking Age*. Walnut Creek: Left Coast Press.

Blanchet, Jules-Adrien and Dieudonné, Adolf. 1916. *Manuel de numismatique Française, Vol. 2: Monnaies royales Françaises depuis Hugues Capet jusqu'a la Révolution*. Paris: Picard.

Bloch, Marc. 1939. "Économie-nature ou économie-argent: un pseudo-dilemme." *Annales d'histoire sociale*, 1(1): 7–16.

Bloch, Maurice and Parry, Jonathan. 1989. "Introduction: money and the morality of exchange." In Jonathan Parry and Maurice Bloch (eds.), *Money and the Morality of Exchange*. Cambridge: Cambridge University Press.

Blockmans, Frans and Blockmans, Wim P. 1979. "Devaluation, Coinage and Seignorage under Louis de Nevers and Louis de Male, Counts of Flanders, 1330–84." In N.J. Mayhew (ed.), *Coinage in the Low Countries* (880–1500): *the Third Oxford Symposium on Coinage and Monetary History*. Oxford:

Archaeopress.

Bode, W.J.L. 1847. *Dasältere Münzwesen der Staaten und Städte Niedersachsens*. Braunschweig: Viehweg and Sohn.

Bogaert, Raymond. 1973. "Changeurs et banquiers chez les Pères de l'Eglise." *Ancient Society,* 4: 239–70.

Bogucki, Mateusz. 2011. "The Use of Money in the Slavic Lands from the Ninth to the Eleventh Century: the Archaeological/Numismatic Evidence." In James A. Graham-Campbell, Søren Michael Sindbaek, and Gareth Williams (eds.), *Silver economies, monetisation and society in Scandinavia, AD* 800–1100. Aarhus: Aarhus University Press.

Bolton, James. 2004. "What is Money? What is a Money Economy? When did a Money Economy Emerge in Medieval England?" In Diana Wood (ed.), *Medieval Money Matters.* Oxford: Oxbow.

Bolton, J.L. 2012. *Money in the Medieval English Economy:* 973–1489. Manchester: Manchester University Press.

Bonnassie, Pierre. 1975–6. *La Catalogne du milieu du Xe* à *la fin du XIe siècle. Croissance et mutations d'une soci*été . Toulouse: Association des publications de l'Université de Toulouse-Le Mirail.

Bonnassie, Pierre. 1978. "La monnaie et les échanges en Auvergne et en Rouergue aux IXe-XIe siècles, d'après les sources hagiographiques." *Annales du Midi,* 90: 275–89 [reprinted in Bonnassie 2001: 199–213].

Bonnassie, Pierre. 1990. *La Catalogne au tournant de l'an Mil.* Paris: Albin Michel.

Bonnassie, Pierre. 2001. *Les soci*étés *de l'an mil. Un monde entre deux* âges. Bruxellesé.

De Boeck Université .

Boretius, Alfred (ed.). 1868. "Liber legis Langobardorum Papiensis." In Georg Heinrich Pertz (ed.), *Monumenta Germaniae Historica: Legum tomus III.* Hanover: Hahn.

Bosl, Karl and Weis, Eberhard. 1976. *Die Gesellschaft in Deutschland I: Von der fr*änkischen *Zeit bis* 1848. Munich: Martin Lurz.

Bote, H. 1880. "Von der pagemunte." In *Chroniken der nieders*ächsischen *St*ädte: *Braunschweig, Vol.* 2. Leipzig: S. Hirzel.

Bougard, François. 2010. "Le crédit dans l'Occident du haut Moyen Âge: documentation et pratique." In Régine Le Jan, Laurent Feller and Jean-Pierre Devroey (eds.), Les élites et la richesse au Haut Moyen Âge. Turnhout:

Brepols.

Bourin, Monique. 2009. "Propos de conclusion: conversions, commutations et raisonnement économique." In Laurent Feller (ed), *Calculs et rationalités dans la seigneurie médiévale: les conversions de redevances entre XIe et XVe siècles*. Paris: Publications de la Sorbonne.

Brate, Erik and Wessén, Elias. 1924–36. *Södermanlands runinskrifter.* 4 vols. Stockholm: Wahlström and Widstrand.

Braudel, Fernand. 1979. *Civilisation matérielle, économie et capitalisme, XVe-XVIIIe siècle, Vol. 2: Les jeux de l'échange*. Paris: Armand Colin.

Brauner, Reuven. 2013. *Pirqe Avot (The Sayings of the Fathers)*. Ranaana: Reuven Brauner.

Breatnach, Liam. 2014. "Forms of Payment in the Early Irish Law Tracts." *Cambrian Medieval Celtic Studies*, 68: 1–20.

Bredero, Adriaan H. 1971. "Cluny et Cîteaux au XIIème siècle: les origines de la controverse." *Studi Medievali*, 12: 135–75.

Bresslau, Harry (ed.). 1915. *Die Werke Wipos. Monumenta* Germaniae Historica: Scriptores rerum Germanicarum in usum scholarum ex Monumentis Germaniae Historicis recusi 61. Hanover: Hahn.

Brett, Martin. 2012. "The *De Corpore et Sanguine Domini* of Ernulph of Canterbury." In Uta-Renate Blumenthal, Anders Winroth and Peter Landau (eds.), *Canon Law, Religion, and Politics: Liber Amicorum Robert Somerville*. Washington DC: Catholic University of America Press.

Briggs, Chris. 2009. *Credit and Village Society in Fourteenth-Century England*. Oxford: Oxford University Press.

Brilioth, Yngve. 1915. *Den påfliga beskattningen afSverige intil den stora schismen*. Uppsala: Appelberg.

Britnell, Richard H. 1995. "Commercialisation and Economic Development in England, 1000–1300." In Richard H. Britnell, and Bruce M.S. Campbell (eds.), *A Commercialising Economy. England 1086 to c.1300*. Manchester: Manchester University Press.

Britnell, Richard. 2004. *Britain and Ireland 1050–1530. Economy and Society.* Oxford: Oxford University Press.

Brittain Bouchard, Constance. 1991. *Holy Entrepreneurs: Cistercians, Knights, and Economic Exchange in Twelfth-Century Burgundy*. Ithaca-London: Cornell University Press.

Broadberry, Stephen, Campbell, Bruce M. S., Klein, Alexander, Overton, Mark and

Van Leeuwen, Baas 2015. *British Economic Growth 1270–1870.* Cambridge: Cambridge University Press.

Brooks, N.P. and Kelly, S.E. (eds.). 2013. *Charters of Christ Church Canterbury.* 2 vols. Anglo-Saxon Charters 17–18. Oxford: Oxford University Press.

Browe, Peter. 1933. *Die Verehrung der Eucharistie im Mittelalter.* Munich: Herder.

Browe, Peter. 1938. *Die Eucharistischen Wunder des Mittelalters.* Breslau: Verlag Mueller & Seiffert.

Brown, Peter. 2012. *Through the Eye of a Needle: Wealth, the Fall of Rome, and the Making of Christianity in the West, 350–550 AD.* Princeton: Princeton University Press.

Brown, Peter. 2015. Th*e Ransom of the Soul: Afterlife and Wealth in Early Western Christianity. Cambridge*: Harvard University Press.

Bruand, Olivier. 2010. "La gestion du patrimoine des élites en Autunois. Le prieuré de Perrecy et ses obligés (fin IXe-Xe siècle)." In J.-P. Devroey, L. Feller and R. Le Jan (eds.), *Les élites et la richesse au haut Moyen Âge (Actes du colloque tenu à Bruxelles les 13–15 mars 2008).* Turnhout: Brepols.

Brubaker, Leslie. 2013. "Looking at the Byzantine Family." In Leslie Brubaker and Shaun Tougher (eds.), *Approaches to the Byzantine Family.* London: Routledge.

Brubaker, Leslie and Haldon, John. 2011. *Byzantium in the Iconoclast Era, 680–850: a History.* Cambridge: Cambridge University Press.

Bruce-Mitford, Rupert Leo Scott. 1968. *The Sutton Hoo Ship Burial: a Handbook.* London: Trustees of the British Museum.

Buc, Philippe. 2001. *The Dangers of Ritual: between Early Medieval Texts and Social Scientific Theory.* Princeton: Princeton University Press.

Bynum, Carolyn W. 2007. *Wonderful Blood: Theology and Practice in Late Medieval Northern Germany and Beyond.* Philadelphia: University of Pennsylvania Press.

Capitani, Ovidio. 1990. *Tradizione ed interpretazione: dialettiche ecclesiologiche del sec. XI.* Roma: Jouvence.

Carlà, Filippo. 2010. "The End of Roman Gold Coinage and the Disintegration of a Monetary Area." *Annali dell'Istituto italiano di numismatica,* 56: 45–114.

Carver, Martin O.H. 1998. *Sutton Hoo: Burial Ground of Kings.* London: British Museum Press.

Castelin, Karel. 1973. *Grossus Pragensis: Der Prager Groschen und seine Teilstücke,*

1300–1547. Braunschweig: Klinkhardt and Biermann.

Castellanos, Santiago M. 2012. "Creating New Constantines at the End of the Sixth Century." *Historical Research*, 85: 556–75.

Ceccarelli, Giovanni. 2001. "Risky Business. Theological and Canonical Thought on Insurance from the Thirteenth to the Seventeenth Centuries." *The Journal of Medieval and Early Modern Studies*, 31(3): 607–58.

Ceccarelli, Giovanni. 2003. *Il gioco e il peccato. Economia e rischio nel tardo Medioevo*. Bologna: Il Mulino.

Ceccarelli, Giovanni. 2007. "Notai, confessori e usurai: concezioni del credito a confronto (secc. XIII-XIV)." *Quaderni/Cahiers del Centro Studi sui Lombardi, sul credito e sulla banca*, 1: 113–53.

Challis, Christopher E. 1992. *A New History of the Royal Mint*. Cambridge: Cambridge University Press.

Chevalier, Bernard. 1973. "Les changeurs en France dans la première moitié du XIVe siècle." In *Économie et sociétés au moyen âge. Mélanges offerts à Edouard Perroy*. Paris: Publications de la Sorbonne.

Chilosi, David and Volckart, O. 2011. "Money, States and Empire: Financial Integration and Institutional Change in Central Europe, 1400–1520." *Journal of Economic History*, 71: 762–91.

Cipolla, C.M. 1963. "The Italian and Iberian Peninsulas." In M.M. Postan, E.E. Rich and E. Miller (eds.), *The Cambridge Economic History of Europe, vol. III. Economic Organization and Policies in the Middle Ages*. Cambridge: Cambridge University Press.

Clark, Gregory. 2005. "The Condition of the Working Class in England, 1209–2004." *Journal of Political Economy*, 113: 1307–40.

Cohn, Samuel Cline. 2004. *Popular Protest in Late-Medieval Europe*. Manchester: Manchester University Press.

Coleman, Janet. 1987. "The Two Jurisdictions: Theological and Legal Justifications of Church Property in the Thirteenth Century." *Studies in Church History*, 24: 75–110.

Colgan, Edward. 2003. *For Want of Good Money: the Story of Ireland's Coinage*. Bray: Wordwell.

Cook, Barrie J. 1999. "Foreign Coins in Medieval England." In Lucia Travaini (ed.), *Local Coins, Foreign Coins: Italy and Europe 11th–15th Centuries*. Milan: Società Numismatica Italiana.

Cook, Barrie J. 2006. "*En Monnaie Aiant Cours*: the Monetary System of the

Angevin Empire." In Barrie Cook and Gareth Williams (eds.), *Coinage and History in the North Sea World c.500–1250. Essays in Honour of Marion Archibald*. Leiden: Brill.

Cornell, Vincent J. 2006. "In the Shadow of Deuteronomy: Approaches to Interest and Usury in Judaism and Christianity." In Abdulkader Thomas (ed.), *Interest in Islamic Economics: Understanding Riba*. London: Routledge.

Corpus iuris civilis. 1870–1895. Edited by Theodor Mommsen *et al*. Berlin: Weidmann.

Coulton, C.G. 1925. *The Medieval Village*. Cambridge: Cambridge University Press. Coupland, Simon. 1990. "Money and Coinage under Louis the Pious." *Francia*, 17(1): 23–54.

Coupland, Simon. 2010. "Boom and Bust at Ninth-Century Dorestad." In Annemarieke Willemsen and Hanneke Kik (eds.), *Dorestad in an International Framework: New Research on Centres of Trade and Coinage in Carolingian Times*. Turnhout: Brepols.

Coupland, Simon. 2014. "The Use of Coin in the Carolingian Empire in the Ninth Century." In Naismith, Allen and Screen 2014.

Courtnay, W.J. 1972–3. "Token Coinage in the Administration of Poor Relief during the Later Middle Ages." *Journal of Interdisciplinary History*, 3: 175–95. Crosby, Alfred W. 1997. *The Measure of Reality: Quantification of Western Society, 1250–1600*. Cambridge: Cambridge University Press.

Crusafont, Miquel, Balaguer, Anna M., and Grierson, Philip. 2013. *Medieval European Coinage 6: the Iberian Peninsula*. Cambridge: Cambridge University Press.

Curta, Florin and Gândilă, Andrei. 2012. "Hoards and Hoarding Patterns in the Early Byzantien Balkans." *Dumbarton Oaks Papers*, 65–6: 45–111.

Dales, Douglas. 2012. *Alcuin: His Life and Legacy*. Cambridge: James Clarke & Co. Darley, Rebecca R. 2015. "Self, Other and the Use and Appropriation of Late Roman

Coins in South India and Sri Lanka (4th–7th Centuries AD)." In Himanshu Prabha Ray (ed.), *Negotiating Cultural Identity: Landscapes in Early Medieval South Asian History*. London and New Delhi: Routledge.

Davies, Wendy. 2002. "Sale, Price and Valuation in Galicia and Castile-León in the Tenth Century." *Early Medieval Europe*, 11(2): 149–74.

Davies, Wendy. 2007. *Acts of Giving: Individual, Community and Church in Tenth-Century Christian Spain*. Oxford: Oxford University Press.

Davies, Wendy. 2010. "Notions of Wealth in the Charters of Ninth- and Tenth-Century Christian Iberia." In Régine Le Jan, Laurent Feller and Jean-Pierre Devroey (ed.), *Les élites et la richesse au haut Moyen Âge*. Turnhout: Brepols.

Davis, Charles T. 1960. "An Early Florentine Political Theorist: Fra Remigio de'Girolami." *Proceedings of the American Philosophical Society*, 104(6): 662–76.

Day, Rebecca R. 2012. "A Tale of 'Four' Hoards (or Unpicking Akki Alur)." *Journal of the Oriental Numismatic Society*, 211: 5–14.

Day, William R., Matzke, Michael and Saccocci, Andrea. 2016. *Medieval European Coinage, with a Catalogue of the Coins in the Fitzwilliam Museum, Cambridge, vol. 12, Italy (i) (Northern Italy)*. Cambridge: Cambridge University Press.

De Roover, Raymond. 1971. *La pensée économique des Scolastiques*. Montréal-Paris: Institut d'Etudes Médiévales.

Decretales Gregorii IX. [1879] 1959. *Corpus Iuris Canonici* ed. Aemilius Friedberg *et al.*, vol. II. Graz: Akademische Druck- u. Verlagsanstalt.

Decretum Gratiani. [1879] 1959. *Corpus Iuris Canonici* ed. Aemilius Friedberg *et al.*, vol. I. Graz: Akademische Druck- u. Verlagsanstalt.

Della Valle, Pietro. 1843. *Viaggi di Pietro Della Valle il pellegrino descritti da lui medesimo in 54 lettere familiari all'erudito suo amico Mario Schipano*. 2 vols. Turin: G. Gancia.

Dennis, Andrew, Foote, Peter and Perkins, Richard (trans.). 1980–2006. *Laws of Early Iceland: Grágás, the Codex Regius of Grágás, with Material from Other Manuscripts*. 2 vols. Winnipeg: University of Manitoba Press.

Dennis, George. T. 1984. *Maurice's Strategikon: Handbook of Byzantine Military Strategy*. Philadelphia: University of Pennsylvania Press.

Desan, Christine. 2014. *Making Money: Coin, Currency, and the Coming of Capitalism*. Oxford: Oxford University Press.

Despy, Georges. 1968. "Villes et campagnes aux IXe et Xe siècles: l'exemple des pays mosans." *Revue du Nord*, 50: 145–68.

Devroey, Jean-Pierre. 1993a. "*Ad utilitatem monasterii*. Mobiles et préoccupations de gestion dans l'économie monastique du monde franc." In Alain Dierkens, Daniel Misonne, and Jean-Marie Sansterre (eds.), *Le monachisme* à *Byzance et en Occident du VIIIe au Xe siècle. Aspects internes et relations avec la société* (*Revue Bénédictine* 103(1–2)). Namur: Abbaye de Maredsous.

Devroey, Jean-Pierre. 1993b. "Courants et réseaux d'échange dans l'économie franque entre Loire et Rhin." *Settimane di studio del centro italiano di studi sull'alto medioevo*, 40: 327–93.

Devroey, Jean-Pierre. 2003. *Economie rurale et société dans l'Europe franque (VIe-IXe siècles)*. Paris: Belin.

Dewing, H.B. (ed. and trans.). 1914–40. *Procopius*. 7 vols. Cambridge: Harvard University Press.

Dini, Bruno. 1999. *I mercanti-banchieri e la Sede apostolica (XIII—prima metà del XIV secolo)*, in *Gli spazi economici della Chiesa nell'Occidente mediterraneo*. Pistoia: Centro italiano di studi di storia e d'arte.

Dinkova-Bruun, Greti. 2015. "Nummus falsus: the Perception of Counterfeit Money in the Eleventh and Early Twelfth Century." In Giles E.M. Gasper and S.H. Gullbekk (eds.), *Money and the Church in Medieval Europe, 1000–1200: Practice, Morality and Thought*. Farnham: Ashgate.

Douglas, John M. 1992. *The Armenians*. New York: J.J. Winthrop Corporation.

Duby, Georges. 1961. "La seigneurie et l'économie paysanne. Alpes du sud, 1338." *Etudes Rurales*, 2: 5–36 [reprinted in Duby 1973b: 167–201].

Duby, Georges. 1962. *L'économie rurale et la vie des campagnes dans l'Occident medieval*. Paris: Aubier Montaigne.

Duby, Georges. 1973a. *Guerriers et paysans. VIIIe-XIIe siècle. Premier essor de l'économie européenne*. Paris: Gallimard.

Duby, Georges. 1973b. *Hommes et structures du Moyen Âge*. Paris: Mouton.

Dumas, Françoise. 1991. "La monnaie au Xe siècle." *Settimane di studio del Centro italiano di studi sull'alto medioevo*, 38: 565–609.

Dümmler, Ernst (ed.). 1925. "Epistolae variorum inde a saeculo nono medio usque ad mortem Karoli II. (Calvi) imperatoris collectae." In *Monumenta Germaniae Historica: Epistolarum tomus VI: Epistolae karolini aevi tomus IV*. Berlin: Weidmann.

Dyer, Christopher. 1997. "Peasants and Coins: the Uses of Money in the Middle Ages." *British Numismatic Journal*, 67: 31–47.

Einaudi, Luigi. 1936. "Teoria della moneta immaginaria nel tempo di Carlomagno alla rivoluzione francese." *Rivista di storia economica*, 1: 1–36.

Ellard, Gerald. 1943. "Bread in the Form of a Penny." *Theological Studies*, 4: 319–46. Emmerig, Hubert. 2006. "Der Münzbetrieb in Mittelalter und früher Neuzeit: Personal, Ausrüstung, Tätigkeiten." *Vorträge zur Geldgeschichte*, 3: 5–23.

Engel, Arthur and Serrure, Raymond. 1891–1905. *Traité de numismatique du moyen* âge. 2 vols. Paris: Leroux.

Ennen, Edith. 1972/87. *Die europäische Stadt des Mittelalters*. Göttingen: Vandenhoeck & Ruprecht.

Epstein, Stephen R. 1994. "Regional Fairs, Institutional Innovation, and Economic Growth in Late Medieval Europe." *Economic History Review*, 47: 459–82.

Ermisch, Hubert. 1887. *Das sächsische Bergrecht des Mittelalters*. Leipzig: Gieseke & Devrient.

Evans, Allan. 1936. *Francesco Balducci Pegolotti: La Pratica della Mercatura*. Cambridge: Medieval Academy of America.

Evans, David H. and Jarrett, Michael G. 1987. "The Deserted Village of West Whelpington, Northumberland: Third Report Part One." *Archaeologia Aeliana*, 5th series, 15: 254–5.

Farber, Lianna. 2006. *An Anatomy of Trade in Medieval Writing: Value, Consent, and Community*. Ithaca: Cornell University Press.

Fedele, P. 1934. "Il giubileo del 1300." *Gli Anni Santi*. Turin: SEI.

Feger, O. (ed.). 1956. *Die Chronik des Klosters Petershausen*. Sigmaringen: Thorbecke.

Feller, Laurent. 1998a. *Les Abruzzes médiévales: territoire*, économie *et société en Italie centrale du IXe au XIIe siècle*. Rome: École française de Rome.

Feller, Laurent. 1998b. "Les conditions de la circulation monétaire dans les régions périphériques du royaume d'Italie (Sabine et Abruzzes, IXe-XIIe s.)." In *L'argent au Moyen Age: idéologie, finances, fiscalité, monnaie* (Actes du XXVIIe congrès de la Société des Médiévistes de l'Enseignement Supérieur, Clermont-Ferrand, 30 mai–1er juin, 1997). Paris: Publications de la Sorbonne.

Feller, Laurent. 2009. "Les conversions de redevances. Pour une problématique des revenus seigneuriaux." In Laurent Feller (ed.), *Calculs et rationalités dans la seigneurie médiévale: les conversions de redevances entre XIe et XVe siècles*. Paris: Publications de la Sorbonne.

Feller, Laurent. 2011. *Sur la formation des prix dans l'économie du haut Moyen Âge*, in *Annales. Histoire, Sciences Sociales*, 66, 3, p. 627–61.

Feller, Laurent. 2013. "Transformation des objets et valeur des choses. L'exemple de la Vita Meinwerici." In L. Feller and A. Rodriguez (eds.), *Objets sous contrainte. Circulation des richesses et valeur des choses au Moyen Âge*. Paris: Publications de la Sorbonne.

Feller, Laurent. 2014. "Measuring the Value of Things in the Middle Ages." *Economic Sociology: the European Electronic Newsletter*, 15(3): 30–40.

Feller, Laurent. 2016. "Mesurer la valeur des choses au haut Moyen Âge: les transactions dans la vie de Géraud d'Aurillac." In Alain Dierkens, Nicolas Schroeder and Alexis Wilkin (eds.), *Mélanges Devroey*. Paris: Publications de la Sorbonne (forthcoming).

Feller, Laurent. 2018a. "Autour d'une nouvelle de Boccace : l'économie immorale." In Marie Dejoux and Diane Chamboduc de Saint-Pulgent (eds.), *La fabrique des sociétés médiévales méditerranéennes. Le Moyen Âge de François Menant*. Paris: Éditions Rue d'Ulm.

Feller, Laurent. 2018b. "Travail, salaire et pauvreté au Moyen Âge." In Ross Balzaretti, Julia Barrow and Patricia Skinner (eds.), *Italy and Early Medieval Europe: Papers for Chris Wickham*.

Feller, Laurent, Gramain, Agnès and Weber, Florence. 2005. *La fortune de Karol: marché de la terre et liens personnels dans les Abruzzes au haut Moyen Âge*. Rome: École française de Rome.

Feveile, Claus. 2008. "Series X and Coin Circulation in Ribe." In Tony Abramson (ed.), *Studies in Early Medieval Coinage 1: Two Decades of Discovery*. Woodbridge: Boydell Press.

Finlay, Alison and Faulkes, Anthony (trans.). 2011. *Snorri Sturluson: Heimskringla. Volume I: the Beginnings to Óláfr Tryggvason*. London: Viking Society for Northern Research.

Finucane, Ronald C. 1977. *Miracles and Pilgrims: Popular Beliefs in Medieval England*. London: Dent.

Flandreau, Mark. 2002. "'Water Seeks Level' : Modelling Bimetallic Exchange Rates and the Bimetallic Band." *Journal of Money, Credit and Banking*, 34: 491–519. Flori, Jean. 2006. *Richard the Lionheart: King and Knight*. Edinburgh: Edinburgh University Press.

Fossier, Robert. 1981. "Les tendances de l'économie: stagnation ou croissance?" *Settimane di studio del centro italiano di studi sull'alto medioevo*, 27: 261–74 [reprinted in Fossier 1992: 341–50].

Fossier, Robert. 1992. *Hommes et villages d'Occident au Moyen Âge*. Paris: Publications de la Sorbonne.

Füeg, Franz. 2007. *Corpus of the Nomismata from Anastasius II to John I in Constantinople, 713–979*, vol. 1. London and Lancaster: Classical Numismatic Group.

Furió, Antoni and Garcia Marsilla, Juan Vicente. 2014. "Espèces et créances en circulation: monnaie métallique et crédit comme monnaie dans le royaume de

Valence vers 1300." In Monique Bourin, François Menant et Lluis To Figueras (eds.), *Dynamiques du monde rural dans la conjoncture de 1300*. Rome: École française de Rome.

Gaettens, Richard. [1957] 1982. *Geschichte der Inflationen vom Altertum bis zur Gegenwart*. Munich: Battenberg.

Galster, Georg. 1972. *Unionstidens udmøntninger. Danmark og Norge 1397–1540. Sverige 1363–1521*. Copenhagen: Dansk numismatisk forening.

Gamberini, Andrea et al. 2011. *The Languages of Political Society*. Roma: Viella.

Ganz, David. 2010. "Giving to God in the Mass." In Wendy Davies and Paul Foracre (eds.), *The Languages of Gift in the Early Middle Ages*. Cambridge: Cambridge University Press.

Garcia Marsilla, J.V. 2013. "Avec les vêtements des autres. Le marché du textile d'occasion dans la Valence médiévale." In Laurent Feller and Ana Rodriguez (eds.), *Objets sous contrainte. Circulation des richesses et valeur des choses au Moyen Âge*. Paris: Publications de la Sorbonne.

Garipzanov, Ildar. 2016. "Regensburg, Wandalgarius and the *novi denarii*: Charlemagne's Monetary Reform Revisited." *Early Medieval Europe*, 24: 58–73.

Gasper, Giles E.M. 2015. "Contemplating Wealth in Monastic Writing c. 1060–c. 1160." In Giles E.M. Gasper and S.H. Gullbekk (eds.), *Money and the Church in Medieval Europe, 1000–1200: Practice, Morality and Thought*. Farnham: Ashgate.

Gasper, Giles E.M. and Gullbekk, Svein H. 2012. "Money and its Use in the Thought and Experience of Anselm, Archbishop of Canterbury (1093–1109)." *Journal of Medieval History*, 38: 155–82.

Gautier-Dalché, Jean. 1969. "L'histoire monétaire de l'Espagne septentrionale du IXe siècle au XIIe siècle. Quelques réflexions sur divers problèmes." *Anuario de Estudios Medievales*, 6: 43–95. Repr. 1982 in *Economie et Société dans les pays de la Couronne de Castille*. London: Variorum.

Geary, Patrick J. 1990. *Furta Sacra: Thefts of Relics in the Central Middle Ages*. Princeton: Princeton University Press.

Geisst, Charles R. 2013. *Beggar Thy Neighbor: A History of Usury and Debt*. Philadelphia: University of Pennsylvania Press.

Georganteli, Eurydice. 2012. "Transposed Images: Currencies and Legitimacy in the Late Medieval Eastern Mediterranean." In Jonathan Harris, Catherine J. Holmes and Eugenia Russell (ed.), *Byzantines, Latins, and Turks in the Eastern

Mediterranean World after 1150. Oxford: Oxford University Press.

Geva, Benjamin. 2011. *The Payment Order of Antiquity and the Middle Ages: a Legal History.* Oxford: Hart Publications.

Giard, John Baptiste. 1967. "Le Florin d'or au Baptiste et ses imitations en France au XIVe siècle." *Bibliotheque de l'Ecole des Chartes*, 125: 94–141.

Gieysztor, Aleksander. 1959. *La porte de bronze à Gniezno: document de l'histoire de la Pologne au XIIe siècle.* Rome: Angelo Signorelli.

Gilchrist, John. 1972. "Eleventh and Early Twelfth-Century Collections and the Economic Policy of Gregory VII." *Studi Gregoriani*, 9: 377–417.

Gioanni, Stéphane. 2015. "Réceptions et représentations du De Gloria de Cicéron de l'Antiquité au premier humanism." In Jean-Philippe Genet (ed.), *La légitimité implicite (actes des conférences organisées à Rome en 2010 et 2011).* Rome: École française de Rome.

Girard, Albert. 1940. "Un phénomène économique: la guerre monétaire, XIVe-XVe siècles." *Annales d'histoire sociale*, 2: 207–18.

Göbl, Robert. 1971. *Sasanian Numismatics.* Braunschweig: Klinkhardt and Biermann.

Goldberg, Jessica. 2012. *Trade and Institutions in the Medieval Mediterranean: the Geniza Merchants and their Business World.* Cambridge: Cambridge University Press.

Goudsmit, Simon. 2004. *The Limits of Money: Three Perceptions of Our Most Comprehensive Value System.* Delft: Eburon.

Greenblatt, Stephen. 2011. *The Swerve: How the Renaissance Began.* London: The Bodley Head.

Grierson, Philip. 1957. "The Coin List of Pegolotti." In *Studia in onore di Armando Sapori.* Milan: Istituto Editoriale Cisalpino. (reprinted in Grierson 1979: ch. XI).

Grierson, Philip. 1959. "Commerce in the Dark Ages: a Critique of the Evidence." *Transactions of the Royal Historical Society*, 5th series, 9: 123–40.

Grierson, Philip. 1970. "The Purpose of the Sutton Hoo Coins." *Antiquity*, 44: 14–18.

Grierson, Philip. 1975. *Numismatics.* Oxford: Oxford University Press. Grierson, Philip. 1976. *Monnaies du moyen âge.* Fribourg: Office du livre.

Grierson, Philip. 1979. *Later Medieval Numismatics (11th–16th Centuries).* London: Variorum.

Grierson, Philip. 1982. *Byzantine Coins.* Berkeley and Los Angeles: University of

California Press.

Grierson, Philip. 1991. *The Coins of Medieval Europe*. London: Seaby. Grierson, Philip. 1999. *Byzantine Coinage*. Washington DC: Dumbarton Oaks.

Grierson, Philip and Blackburn, Mark. 1986. *Medieval European Coinage, with a Catalogue of the Coins in the Fitzwilliam Museum, Cambridge. 1: the Early Middle Ages (5th–10th Centuries)*. Cambridge: Cambridge University Press.

Grierson, Philip and Travaini, Lucia. 1998. *Medieval European Coinage, with a Catalogue of the Coins in the Fitzwilliam Museum, Cambridge, vol. 14, Italy (iii) (South Italy, Sicily, Sardinia)*. Cambridge: Cambridge University Press.

Grinder-Hansen, Keld. 2000. *Kongemagtens krise. Det danske møntvæsen 1241–1340*. Copenhagen: Museum Tusculanums Forlag.

Guest, Peter. 2012. "The Production, Supply and Use of Late Roman and Early Byzantine Copper Coinage in the Eastern Empire." *Numismatic Chronicle*, 172: 105–31.

Gullbekk, Svein H. 1991. "Some Aspects of Coin Import to Norway and Coin Circulation in the Late Viking-Age." *Nordisk Numismatisk Årsskrift* 1991: 63–88.

Gullbekk, Svein H. 2003. *Pengevesenets fremvekst og fall i Norge i middelalderen*. Dr. thesis. Oslo: Unipub.

Gullbekk, Svein H. 2009. *Pengevesenets fremvekst og fall i Norge i middelalderen*. Copenhagen: Museum Tusculanum Press.

Gullbekk, Svein H. 2011. "Monetisation in Medieval Scandinavia." In Nicholas Holmes (ed.), *Proceedings of the XIVth International Numismatic Congress, Part 2*. Glasgow: International Numismatic Council.

Gullbekk, Svein H. 2014. "Vestfold: a Monetary Perspective on the Viking Age." In Naismith, Allen and Screen.

Gullbekk, S.H., Kilger, C.K., Roland, H. and Kristoffersen, S. (eds.). (Forthcoming) *The Use of Money in Religious and Devotional Contexts: Coin Finds in Churches in Scandinavia, Iceland and the Alpine Region*.

Hägermann, Dieter. 1999/2003. "Regalien, -politik, -recht." In *Lexikon des Mittelalters, Vol. VII: Planudes-Stadt (Rus')*. Munich: dtv.

Hall, Mark A. 2016. "'Pennies from Heaven': Money in Ritual in Medieval Europe." In Colin Haselgrove and Stefan Krmnicek (eds.), *The Archaeology of Money: Proceedings of the Workshop 'Archaeology of Money', University of Tübingen, October 2013*. Leicester: Leicester Archaeology Monographs.

Hamp, K. 1889. "Einharti epistolae." In Ernst Dümmler (ed.), *Monumenta

Germaniae Historica: Epistolarum tomus V; Epistolae Karolini Aevi tomus III. Berlin: Weidmann.

Hardt, Matthias. 2016. "The Importance of the Slave Trade for the Slavic Princes of the Early and High Middle Ages." In Geneviève Bührer-Thierry, Régine Le Jan and Vito Loré (eds.), *Acquérir, prélever, contrôler. Les ressources en compétition (400–1100)*. Turnhout: Brepols (forthcoming).

Haselgrove, Colin and Webley, Leo. 2016. "Lost Purses and Loose Change? Coin Deposition on Settlements in Iron Age Europe." In Colin Haselgrove and Stefan Krmnicek (eds.), *The Archaeology of Money: Proceedings of the Workshop 'Archaeology of Money', University of Tübingen, October 2013*. Leicester: Leicester Archaeology Monographs.

Hauberg, Peter. 1884. "Danmarks Mytnvæsen og Mynter i Tidsrummet 1241–1377." *Aarbøger for Nordisk Oldkyndighed og Historie* 1884: 217–374.

Hauberg, Peter. 1900. *Myntforhold og Udmyntninger i Danmark indtil 1146*. Copenhagen: Bianco Lunos Bogtrykkeri.

Heidemann, Stefan. 1998. "The Merger of Two Currency Zones in Early Islam: the Byzantine and Sasanian Impact on the Circulation in Former Byzantine Syria and Northern Mesopotamia." *Iran*, 36: 95–112.

Hendy, Michael. 1985. *Studies in the Byzantine Monetary Economy, c. 300–1450*. Cambridge: Cambridge University Press.

Henry of Segusio. 1574. *Summa aurea*. Venezia: Jacobus Vitalis.

Herz, M. 1958. *Sacrum Commercium. Eine begriffgeschichtliche Studie zur Theologie der Römischen Liturgiesprache*. Munich: K. Zink.

Hill, Brian E. 2013. "Charles the Bald's Edict of Pîtres: a Translation and Commentary." MA thesis, University of Minnesota: Minneapolis.

Hill, P. (ed.). 1997. *Whithorn and St. Ninian: the Excavations of a Monastic Town, 1984–91*. Stroud: Sutton.

Hillebrand, Werner. 1967. "Von den Anfängen des Erzbergbaus am Rammelsberg bei Goslar." *Niedersächsisches Jahrbuch für Landesgeschichte*, 39: 103–14.

Hillenbrand, Carole. 1990. *A Muslim Principality in Crusader Times: the Early Artuqid State*. Istanbul: Nederlands Historisch-Archaeologisch Instituut.

Hilsdale, Cecily J. 2005. "Constructing a Byzantine 'Augusta': a Greek Book for a French Bride." *The Art Bulletin*, 87: 458–83.

Hilton, Rodney H. 1992. *English and French Towns in Feudal Society*. Cambridge: Cambridge University Press.

Hokenson, Jan Walsh and Munson, Marcella. 2014. *The Bilingual Text: History* and *Theory of Literary Self-Translation*. London: Routledge.

Hollander, Robert and Hollander, Jean (trans.). 2000. *Dante Alighieri: Inferno*. New York: Doubleday.

Holmes, Catherine and Standen, Naomi. 2015. "Defining the Global Middle Ages." *Medieval Worlds*, 1: 106–17.

Holmes, Nicholas M. McQ. 2004. "The Evidence of Finds for the Circulation and Use of Coins in Medieval Scotland." *Proceedings of the Society of Antiquaries of Scotland* 134: 241–80.

Honorius of Autun. *Gemma animae*, in Migue 1844–64, vol. 172: 541–738.

Horden, Peregrine and Purcell, Nicholas. 2000. *The Corrupting Sea: a Study of Mediterranean History*. Oxford: Blackwell.

Hoskin, Philippa. 2014. "Robert Grosseteste and the simple benefice: a novel solution to the complexities of lay presentation." *Journal of Medieval History*, 40 (1): 24–43.

Hunt, Edwin, S. and Murray, James M. 1999. *A History of Business in Medieval Europe, 1200–1550*. Cambridge: Cambridge University Press.

Hunter, Fraser and Painter, Kenneth (eds.). 2013. *Late Roman Silver: the Traprain Treasure in Context*. Edinburgh: Society of Antiquaries of Scotland.

Ilisch, Lutz. 1990. "Whole and Fragmented Dirhams in Near Eastern Hoards." In Kenneth Jonsson and Brita Malmer (ed.), *Sigtuna Papers: Proceedings of the Sigtuna Symposium on Viking-Age Coinage 1–4 June 1989*. Stockholm: Kungl. Vitterhets Historie och Antikvitets Akademien.

Ilisch, Peter. 1988. "Münzmeister in Deutschland 1400–1500." In N.J. Mayhew and P. Spufford (eds.), *Later Medieval Mints: Organisation, Administration and Techniques. The Eighth Oxford Symposium on Coinage and Monetary History*. Oxford: Archaeopress.

Isidore of Seville. 1911. *Isidori Hispalensis episcopi Etymologiarum sive Originum libri XX*. Wallace Martin Lindsay (ed.). 2 vols. Oxford: Oxford University Press.

James, Edward. 1988. "The Northern World in the Dark Ages, 400–900." In George A. Holmes (ed.). *The Oxford Illustrated History of Medieval Europe*. London: Guild Publishing.

Jarnut, Jörg and Strothmann, Jürgen. (eds). 2013. *Die Merowingischen Monetarmünzen als Quelle zum Verständnis des 7. Jahrhunderts in Gallien*. Paderborn: Wilhelm Fink.

Jarrett, Jonathan. 2014. "*Bovo Soldare*: a Sacred Cow of Spanish Economic History

Re-Evaluated." In Rory Naismith, Martin Allen and Elina Screen (eds.), *Early Medieval Monetary History: Studies in Memory of Mark Blackburn*. Farnham: Ashgate.

Jasper, Kathryn L. 2012. "The Economics of Reform in the Middle Ages." *History Compass*, 10: 440–54.

Jensen, Jørgen Steen (ed.). 1989. *De skriftlige kilder til Danmarks middelalderlige møntvæsen*. Copenhagen: Den kgl. Mønt- og Medaillesamling, Nationalmuseet.

Jesse, Wilhelm (ed.). 1924. *Quellenbuch zur Münz- und Geldgeschichte des Mittelalters*. Halle: Münzhandlung A. Riechmann and Co.

Jesse, Wilhelm. 1928. *Der Wendische Münzverein*. Lübeck: Hansischer Geschichtsverein.

Jesse, Wilhelm. 1930. "Die deutschen Münzer-Hausgenossen." *Numismatische Zeitschrift*, 63: 47–92.

Johns, Jeremy. 2003. "Archaeology and the History of Early Islam: the first Seventy Years." *Journal of the Economic and Social History of the Orient*, 46: 411–96.

Johnson, Charles (ed. and trans.). 1956. *The De moneta of Nicholas Oresme, and English Mint Documents*. London: Nelson.

Jonsson, Eeva. Forthcoming. "Jomala Church, Åland Islands—Coin Offerings and the Cult of the Virgin Mary." In Gullbekk, Kilger, Roland and Kristoffersen.

Jordan, William Chester 1996. *The Great Famine: Northern Europe in the Early Fourteenth Century*. Princeton: Princeton University Press.

Jordan, William Chester. 2009. *A Tale of Two Monasteries: Westminster and Saint-Denis in the Thirteenth Century*. Princeton: Princeton University Press. Jungner, Hugo and Svardström, Elisabeth. 1940–70. *Västergötlands runinskrifter*. 5 vols. Stockholm: Almqvist and Wiksell.

Kaegi, Walter Emil. 2003. *Heraclius: Emperor of Byzantium*. Cambridge: Cambridge University Press.

Kano, Osamu. 2013. "«Configuration» d'une espèce diplomatique: le *praeceptum denariale* dans le haut moyen âge." In *Configuration du texte en histoire*. Nagoya: Nagoya University.

Kaye, Joel. 1998. *Economy and Nature in the Fourteenth Century: Money, Market Exchange and Emergence of Scientific Thought*. Cambridge: Cambridge University Press.

Kaye, Joel. 2014. *A History of Balance, 1250–1375: the Emergence of a New Model of Equilibrium and Its Impact on Thought*. Cambridge: Cambridge

University Press. Kelleher, Richard. 2012. "The Re-Use of Coins in Medieval England and Wales c. 1050–1550: an Introductory Survey." *Yorkshire Numismatist*, 4: 183–200. Kelleher, Richard. 2015. *A History of Coinage in Medieval England*. Witham: Greenlight.

Kelleher, Richard. In press. "Old Money, New Methods: Coins and Later Medieval Archaeology." In Christopher Gerrard and Alejandra Gutierrez (eds.), *Oxford Handbook of Later Medieval Archaeology in Britain*. Oxford: Oxford University Press.

Kelleher, R. forthcoming. British Numismatic Society Special Publication 13: London.

Kelleher, Richard, Leins, Ian and Cook, Barrie J. 2008. "Roman, Medieval and Later coins from the Vintry, City of London." *Numismatic Chronicle*, 168: 167–233.

Kelleher, Richard and Williams, Gareth. 2011. "The Tutbury Hoard." In Malcolm Hislop, Mark Kincey and Gareth Williams (eds.), *Tutbury: 'A Castle Firmly Built'. Archaeological and historical investigations at Tutbury Castle, Staffordshire*. British Archaeological Reports: British Series 546. Oxford: Archaeopress.

Keller, Rodolphe. 2013. "Les profits de la guerre. Prédation et pouvoir dans le monde franc (VIe-Xe siècle)." Unpubl. Ph.D. dissertation: Université Paris Est-Marne-la- Vallée.

Kelly, Fergus. 1997. *Early Irish Farming: a Study Based Mainly on the Law-Texts of the 7th and 8th Centuries AD*. Dublin: School of Celtic Studies.

Kelly, Susan E. (ed.). 2009. *Charters of Peterborough Abbey*. Anglo-Saxon Charters 14. Oxford: Oxford University Press.

Kemmers, Fleur and Myrberg, Nanouschka. 2011. "Rethinking Numismatics. The Archaeology of Coins." *Archaeological Dialogues*. 18(1): 87–108.

Kempshall, Matthew S. 1999. *The Common Good in Late Medieval Political Thought*. Oxford: Oxford University Press.

Kennedy, Hugh. 2004. *The Prophet and the Age of the Caliphate*. Revised ed. London: Routledge.

Kent, John. 2005. *Coinage and Currency in London from the London and Middlesex Records and Other Sources. From Roman times to the Victorians*. London: Baldwin.

Kessler, Herbert. 2004. *Seeing Medieval Art*. Plymouth: Broadview Press.

Keydell, R. (ed.). 1967. *Agathias Myrinaei: Historiarum libri quinque*. Berlin: De

Gruyter.

Keynes, Simon. 1985. "King Athelstan's Books." In Michael Lapidge and Helmut Gneuss (eds.), *Learning and Literature in Anglo-Saxon England: Studies Presented to Peter Clemoes on the Occasion of his Sixty-Fifth Birthday*. Cambridge: Cambridge University Press.

Kilger, Christoph. 2007. "Kaupang from Afar: Aspects of the Interpretation of Dirham Finds in Northern and Eastern Europe between the Late 8th and Early 10th Centuries." In Dagfinn Skre (ed.), *Means of Exchange: Dealing with Silver in the Viking Age*. Kaupang Excavation Project Publication Series 2. Aarhus: Aarhus University Press.

Kilger, Christoph. Forthcoming. "Moving Money, Ritual Money—Studying Use of Coins in Bunge Church on Medieval Gotland, 12th–15th Centuries." In Gullbekk, Kilger, Roland and Kristoffersen.

Kimball, Elisabeth G. (ed.). 1962. *Records of Some Sessions of the Peace in Lincolnshire: 1381–1396. 2. The Parts of Lindsey*. Lincoln: Lincoln Records Society.

King, Peter. 1985. *The Finances of the Cistercian Order in the Fourteenth Century* (Cistercian Studies Series 85). Kalamazoo: Cistercian Publications.

Kiser, Edgar. 1994. "Markets and Hierarchies in Early Modern Tax Systems: a Principal-Agent Analysis." *Politics and Society*, 22: 284–315.

Klackenberg, Henrik. 1992. *Moneta Nostra. Monetariseringen i Medeltidens Sverige*. Stockholm: Almqvist and Wiksel International.

Kluge, Bernd. 1991. *Deutsche Münzgeschichte von der späten Karolingerzeit bis zum Ende der Salier*. Sigmaringen: Thorbecke.

Kluge, Bernd. 2007. *Numismatik des Mittelalters*. Vienna: Verlag der Österreichischen der Wissenschaften.

Kool, Robert. 2007. "Coin Circulation in the Villeneuves of the Latin Kingdom of Jerusalem: the Cases of Parva Mahumeria and Bethgibelin." In Peter Edbury and Sophia Kalopissi-Verti (eds.), *Archaeology and the Crusades*. Athens: Pierides Foundation.

Kool, Robert, *et al*. 2011. "A Late Tenth-Century Fatimid Coin Purse from Bet She'an." '*Atiqot*, 67: 31–41.

Koppmann, Karl (ed.). 1878. *Kämmereirechnungen der Stadt Hamburg, Vol. 3: 1471– 1500*. Hamburg: Hermann Grüning.

Kotsis, Kriszta. 2012. "Defining Female Authority in Eighth-Century Byzantium: the Numismatic Images of the Empress Irene (797–802)." *Journal of Late*

Antiquity, 5: 185–215.

Kroll, John H. 2012. "The Monetary Background of Early Coinage." In William E. Metcalf (ed.), *The Oxford Handbook of Greek and Roman Coinage*. Oxford: Oxford University Press.

Krusch, Bruno (ed.). 1896. *Monumenta Germaniae Historica: Scriptorum rerum Merovingicarum tomus III: Passiones vitaeque sanctorum aevi Merovingici et antiquorum aliquot I*. Hanover: Hahn.

Kruse, Susan E. 1988. "Ingots and Weight Units in Viking Age Silver Hoards." *World Archaeology*, 20(2): 285–301.

Kumler, Aden. 2011. "The Multiplication of the Species. Eucharistic Morphology in the Middle Ages." *RES: Anthropology and Aesthetics*, 59/60: 179–91.

Lafaurie, Jean. 1980. "La surveillance des ateliers monétaires au IXe siècle." *Francia*, 9: 486–96.

Laing, Samuel (trans.). 1964. *Snorri Sturluson: Heimskringla. Pt 1: the Olaf Sagas*. Rev. with introduction and notes by Jacqueline Simpson. 2 vols. London: Dent.

Lambert, M.D. 1961. *Franciscan Poverty. The Doctrine of Absolute Poverty of Christ and the Apostles in the Franciscan Order, 1210–1323*. London: SPCK.

Lange, Christian C.A. *et al.* 1847–2011. *Diplomatarium Norvegicum*. 23 vols. Christiania/Oslo: P.T. Malling.

Langholm, Odd. 1979. *Price and Value in the Aristotelian Tradition. A Study in Scholastic Economic Sources*. Oslo: Universitetsforlaget.

Langholm, Odd. 1983. *Wealth and Money in the Aristotelian Tradition: a Study in Scholastic Economic Sources*. Bergen: Universitetsforlaget.

Langholm, Odd. 1992. *Economics in Medieval Schools: Wealth, Exchange, Value, Money and Usury according to the Paris Theological Tradition, 1200–1350*. Leiden: Brill.

Langholm, Odd. 2015. "A Herald of Schoolasticism: Alain of Lille on Economic Virtue." In Giles E. M. Gasper and S. H. Gullbekk (eds.), *Money and the Church in Medieval Europe, 1000–1200. Practice, Morality and Thought*. Farnham: Ashgate.

Lauwers, Michel. 2009. "Déposer, cacher, fonder. À propos de quelques formes de dépôt ritual dans l'Occident médiéval." In Sandrine Bonnardin, Caroline Hamon, Michel Lauwers and Bénédicte Quilliec (eds.), *Du matériel au spirituel: réalités archéologiques et historiques des «dépôts» de le Préhistoire à nos jours*. Antibes: Éditions APDCA.

Lauwers, Michel. 2012. *La dîme, l'église et la société féodale*. Turnhout: Brepols.

Lawrence, C.H. 1994. *The Friars. The Impact of the Early Mendicant Movement on the Western Society*. London: Longman.

Le Goff, Jacques. 2005. *The Birth of Europe*. Oxford: Blackwell. Le Goff, Jacques. 2012. *Money and the Middle Ages: an Essay in Historical Anthropology*. Cambridge: Polity.

Leader-Newby, Ruth. 2004. *Silver and Society in Late Antiquity: Functions and Meaning of Silver Plate in the Fourth to Seventh Centuries*. Aldershot: Ashgate. Lecuppre-Desjardin, Élodie, Van Bruaene, Anne-Laure (eds.). 2010. *De bono communi. The Discourse and Practice of the Common Good in the European City (13th–16th c.)*. Turnhout: Brepols.

Lenoble, Clément. 2013. *L'exercice de la pauvreté. Économie et religion chez les franciscains d'Avignon (XIIIe-XVe siècle)*. Rennes: Presses Universitares de Rennes.

Leonard Jr., Robert. D. 2008. "Effects of the Fourth Crusade on European Gold Coinage." In Thomas F. Madden (ed.). *The Fourth Crusade: Event, Aftermath, and Perceptions*. Aldershot: Ashgate from the Society for the Study of the Crusades and the Latin East.

Levillain, Léon (ed.). 1927–35. *Loup de Ferrières. Correspondance*. 2 vols. Paris: Les Belles Lettres.

Leyser, Karl. 1994. "The Carolingian and Ottonian Centuries." In Timothy Reuter (ed.), *Communication and Power in Medieval Europe*. London: Hambledon.

Liebermann, F. (ed.). 1903–16. *Die Gesetze der Angelsachsen*. 3 vols. Halle: Niemeyer.

Liestøl, A. 1979. "Runeringen i Forsa: Kva er han, og når vart han smidd?" *Saga och Sed: Gustav Adolfs Akademiens Årsbok*: 12–27.

Limentani, Alberto (ed.). 1972. *Les estoires de Venise: Cronaca veneziana in lingua francese dalle origini al 1275*. Florence: Okschki.

Lindsay, W.M. (ed.). 1911. *Isidori Hispalensis Episcopi Etymologiarum sive Originum libri xx*. 2 vols. Oxford: Clarendon Press.

Little, Lester K. 1978. *Religious Poverty and the Profit Economy in Medieval Europe*. London: Paul Elek.

Lopez, Robert S. 1956. Back to Gold, 1252. *Economic History Review*, 9: 219–40. Lopez, Robert S. 1971. *The Commercial Revolution of the Middle Ages*. Englewood Cliffs: Prentice-Hall.

Lopez, Robert S. and Miskimin, Harry A. 1962. "The Economic Depression of the Renaissance." *Economic History Review*, 14: 408–26.

Loveluck, Chris. 2013. *Northwest Europe in Early Middle Ages. A Comparative Archaeology*. Cambridge: Cambridge University Press.

Loveluck, Chris. 2016. "The Dynamics of Portable Wealth, Social Status and Competition in the Ports, Coastal Zones and River Corridors of Northwest Europe, *c*. AD 650–1100." In Geneviève Bührer-Thierry, Régine Le Jan and Vito Loré (eds.), *Acquérir, prélever, contrôler. Les ressources en compétition (400–1100)*. Turnhout: Brepols.

Lunden, Kåre. 1978. *Korn og kaup, studiar over prisar og jordbruk på Vestlandet i mellomalderen*. Oslo, Bergen and Tromsø : Universitetsforlaget.

Lunt, William. 1934. *Papal Revenues in the Middle Ages*. 2 vols. New York: Columbia University Press.

Maddicott, John R. 1989. "Trade, Industry and the Wealth of King Alfred." *Past and Present*, 123: 3–51.

Magnou Nortier, Elizabeth (ed.). 1993–7. *Aux sources de la gestion publique*. Lille: Presses Universitaires de Lille.

Malamoud, Charles (ed.). 1983. *Debts and Debtors*. New Delhi: Indian Council of Social Science Research and Maison des Sciences de l'Homme.

Malamoud, Charles (ed.). 1988. *Lien de vie, nœud mortel: les représentations de la dette en Chine, au Japon et dans le monde indien*. Paris: Éditions de l'EHESS.

Malkmus, William. 2007. "Ancient and Medieval Coin Dies: Catalogue and Notes." In Lucia Travaini and Alessia Bolis (eds). *Conii e scene di coniazione*. Rome: Quasar.

Malloy, Alex G., et al. 1994. *Coins of the Crusader States, 1098–1291: Including the Kingdom of Jerusalem and Its Vassal States of Syria and Palestine, the Lusignan Kingdom of Cyprus (1192–1489), and the Latin Empire of Constantinople and its Vassal States of Greece and the Archipelago*. Cheltenham: Attic Books.

Malmer, Brita. 1985. "Some Thoughts on the Secondary Treatment of Viking-Age Coins Found on Gotland and in Poland." In Stefan K. Kuczyński and Stanislaw Suchodolski (eds.), *Numus et Historia. Polskie Towarzystwo Archeologiczne i Numizmatyczne Komisja Numizmatyczna*. Warsaw: Polskie Towarzystwo Archeologiczne i Numizmatyczne.

Manchester, William. 1992. *A World Lit only by Fire: the Medieval Mind and the Renaissance*. London: Macmillan.

Manzano, Eduardo. 2013. "Circulation des biens et des richesses entre al-Andalus et l'Occident européen durant les 'siècles obscurs'." In Laurent Feller and Ana

Rodriguez (eds.), *Les objets sous contrainte. Circulation des objets et valeur des choses au Moyen Âge*. Paris: Publications de la Sorbonne.

Marcone, Arnaldo. 2008. "A Long Late Antiquity? Considerations on a Controversial Periodization." *Journal of Late Antiquity*, 1(1): 4–19.

Marcos Casquero, Manuel-Antonio. 2005. "*Pecunia*. Historia de un vocablo." *Pecvnia*, 1: 1–12.

Maurer, Bill. 2016. "Cashlessness, Ancient and Modern." In Colin Haselgrove and Stefan Krmnicek (ed.), *The Archaeology of Money: Proceedings of the Workshop 'Archaeology of Money', University of Tübingen, October 2013*. Leicester: Leicester Archaeology Monographs.

Mayhew, Nicholas J. 1983. *Sterling Imitations of Edwardian Type*. London: Royal Numismatic Society.

Mayhew, Nicholas J. 1992. "From Regional to Central Minting, 1158–1464." In Christopher E. Challis (ed.), *A New History of the Royal Mint*. Cambridge: Cambridge University Press.

Mayhew, Nicholas J. 1995. "Modelling Medieval Monetisation." In Richard H. Britnell and Bruce M.S. Campbell (eds.), *A Commercialising Economy: England 1086 to c. 1300*. Manchester: Manchester University Press.

Mayhew, Nicholas J. 2002. "Money in the Late Medieval Countryside: Britain." In Paolo Delogu and Sara Sorda (ed.), *La Moneta in Ambiente Rurale Nell'Italia Tardomedioevale*. Rome: Istituto italiano di numismatica.

Mayhew, Nicholas J. 2013a. "Prices in England, 1170–1750". *Past and Present*, 219: 3–39.

Mayhew, Nicholas J. 2013b. "La richesse de l'Angleterre médiévale dans ses rapports à la masse monétaire." In Laurent Feller and Ana Rodriguez (eds.), *Objets sous contrainte. Circulation des richesses et valeur des choses au Moyen Âge*. Paris: Publications de la Sorbonne.

Mayhew, Nicholas J. and Gemmill, Elizabeth. 1995. *Changing Values in Medieval Scotland: A Study of Prices, Money, and Weights and Measures*. Cambridge: Cambridge University Press.

McCormick, Michael. 2001. *Origins of the European Economy: Communications and Commerce, AD 300–900*. Cambridge: Cambridge University Press.

McCormick, Michael. 2002. "New Light on the 'Dark Ages': How the Slave Trade Fuelled the Carolingian Economy." *Past and Present*, 177: 17–54.

McKinnon, Andrew M. 2013. "Ideology and the market metaphor in rational choice theory of religion: a rhetorical critique of 'religious economies'."

Critical Sociology, 39/4: 529–43.

McLaughlin, Terence P. 1939–40. "The Teaching of the Canonists on Usury (XII, XIII and XIV Centuries." *Mediaeval Studies*, 1: 81–147; 2: 1–22.

McNamara, Jo Ann. 2001. "Life of Saint Eligius by Dado, Bishop of Rouen." In T. Head (ed.). *Medieval Hagiography: a Sourcebook*. London: Routledge, 137–67.

Merlo, G. G. 2009. "Francesco d'Assisi e il denaro." In L. Travaini (ed.), *Valori e disvalori simbolici delle monete. I 30 denari di Giuda*. Rome: Quasar.

Metcalf, David Michael. 1992. "The Rome (Forum) Hoard of 1883." *British Numismatic Journal*, 62: 62–96.

Metcalf, David Michael. 1995. *Coinage of the Crusades and the Latin East in the Ashmolean Museum Oxford*. 2nd ed. Royal Numismatic Society: Special Publication 28. London: Royal Numismatic Society.

Metcalf, David Michael. 2006. "Monetary Circulation in Merovingian Gaul, 561–674. A propos Cahiers Emest Babelon, 8." *Revue numismatique*, 162: 337–94.

Migne, J.P. (ed.). 1844–64. *Patrologiae cursus completus. Series (latina) prima*. 221 vols. Paris: Excudebat Migne.

Miller, William Ian. 2004. *Eye for an Eye*. Cambridge: Cambridge University Press. Moeser, Karl and Dworschak, Fritz. 1936. *Die große Münzreform unter Erzherzog Sigmund von Tirol (Die ersten großen Silber- und deutschen Bildnism*ünzen *aus der Münzstätte Hall im Inntal)*. Vienna: Verlag Dr. Eduard Stepan.

Mommsen, Theodor and Meyer, Paul. M. (eds.). 1905. *Theodosiani libri XVI cum Constitutionibus Sirmondianis, et leges novella ad Theodosianum pertinentes*. 2 vols. Berlin: Weidmann.

Morrison, Karl F. 1961. "The Gold Medallions of Louis the Pious and Lothaire I and the Synod of Paris (825)." *Speculum*, 36: 592–600.

Morrisson, Cécile. 1992. "Monnaie et finances dans l'empire byzantin, Xe–XIVe siècle." In *Hommes et richesse dans l'Empire byzantin, II: VIIIe–Xve siècle*. Paris: Lethielleux.

Morrisson, Cécile. 2002. "Byzantine Money: its Production and Circulation." In Angeliki E. Laiou (ed.), *The Economic History of Byzantium: from the Seventh through the Fifteenth Century*. 3 vols. Washington DC: Dumbarton Oaks Research Library and Collection.

Mouton, D. 2008. *Mottes castrales en Provence. Les origines de la fortification privée au Moyen* Âge. Paris: Éditions de la Maison des sciences de l'homme.

Munro, John H. 1972. *Wool, Cloth, and Gold: the Struggle for Bullion in Anglo-Burgundian Trade, 1340–1478*. Brussels and Toronto: University of Toronto Press.

Munro, John H. 2003. "The Monetary Origins of the 'Price Revolution' : South German Silver Mining, Merchant-Banking, and Venetian Commerce, 1470–1540." In D.O. Flynn, A. Giráldez and R. von Glahn (eds.), *Global Connections and Monetary History, 1470–1800*. Aldershot, Brookfield: Ashgate Publishing.

Munro, John H. 2009. *Warfare, Liquidity Crises, and Coinage Debasements in Burgundian Flanders, 1384–1482: Monetary or Fiscal Remedies?* Toronto: University of Toronto, Department of Economics.

Murray, Albert Victor. 1967. *Abélard and St. Bernard: A Study in Twelfth Century "Modernism"*. Manchester: Manchester University Press.

Murray, Alexander. 1992. *Reason and Society in the Middle Ages*. Oxford: Oxford University Press.

Murray, Alexander. 2004. "Should the Middle Ages be Abolished?" *Essays in Medieval Studies*, 21: 1–22.

Murray, J.E.L. 1977. "The Black Money of James III." In D.M. Metcalf (ed.) *Coinage in Medieval Scotland*. Oxford: Archaeopress.

Muzzarelli, Maria-Giuseppina and Campanini, Antonella (eds.). 2003. *Disciplinare il lusso. La legislazione suntuaria in Italia e in Europa tra Medievo ed Età modern*. Rome: Carocci.

Myrberg, Nanouschka. 2007. "The Social Identity of Coin Hoards: an Example of Theory and Practice in the Space between Numismatics and Archaeology." In Hans- Markus von Kaenel and Fleur Kemmers (eds.), *Coins in Context I: New Perspectives for the Interpretation of Coin Finds*. Mainz: Verlag Philipp von Zabern.

Myrberg, Nanouschka. 2009. "The Hoarded Dead. Late Iron Age Silver Hoards as Graves." In Ing-Marie Back-Danielsson, Ingrid Gustin, Annika Larsson, Nanouschka Myrberg and Susanne Thedéen (eds.), *On the Threshold: Burial Archaeology in the Twenty-First Century*. Postdoctoral Archaeological Group 1/ Stockholm Studies in Archaeology 47. Stockholm: Insitutionen för arkeologi och antikens kultur, Stockholms universitet.

Naismith, Rory. 2011. *Money and Power in Anglo-Saxon England: the Southern English Kingdoms, 757–865*. Cambridge: Cambridge University Press.

Naismith, Rory. 2012. "Kings, Crisis and Coinage Reforms in the Mid-Eighth

Century." *Early Medieval Europe*, 20(3): 291–332.

Naismith, Rory. 2014a. "Gold Coinage and Its Use in the Post-Roman West." *Speculum* 89(2): 273–306.

Naismith, Rory. 2014b. "The Social Significance of Monetization in the Early Middle Ages." *Past and Present*, 223: 3–39.

Naismith, Rory. 2015. "*Turpe lucrum*? Wealth, Money and Coinage in the Millennial Church." In Giles M. Gasper and Svein H. Gullbekk (eds.), *Money and Church in Medieval Europe, 1000–1200: Practice, Morality and Thought*. Farnham: Ashgate.

Naismith, Rory. 2016a. "The Economy of *Beowulf*." In Leonard Neidorf, Rafael J. Pascual and Tom Shippey (eds.), *Old English Philology: Studies in Honour of R.D. Fulk*. Cambridge: D.S. Brewer.

Naismith, Rory. 2016b. "The Forum Hoard and Beyond: Money, Gift, and Religion in the Early Middle Ages." *Viator*, 47(2): 35–56.

Naismith, Rory. 2017. *Medieval European Coinage, with a Catalogue of the Coins in the Fitzwilliam Museum, Cambridge, vol. 8, Britain and Ireland c. 400–1066*. Cambridge: Cambridge University Press.

Naismith, Rory, Allen, Martin and Screen, Elina (eds.). 2014. *Early Medieval Monetary History: Studies in Memory of Mark Blackburn*. Farnham: Ashgate.

Naismith, Rory and Tinti, Francesca. 2016. *The Forum Hoard of Anglo-Saxon Coins/Il ripostiglio dell'Atrium Vestae nel Foro Romano*. Bollettino di numismatica 55–6. Rome: Istituto poligrafico e Zecca dello Stato.

Naismith, Rory. n. d. *Medieval European Coinage, with a Catalogue of Coins in the Fitzwilliam Museum, Cambridge. 8: Britain and Ireland c. 400–1066*. Cambridge: Cambridge University Press. Forthcoming.

Nederman, Cary J. 2000. "Community and the Rise of Commercial Society: Political Economy and Political Theory in Nicholas Oresme's *De moneta*." *History of Political Thought*, 21(1): 1–15.

Nelson, Benjamin. 1969. *The Idea of Usury: From Tribal Brotherhood to Universal Otherhood*. Chicago and London: University of Chicago Press (second edition).

Nelson, Janet L. 1987. "Making Ends Meet: Wealth and Poverty in the Carolingian Church." *Studies in Church History*, 24: 25–35.

Nelson, Janet L. 2010. "*Munera*." In J.-P. Devroey, L. Feller and R. Le Jan (eds.), *Les élites et la richesse au Moyen Âge*. Turnhout: Brepols.

Newhauser, Richard G. 2014. "Introduction: the Sensual Middle Ages." In Richard

G. Newhauser (ed.) 2014. *A Cultural History of the Senses in the Middle Ages*. London: Bloomsbury.

Nicholas of Cusa. 1998. *De ludo globi*, ed. I.G. Senger, in *Opera omnia*, vol IX. Hamburg: Felix Meiner.

Nightingale, Pamela. 2004. "Money and Credit in the Economy of Late Medieval England." In D. Wood (ed.), *Medieval Money Matters*. Oxford: Oxbow.

Noell, Brian. 2008. "Cistercian Monks in the Market. Legal Studies, Economic Statutes and Institutional Evolution in the Twelfth Century." *Citeaux*. 59: 169–92.

Noonan, John Thomas. 1957. *The Scholastic Analysis of Usury*. Cambridge: Harvard University Press.

North, Douglas C. and Thomas, Robert P. 1971. "The Rise and Fall of the Manorial System: A Theoretical Model." *Journal of Economic History*, 31: 777–803.

North, Michael. 1990. *Geldumlauf und Wirtschaftskonjunktur im südlichen Ostseeraum an der Wende zur Neuzeit (1440–1570): Untersuchungen zur Wirtschaftsgeschichte am Beispiel des Großen Lübecker Münzschatzes, der norddeutschen Münzfunde und der schriftlichen Überlieferung*. Sigmaringen: Thorbecke.

O'Meara, John (trans.). 1982. *Gerald of Wales: The History and Topography of Ireland*. London: Penguin.

Palmer, Andrew. 1993. *The Seventh Century in the West-Syrian Chronicles*. Liverpool: Liverpool University Press.

Palmer, James T. 2014. *The Apocalypse in the Early Middle Ages*. Cambridge: Cambridge University Press.

Parisse, Michel (ed.). 1998. *La correspondance d'un évêque carolingien, Frothaire de Toul (ca 813–847)*. Paris: Publications de la Sorbonne.

Penn, Simon, A.C. and Dyer, Christopher. 1990. "Wages and Earnings in Late Medieval England: Evidence from the Enforcement of the Labour Laws." *Economic History Review*, 43: 356–76.

Perea Caveda, Alicia. 2001. *El Tesoro Visigodo de Guarrazar*. Madrid: Consejo Superior de Investigaciones Científicas.

Pestell, Tim and Ulmschneider, Katharina (eds.). 2003. *Markets in Early Medieval Europe. Trading and 'Productive' Sites, 650–850*. Macclesfield: Windgather Press.

Piergiovanni, Vito. 1993. *The Growth of the Bank as Institution and the Development of Money-Business Law*. Berlin: De Gruyter.

Pinto, Giuliano. 2013. "Les rémunérations des salariés du bâtiment (Italie, XIIIe-XVe siècle): les critères d'évaluation." In Patrice Beck, Philippe Bernardi and Laurent Feller (eds.), *Rémunérer le travail au Moyen Âge*. Paris: Picard.

Pirenne, Henri. 1936 [2005]. *Mahomet et Charlemagne*. Paris: PUF.

Pirenne, Henri. 1951. *Histoire* économique *de l'Occident medieval*. Bruges: Desclee.

Pliego Vázquez, Ruth. 2009. *La moneda visigoda*. 2 vols. Seville: Secretariado de Publicaciones, Universidad de Sevilla.

Plummer, Charles (ed.). 1892. *Two of the Saxon Chronicles Parallel with Supplementary Extracts from the Others*. 2 vols. Oxford: Clarendon Press.

Polanyi, Karl. 1968. *Primitive, Archaic and Modern Economies. Essays of Karl Polanyi*. Ed. by George Dalton. Boston: Beacon Press.

Polo, Marco. 2005. *Travels in the Land of Kubilai Khan*. London: Penguin.

Poly, Jean-Pierre and Bournazel, Eric. 1991. *La mutation féodale, Xe-XIIe siècle*. Paris: Presses Universitaires de France.

Poque, Suzanne. 1960. "Christus Mercator. Notes augustiniennes." *Recherches de Science Religieuse*, 48: 564–77.

Poque, Suzanne. 1984. *Le langage symbolique dans la prédication d'Augustin d'Hippone*. Paris: Etudes Augustiniennes.

Prestwich, Michael. 1988. *Edward I*. London: Methuen.

Prigent, Vivien. 2014. "Le mythe du mancus et les origins de l'économie européenne." *Revue numismatique*, 180: 701–28.

Prodi, Paolo (ed.). 2008. *La* fiducia *secondo i linguaggi del potere*. Bologna: il Mulino.

Prodi, Paolo. 2009. *Settimo non rubare. Furto e mercato nella storia dell'Occidente*. Bologna: il Mulino.

Quaglioni, Diego and Todeschini, Giacomo et al. (eds.). 2005. *Credito e usura fra teologia, diritto e amministrazione: Linguaggi a confronto (sec. XII-XVI)*. Rome: École française de Rome.

Rahner, H. 1956. "Werdet kundige Geldwechsler. Zur Geschichte der Lehre des hl. Ignatius von der Unterscheidung der Geister." *Gregorianum*, 37: 444–83.

Ramsey, Boniface (trans.). 1997. *John Cassian: the Conferences; Ancient Christian Writers 57*. Mahwah: Paulist Press.

Redford, Scott. 1998. *The Archaeology of the Frontier in the Medieval Near East: Excavations at Gritille, Turkey*. Boston: Archaeological Institute of America.

Redish, Angela. 2000. *Bimetallism: An Economic and Historical Analysis*.

Cambridge and New York: Cambridge University Press.
Reece, Richard. 1987. *Coinage in Roman Britain*. London: Seaby.
Reisch, Gregor. 1503. *Margarita philosophica*. Freiburg im Breisgau: Johannes Schotten.
Resch, Alfred. 1906. *Agrapha. Aussercanonische Evangelienfragmente*, Leipzig: J.C. Hinrichs (second edition).
Reuter, Timothy. 2000. "'You Can't Take it with You' : Testaments, Hoards and Moveable Wealth in Europe, 600–1100." In Elizabeth M. Tyler (ed.), *Treasure in the Medieval West*. York: York Medieval Press.
Reynolds, Andrew. 2009. *Anglo-Saxon Deviant Burial Customs*. Oxford: Oxford University Press.
Reynolds, Susan. 2012. "Trust in Medieval Society and Politics." In her *The Middle Ages Without Feudalism. Essays in Criticism and Comparison on the Medieval West*. Farnham: Ashgate.
Richter, Michael. 1998. "William ap Rhys, William de Braose, and the Lordship of Gower, 1289 and 1307." *Studia Celtica*, 32: 189–209.
Risvaag, Jon Anders. Forthcoming. "Coin Finds of Høre Stave Church, Oppland Norway: Reflections of Regulation and Conflict in the Middle Ages." In Gullbekk, Kilger, Roland and Kristoffersen.
Robson, M. (ed.). 2011. *The Cambridge Companion to Saint Francis of Assisi*. Cambridge: Cambridge University Press.
Rodolico, Niccolò . 1889 [ed. 1968]. *Il popolo minuto. Note di storia fiorentina (1343–1378)*. Florence: Olschki.
Rogers, James. E. Thorold. 1866. *A History of Agriculture and Prices in England: from the Year after the Oxford Parliament (1259) to the Commencement of the Continental War (1793)*. Oxford: Clarendon Press.
Rosenwein, Barbara H. 1989. *To Be the Neighbor of Saint Peter. The Social Meaning of Cluny's Property, 909–1049*. Ithaca-London: Cornell University Press.
Rosenwein, Barbara H. and Little, Lester K. 1974. Social Meaning in the Monastic and Mendicant Spiritualities, *Past and Present* 63: 4–32.
Ross, Marvin Chauncey. 1965. 2nd ed. with addendum by Susan A. Boyd and Stephen R. Zwirn. 2005. *Catalogue of the Byzantine and Early Mediaeval Antiquities in the Dumbarton Oaks Collection, Vol. 2, Jewelry, Enamels, and Art of the Migration Period*. Washington DC: Dumbarton Oaks Research Library and Collection.

Rössner, Philipp R. 2012. *Deflation—Devaluation—Rebellion: Geld im Zeitalter der Reformation*. Stuttgart: Steiner.

Rovelli, Alessia. 1992. "La funzione della moneta tra l'VIII e X secolo. Un analisi della documentazione archelogica." In Riccardo Francovich and Ghislaine Noyé (eds.), *La storia dell'alto Medioevo italiano alla luce dell'archeologia*. Florence: a l'Insegna del Giglio.

Rovelli, Alessia. 2009. "Coins and Trade in Early Medieval Italy." *Early Medieval Europe*, 17(1): 45–76.

Rovelli, Alessia. 2012. "Coin Hoards." In her *Coinage and Coin Use in Medieval Italy*. Farnham: Ashgate Variorum. English translation of Rovelli, Alessia. 2004. "I tesori monetali." In Sauro Gelichi and Cristina La Rocca (eds.), *Tesori. Forme di accumulazione della ricchezza nell'alto medioevo (secoli V–XI)*. Rome: Viela.

Rubin, Miri. 1991. *Corpus Christi: The Eucharist in Late Medieval Culture*. Cambridge: Cambridge University Press.

Saccocci, Andrea. 1999. "Billon and Bullion: Local and Foreign Coins in Northern Italy (11th–15th Centuries)." In Travaini 1999. de Salis, Ludwig Rudolf (ed.). 1892. *Leges nationum Germanicarum II.1: Leges Burgundionum*. Monumenta Germaniae Historica. Hanover: Hahn.

Salvesen, Astrid (ed.). 1969. *Historien om Danenes ferd til Jerusalem*. Oslo: Thorleif Dahls kulturbibliotek.

Salvesen, Astrid (ed.). 1971. *Gammelnorsk Homiliebok*. Oslo-Bergen-Tromsø: Universitetsforlaget.

Santarelli, Umberto. 1984. *La categoria dei contratti irregolari. Lezioni di storia del diritto*. Torino: Giappichelli.

Sargent, Thomas J. and Velde, François R. 2002. *The Big Problem of Small Change*. Princeton: Princeton University Press.

Sarris, Peter. 2006. *Economy and Society in the Age of Justinian*. Cambridge: Cambridge University Press.

Schefold, Bertram. 2016. *Great Economic Thinkers from Antiquity to the Historical School: Translations from the Series Klassiker Der Nationalökonomie*. London and New York: Routledge.

Schindel, Nikolaus. 2005. "Sasanian Mint Abbreviations: the Evidence of Style."*Numismatic Chronicle*, 165: 287–99.

Schirmer, Uwe. 2006. *Kursächsische Staatsfinanzen (1456–1656): Strukturen—Verfassung—Funktionseliten*. Stuttgart: Franz Steiner Verlag.

Schive, Claudius Iacob. 1867. "Skandinaviske Mynter, fundne ved Vevey i Schweitz. Beskrevne af A. Morel Fatio. Med Anmærkninger af Schive." *Forhandlinger* 1866:257–81.

Schmoeckel, Mathias. 2014. "Das kanonische Zinsverbot und die Konfessionalisierung." In Wim Decock *et al.* (eds.), *Law and Religion: The Legal Teaching of the Protestant and Catholic Reformations*. Göttingen: Vandenhoeck and Ruprecht.

Schmutz, D. and Koenig, F.E. 2003. *Gespendet, verloren, wiedergefunden. Die Fundmünzen aus der reformierten Kirche Steffisburg als Quelle zum spätmittelalterlichen Geldumlauf*. Bern: Haupt Verlag.

Schnapper, Bernard. 1969. "La repression de l'usure et l'evolution économique." *Tijdschrift voor Rechtsgeschiedenis*, 37(1): 47–75.

Schreckenberg, Hans. 1982. *Die christliche Adversus Judaeos-Texte und ihr literarisches und historisches Umfeld (I-XI Jh.)*. Frankfurt-Bern: Peter Lang.

Schröder, Edward. 1918. "Studien zu den deutschen Münznamen." *Zeitschrift für vergleichende Sprachforschung auf dem Gebiete der Indogermanischen Sprachen*, 48: 241–75.

Schultz, Alwin (1888). *Der Weisskunig: Nach den Dictaten und eigenhändigen Aufzeichnungen Kaiser Maximilians I. zusammengestellt von Marx Treitzsauerwein von Ehrentreitz*. Vienna: Adolf Holzhausen.

Schüttenhelm, Joachim. 1987. *Der Geldumlauf im südwestdeutschen Raum vom Riedunger Münzvertrag 1423 bis zur ersten Kipperzeit 1618*. Stuttgart: Kohlhammer.

Schwabenicky, Wolfgang. 1994. "Archäologische und historische Forschungen zum hochmittelalterlichen Montanwesen im sächsischen Erzgebirge." *Mitteilungen der AG für Archäologie des Mittelalters und der Neuzeit*, 4: 25–7.

Schwiedland, Eugen Peter. 1899. *Die Hausierfrage in Österreich*. Leipzig: Duncker & Humblot.

Scull, Chris. 1990. "Scales and Weights in Early Anglo-Saxon England." *Archaeological Journal*, 147: 183–215.

Scull, Christopher, Minter, Faye and Plouviez, Jude. 2016. "Social and Economic Complexity in Early Medieval England: a Central Place Complex of the East Anglian Kingdom at Rendlesham, Suffolk." *Antiquity*, 354: 1594–612.

Screen, Elina. 2013. *Sylloge of Coins of the British Isles 65. Norwegian Collections. Part 1: Anglo Saxon Coins to 1016*. Oxford: Oxford University Press.

Sellwood, David. 1980. "The Production of Flans for Byzantine Trachy Issues." In David Michael Metcalf and Andrew Oddy (eds.), *Metallurgy in Numismatics*. London: Royal Numismatic Society.

Semmler, Josef (ed.). 1963. *Corpus consuetudinum monasticarum 1: Statuta seu Brevia Adalhardi abbatis Corbeiensis*. Siegburg: Franz Schmitt.

Serafini, Camillo. 1951. "Appendice numismatica." In Bruno M. Apollonj Ghetti (ed.), *Esplorazioni sotto la Confessione di San Pietro in Vaticano eseguite negli anni 1940–1949*. 2 vols. Vatican City: Tipografia poliglotta vaticana.

Shell, Marc. 1982. *Money, Language and Thought: Literary and Philosophical Economies from the Medieval to the Modern Era*. Berkeley: University of California Press.

Sibon, Juliette. 2013. "Du gage-objet au gage-chose. Une étude de cas au sommet de la société urbaine marseillaise à l'extrême fin du XIVe siècle." In Laurent Feller and Ana Rodriguez (eds.), *Objets sous contrainte: Circulation des richesses et valeur des choses au Moyen Âge*. Paris: Publications de la Sorbonne.

Siems, Harald. 1992. *Handel und Wucher im Spiegel frühmittelalterlicher Rechtsquellen*. Hanover: Hahnsche Buchhandlung.

Skaare, Kolbjørn. 1976. *Coins and Coinage in Viking Age Norway*. Lund: Universitetsforlaget.

Skaare, Kolbjørn. 1995. *Norges Mynthistorie. Mynter og utmynting i 1000 år. Pengesedler i 300 år. Numismatikk i Norge*. 2 vols. Oslo: Universitetsforlaget.

Skre, Dagfinn. 2007. "Dealing with Silver: Economic Agency in South-Western Scandinavia AD 600–1000." In Dagfinn Skre (ed.), *Means of Exchange: Dealing with Silver in the Viking Age*. Kaupang Excavation Project Publication Series 2. Aarhus: Aarhus University Press.

Sloane, Barney. 2011. *The Black Death in London*. Stroud: History Press. Smail, Daniel Lord. 2013. "Les biens comme otages. Quelques aspects du processus de recouvrement des dettes à Lucques et à Marseille à la fin du Moyen Âge." In Laurent Feller and Ana Rodriguez (eds.), *Objets sous contrainte: Circulation des richesses et valeur des choses au Moyen Âge*. Paris: Publications de la Sorbonne.

Smith, Julia M.H. 2003. "Einhard: the Sinner and the Saints." *Transactions of the Royal Historical Society*, 13: 55–77.

Smith, Romney David. 2015. "Calamity and Transition: Re-Imagining Italian

Trade in the Eleventh-Century Mediterranean." *Past and Present*, 228: 15–56.
Sortland, Svanhild. 2006. "An Analysis of the Coin Finds from the Church at Mære." *Nordisk Numismatisk Årsskrift*, 2000–2002: 304–18.
Southern, Richard W. 1990 [1970]. *Western Society and the Church in the Middle Ages*. London: Penguin.
Spufford, Peter. 1984. "Le rôle de la monnaie dans la révolution commerciale du XIIIe siècle." In John Day (ed.), *Etudes d'histoire monétaire*. Lille: Presses Universitaires de Lille.
Spufford, Peter. 1986. *Handbook of Medieval Exchange*. London: Offices of the Royal Historical Society.
Spufford, Peter. 1988a. "Mint Organisation in Late Medieval Europe." In N.J. Mayhew and P. Spufford (eds.), *Later Medieval Mints: Organisation, Administration and Techniques. The Eighth Oxford Symposium on Coinage and Monetary History*. Oxford: Archaeopress.
Spufford, Peter. 1988b. *Money and its Use in Medieval Europe*. Cambridge: Cambridge University Press.
Spufford, Peter. 1999. "Local Coins, Foreign Coins in Late Medieval Europe: an Overview." In Lucia Travaini (ed.), *Local Coins, Foreign Coins: Italy and Europe 11th–15th Centuries*. Milan: Società Numismatica Italiana.
Spufford, Peter. 2000. "Monetary Practice and Monetary Theory in Europe (12th–15th. Centuries)." In *Moneda y monedas en la Europa medieval, siglos XII–XV. Actas de la XXVI Semana de Estudios Medievales de Estella, 19 al 23 de julio de 1999*. Pamplona: Gobierno de Navarra.
Spufford, Peter. 2002. *Power and Profit: the Merchant in Medieval Europe*. London: Thames and Hudson.
Spufford, Peter. 2008. *How Rarely Did Medieval Merchants Use Coin?* Geldmuseum: Utrecht.
Spufford, Peter. 2015. "Debasement of the Coinage and its Effects on Exchange Rates and the Economy in England in the 1540s, and in the Burgundian-Habsburg Netherlands in the 1480s." In John H. Munro (ed.), *Money in the Pre-Industrial World: Bullion, Debasements and Coin Substitute*. London: Routledge. Squatriti, Paolo (trans.). 2007. *The Complete Works of Liudprand of Cremona*. Washington DC: Catholic University of America Press.
Stahl, Alan. 1999. "The Circulation of Medieval Venetian Coinages." In Lucia Travaini (ed.), *Local Coins, Foreign Coins: Italy and Europe 11th–15th Centuries*. Milan: Società Numismatica Italiana.

Stahl, Alan. 2000. *Zecca: The Mint of Venice in the Middle Ages*. Baltimore: Johns Hopkins University Press.

Stark, Werner. 1966–72. *A Sociology of Religion: A Study of Christendom*. 5 vols. London: Routledge and Kegan Paul.

Steen Jensen, Jørgen. 1999. "Local and Foreign Coins in Denmark (11th–16th Centuries)." In Travaini 1999.

Steinbach, Sebastian. 2007. *Das Geld der Nonnen und Mönche: Münzrecht, Münzprägung und Geldumlauf der ostfränkisch-deutschaen Klöster in ottonisch- salischer Zeit (ca. 911–1125)*. Berlin: Winter Industries.

Steuer, Heiko. 2004. "Münzprägung, Silberströme und Bergbau um das Jahr 1000 in Europa: wirtschaftlicher Aufbruch und technische Innovation." In Achim Humbel and Bernd Schneidmüller (eds.), *Aufbruch ins zweite Jahrtausend: Innovation und Kontinuität in der Mitte des Mittelalters*. Ostfildern: Thorbecke.

Storm, Gustav. 1897. *Afgifter fra den norske kirkeprovins til det apostoliske kammer og Kardinalkollegiet 1311–1523*. Christiania/Oslo: I kommission hos H. Aschehoug and Co.

Szabò-Bechstein, Brigitte. 1985. *Libertas ecclesiae. Ein Schlüsselbegriff des Investiturstreits und seine Vorgeschichte. 4.–11. Jh.* Roma: Studi Gregoriani.

Taranger, Absalon. (ed.). 1970. *Magnus Lagabøtes Landslov*. Oslo-Bergen-Tromsø: Universitetsforlaget.

Tellenbach, Gerd. 1993. *The Church in Western Europe from the Tenth to the Early Twelfth Century*, Cambridge: Cambridge University Press.

Testart, Alain (ed.). 2001. *Aux origines de la monnaie*. Paris: Errance.

Testart, Alain. 2001. "Moyen d'échange/moyen de paiement. Des monnaie en général et plus particulièrement des primitives" in Alain Testart (ed.), *Aux origines de la monnaie*. Paris: Errance.

Thieme, Hans. 1942. "Die Funktion der Regalien im Mittelalter." *Zeitschrift der Savigny-Stiftung für Rechtsgeschichte: germanistische Abteilung*, 62: 57–88.

Thomas, Gabor and Ottaway, Patrick. 2008. "The Symbolic Lives of Late Anglo-Saxon Settlements: a Cellared Structure and Iron Hoard from Bishopstone, East Sussex." *Archaeological Journal*, 165: 334–98.

Tobin, James. 1992. "Money." In *The New Palgrave dictionary of Money and Finance*. London: Macmillan.

Todeschini, Giacomo. 1994. *Il prezzo della salvezza. Lessici medievali del pensiero economico*. Roma: Nuova Italia Scientifica.

Todeschini, Giacomo. 2000. "Linguaggi economici ed ecclesiologia fra XI e XII secolo: dai Libelli de lite al Decretum Gratiani." In G. Rossetti and G. Vitolo (eds.), *Studi in onore di Mario del Treppo*. 2 vols. Naples: Liguori.

Todeschini, Giacomo. 2002. *I mercanti e il tempio. La società cristiana e il circolo virtuoso della ricchezza fra medioevo ed età moderna*. Bologna: il Mulino.

Todeschini, Giacomo. 2009a. *Franciscan Wealth. From Voluntary Poverty to Market Society*. New York: Bonaventure University Press.

Todeschini, Giacomo. 2009b. "Eccezioni e usura nel Duecento. Osservazioni sulla cultura economica medievale come realtà non dottrinaria" *Quaderni Storici*, 131/44(2): 443–60.

Todeschini, Giacomo. 2010. "The Incivility of Judas: 'Manifest' Usury as a Metaphor for the 'Infamy of Fact' (*infamia facti*)." In Juliann Vitullo and Diane Wolfthal (eds.), *Money, Morality and Culture in Late Medieval and Early Modern Europe*. Farnham: Ashgate.

Todeschini, Giacomo. 2011. *Come Giuda. La gente comune e i giochi dell'economia fra medioevo ed età moderna*. Bologna: il Mulino.

Todeschini, Giacomo. 2012. "Usury in the Christian Middle Ages. A Reconsideration of the Historiographical Tradition (1949–2010)." in Francesco Ammannati (ed.), *Religion and religious institutions in the European economy. 1000–1800*. Prato-Florence: Florence University Press.

Todeschini, Giacomo. 2016. "Jewish Usurers, Blood Libel and the Second-Hand Economy. The Medieval Origins of a Stereotype (from the Thirteenth to the Fifteenth Century)." In Cordelia Hess and Jonathan Adams (eds.), *The Medieval Roots of Antisemitism*. Farnham: Ashgate.

Toneatto, Valentina. 2012. *Les banquiers du Seigneur. Évêques et moines face à la richesse (IVe-début IXe siècle)*. Rennes: Presses Universitaires de Rennes.

Toubert, Pierre. 1983. "Il sistema curtense: la produzione e lo scambio interno in Italia nei secoli VIII, IX e X." In R. Romano and U. Tucci (eds.), *Economia naturale, economia monetaria: Storia d'Italia Einaudi, Annali 6*. Turin: Einaudi. [reprinted in Toubert 2004: 145–218].

Toubert, Pierre. 1990. "La part du grand domaine dans le décollage économique de l'Occident (VIIIe-Xe siècles)." In *La croissance agricole du haut Moyen-Age: chronologie, modalités, géographie (Actes des journées d'études de Flaran, 10, sept. 1988)*. Auch: Comité départemental du tourisme du Gers. [reprinted in Toubert 2004: 73–115].

Toubert, Pierre. 2004. *L'Europe dans sa première croissance. De Charlemagne à l'an Mil*. Paris: Fayard.

Travaini, Lucia. 1988. "Mint Organization in Italy between the Twelfth and the Fourteenth Centuries: a Survey." In N.J. Mayhew and P. Spufford (eds.), *Later Medieval Mints: Organisation, Administration and Techniques*. Oxford: Archaeopress.

Travaini, Lucia (ed.). 1999. *Moneta locale, moneta straniera: Italia ed Europa, XI–XV secolo/Local Coins, Foreign Coins: Italy and Europe, 11th–15th Centuries. The Second Cambridge Numismatic Symposium*. Milan: Società numismatica italiana.

Travaini, Lucia. 2001. "The Normans between Byzantium and the Islamic World." *Dumbarton Oaks Papers*, 55: 179–96.

Travaini, Lucia. 2004. "Saints and Sinners: Coins in Medieval Italian Graves." *Numismatic Chronicle*, 164: 159–81.

Travaini, Lucia. 2009. "Monete e sangue." In Francesca Ceci (ed.), *Valori e disvalori simbolici delle monete: I trenta denari di Giuda*. Rome: Quasar.

Travaini, Lucia. 2011. "Le zecche italiane." In Lucia Travaini (ed.), *Le zecche italiane fino all'Unità*. 2 vols. Rome: Libreria dello Stato.

Travaini, Lucia. 2013. "Coins as Bread. Bread as Coins." *Numismatic Chronicle* 172: 187–200.

Travaini, Lucia. 2015. "Saints, Sinners and . . . a Cow: Offerings, Alms and Tokens of Memory." In Giles E.M. Gasper and Svein H. Gullbekk (eds.), *Money and the Church in Medieval Europe, 1000–1200: Practice, Morality and Thought*. Farnham: Ashgate.

Treadwell, Luke. 2009. "'Abd al-Malik's Coinage Reforms: the Role of the Damascus Mint." *Revue numismatique*, 165: 357–81.

Turtledove, Harry. 1982. *The Chronicle of Theophanes, Anni Mundi 6095–6305 (AD 602–813)*. Philadelphia: University of Pennsylvania Press.

Tveito, Olav. 2015. "Mynter i messen—Kirkefunnene som bidrag til kunnskap om offerpraksis og kirkeskikker (11.–17. årh.)." *Historisk Tidsskrift*, 2015(3): 383–417.

Van Vilsteren, Vincent T. 2000. "Hidden and Not Intended to be Recovered: an Alternative Approach to Hoards of Medieval Coins." *Jaarboek voor Munt-en Penningkunde*, 87: 51–63.

Van Vilsteren, V. "Hidden and Not Intended to be Recovered: an Alternative Approach to Hoards of Medieval Coins." *Jaarboek voor Munt-en Penningkunde*, 87: 51–00.

Van Werveke, Henri. 1932. "Monnaie, lingots ou marchandises? Les instruments d'échange aux XIe et XIIe siècles." *Annales d'histoire économique et sociale*, 4(17): 452–68.

Vaughan, Richard (ed.). 1993. *The Illustrated Chronicles of Matthew Paris*. Stroud: Alan Sutton.

Verhulst, Adriaan. 2002. *The Carolingian Economy*. Cambridge: Cambridge University Press.

Verna, Catherine. 2010. "Qualité des fers, prix des marchés, valeurs des hommes et des alliances (haut Vallespir, XVe siècle)." In Claude Denjean (ed.), *Sources sérielles et prix au Moyen Âge. Travaux offerts à Maurice Berthe*. Toulouse: Méridiennes.

Victor, S. 2013. "Les formes de salaires sur les chantiers de construction: l'exemple de Gérone au bas Moyen Âge." In Patrice Beck, Philippe Bernardi Laurent and Feller (eds.), *Rémunérer le travail au Moyen Âge*. Paris: Picard.

Vilar, Pierre. 1984. *A History of Gold and Money 1450–1920*. London: Verso.

Vogel, Kurt. 1954. *Die Practica des Algorismus Ratisbonensis: Ein Rechenbuch des Benediktinerklosters St. Emmeram aus der Mitte des 15. Jahrhunderts nach den Handschriften der Münchner Staatsbibliothek und der Stiftsbibliothek St. Florian*. Munich: Beck.

Volckart, Oliver. 1996. *Die Münzpolitik im Deutschordensland und Herzogtum Preußen von 1370 bis 1550*. Wiesbaden: Harrassowitz.

Volckart, Oliver. 2009. "Regeln, Willkür und der gute Ruf: Geldpolitik und Finanzmarkteffizienz in Deutschland, 14. bis 16. Jahrhundert." *Jahrbuch für Wirtschaftsgeschichte*, 2: 101–29.

Volckart, Oliver. 2016. "Währungsvielfalt, Wechselkurse und Geldmarktintegration im Hanseraum, ca. 1350–1550." *Hansische Studien* 25: 11–29.

von der Hagen, Friedrich Heinrich. 1850. *Gesammtabenteuer, Vol. 1*. Stuttgart, Tübingen: J.G. Cotta.

von Stromer, Wolfgang. 1973–75. "Die ausländischen Kammergrafen der Stephanskrone—unter den Königen aus den Häusern Anjou, Luxemburg und Habsburg—Exponenten des Großkapitals." *Hamburger Beiträge zur Numismatik*, 27/29: 85–106.

von Wolfstrigl-Wolfskron, Max R. 1903. *Die Tiroler Erzbergbaue 1301–1665*. Innsbruck: Wagner'sche Universitäts-Buchhandlung.

Waitz, Georg (ed.). 1887. "Translatio et miracula sancti Petri et Marcellini." In *Monumenta Germaniae Historica: Scriptorum tomus 15.1*. Stuttgart: Hahn.

Walburg, Reinhold. 2008. *Coins and Tokens from Ancient Ceylon: Ancient*

Ruhuna— Sri Lankan-German Archaeological Project in the southern Province, vol. 2. Wiesbaden: Reichert Verlag.

Walker Bynum, C. 1991. *Fragmentation and Redemption. Essays on Gender and the Human Body in Medieval Religion*. New York: Zone Books.

Webb, Diana. 2001. *Pilgrims and Pilgrimage in the Medieval West*. London: I.B. Tauris.

Weber, Max. 1958. "Religious Rejections of the World and Their Directions." In H.H. Gerth and C. Wright Mills (eds.), *From Max Weber: Essays in Sociology*. Oxford: Oxford University Press.

Weisenstein, Karl. 1995. *Das Kurtriersche Münz- und Geldwesen vom Beginn des 14. bis zum Ende des 16. Jahrhunderts: Auch ein Beitrag zur Geschichte des Rheinischen Münzvereins*. Koblenz: Numismatischer Verlag.

Welch Williams, Jane. 1993. *Bread, Wine and Money: The Windows of the Trades at Chartres Cathedral*. Chicago: University of Chicago Press.

Welter, J.T. (ed.). 1926. *Tabula exemplorum secundum ordinem Alphabeti*. Paris and Toulouse: Occitania, E.H. Guitard.

Werminghoff, Albert (ed.). 1906–8. *Concilia aevi Karolini*. 2 vols. Monumenta Germaniae Historica Concilia 2.1–2. Hanover and Leipzig: Hahn. West, Charles. 2013. *Reframing the Feudal Revolution: Political and Social Transformation between Marne and Moselle, c. 800–c. 1100*. Cambridge: Cambridge University Press.

West, Shearer. 2004. *Portraiture*. Oxford: Oxford University Press. Whelan, Estelle J. 2006. *The Public Figure: Political Iconography in Medieval Mesopotamia*. London: Melisende.

Whitelock, Dorothy (trans.). 1979. *English Historical Documents I: c. 500–1042*. 2nd ed. London: Eyre Methuen.

Wickham, Chris. 2005. *Framing the Early Middle Ages: Europe and the Mediterranean (400–800)*. Oxford: Oxford University Press.

Wickham, Chris. 2008. "Rethinking the Structure of the Early Medieval Economy." In Jennifer R. Davis and Michael McCormick (eds.), *The Long Morning of Medieval Europe: New Directions in Early Medieval Studies*. Aldershot: Ashgate.

Wickham, Chris. 2016. *Medieval Europe*. New Haven and London: Yale University Press.

Wilkin, Alexis, Naylor, John, Keene, Derek and Bijsterveld, Arnoud-Jan (eds.). 2015. *Town and Country in Medieval North Western Europe*. Turnhout: Brepols.

Williams, Gareth. 2006a. "The Circulation and Function of Coinage in Conversion-Period England, *c*. AD 580–675." In Barrie Cook and Gareth Williams (eds.), *Coinage and History in the North Sea World, c. AD 500–1250: Essays in Honour of Marion Archibald*. Leiden: Brill.

Williams, Gareth. 2006b. "Monetary Economy in Viking-Age Scotland in the Light of Single Finds." *Nordisk Numismatisk Årsskrift, 2000–2002*: 163–72.

Williams, Gareth. 2011a. "Coinage and Monetary Circulation in the Northern Danelaw in the 920s in the Light of the Vale of York Hoard." In Tony Abramson (ed.), *Studies in Early Medieval Coinage, vol. 2: New Perspectives*. Woodbridge: Boydell.

Williams, Gareth. 2011b. "Silver Economies, Monetisation and Society: an Overview." In James Graham-Campbell, Søren M. Sindbæk and Gareth Williams (eds.), *Silver Economies, Monetisation and Society in Scandinavia, AD 800–1100*. Aarhus: Aarhus University Press.

Wilmart, Mickaël. 2016. "Travailler pour les autres dans un village de la région de Meaux à la fin du XVe siècle". Forthcoming.

Winroth, Anders. 2000. *The Making of Gratian's Decretum*. Cambridge: Cambridge University Press.

Woods, Andrew. 2013. "Economy and Authority: a Study of the Coinage of Hiberno- Scandinavian Dublin and Ireland." 2 vols. PhD. thesis, University of Cambridge.

Woods, Andrew. 2014. "Monetary Activity in Viking-Age Ireland: the Evidence of the Single-Finds." In Naismith, Allen and Screen 2014.

Wormald, Patrick. 1977. "*Lex scripta and verbum regis*: Legislation and Germanic Kingship, from Euric to Cnut." In Peter Hayes Sawyer and Ian N. Wood (eds.), *Early Medieval Kingship*. Leeds: University of Leeds.

Wright, F.A. 1930. *The Works of Liudprand of Cremona: Antapodosis, Liber de Rebus Gestis Ottonia and Relatio de Legatione Constantinopolitana*. London: George Routledge and Sons Ltd.

Zingerle, I.V. 1877. *Reiserechnungen Wolfger's von Ellenberchtskirchen Bischofs von Passau, Patriarchen von Aquileia*. Heilbronn: Henninger.

Zucchini, Stefania. 2008. *Università e dottori nell'economia del comune di Perugia. I registri dei Conservatori della Moneta (sec. XIV-XV)*. Perugia: Dep. Storia Patria Umbria.

译名对照表 Index

Abd al-Malik 阿卜杜勒·马利克
Abelard, Peter 彼得·阿伯拉尔
Acre, Israel 阿卡，以色列
Adalard of Corbie 53 科尔比修道院的阿达拉得条例
Adalbert, Bishop of Prague 布拉格主教圣阿达尔贝特
Æthelwulf, King of Wessex 威塞克斯国王埃塞尔沃夫
afterlife 来世
Agathias 阿加西亚斯
Alan of Lille, *De planctu naturae* 里尔的阿兰,《自然的怨诗》
Albert the Bear, Margrave of Brandenburg 在勃兰登堡选帝侯阿尔布雷希特一世
Alcuin 阿尔昆
alienation of church goods 转让教会物品
Anastasius I, Byzantine Emperor, 阿纳斯塔修斯一世, 拜占庭帝国皇帝
Anselm of Canterbury 坎特伯雷的安塞尔姆
apocalyptic signs 末日启示的迹象
Aquinas, Thomas 托马斯·阿奎那
argenteus (Spain) 阿根蒂（西班牙货币）
armbands 臂环
Arne, Bishop of Stavanger 阿恩，斯塔万格镇主教
art and representation 艺术与表现形式
authority of coins 货币的权力
　intended audience 目标受众
　makers of coins 货币制造者
　unintended audience 非目标受众
Artuqid 阿图基德
Asia Minor 小亚细亚
assaying process 检验过程
Augustine of Hippo 希波的奥古斯丁

Balducci Pegolotti, Francesco 弗朗切斯科·巴尔杜奇·佩戈罗蒂
Baltic towns 波罗的海沿岸城镇
barter 以物易物
Bergen, Norway 卑尔根，挪威
Bernard of Pavia, *Summa decretalium* 帕维亚的伯纳德,《教令汇要》
billon 比朗
bills of exchange 汇票
bimetallic 双本位制
Black Death 黑色病
Blackburn, Mark 马克·布莱克本
Blanks 币坯
Boccaccio, Giovanni 薄伽丘
Body of Christ 基督真正的身体
Bohemia 波希米亚
Boleslaw, King of Poland 波兰国王博莱斯洛

Bolton, Jim 吉姆·博尔顿
Bote, Hermen 赫尔曼·博特
bracteates 薄片币
bread, consecrated 经过祝圣的饼
Britnell, Richard 理查德·布里特内尔
bullion 金银
bullion economy 金属经济
bullionist policies "重金主义"政策
Byzantine court 拜占庭的宫廷

Calais, France 加来, 法国
Canal, Martin da 家马丁·达·卡纳尔
Canterbury, England 坎特伯雷, 英格兰
Carolingian Empire 加洛林帝国
Caronno, Italy 卡隆诺, 意大利
Cassian, John 约翰·卡西安
cens (land taxes) 年贡（土地税）
champart (harvest share) 实物地租（土地收成）
Charlemagne 查理大帝
Chartres, France 沙特尔, 法国
church goods 教会物品
circulation of wealth 财富的流动
Clement V, Pope 教皇克莱蒙五世
Code of Justinian 《查士丁尼法典》
collateral for loans 借贷的抵押品
Commercial Revolution 商业革命
commercialization 商业化
Conrad II, Holy Roman Emperor 康拉德二世, 神圣罗马帝国皇帝
Constans II, Byzantine Emperor 君士坦斯二世, 拜占庭帝国皇帝
Constantine III, Byzantine Emperor 君士坦丁三世, 拜占庭帝国皇帝
Constantine Heraclius 君士坦丁·希拉克略

Constantinople, Turkey 君士坦丁堡, 土耳其
copper-alloy coinage 铜合金（铸币）
Coupland, Simon 西蒙·库普兰
Cragh, William 威廉·克劳
credit 信贷/信用
Crusader states 十字军国家/十字军王国
currency borders 货币边界
Cusanus, Nicholas, *The Ball Game* 库萨的尼古拉,《球赛》
Cyprus 塞浦路斯

Dante Alighieri, *La Divina commedia* 但丁,《神曲》
David II, King of Scotland 苏格兰国王大卫二世
Davies, W. W. 戴维斯
debasement of coinage （铸币的）贬值
debt, notion of "债务"观念
Della Valle, Pietro 彼得罗·德拉·瓦列
denarii 第纳里乌斯
denarius (Francia) 第纳里乌斯（法兰克王国货币,"denarii"的复数形式, 相当于25 denarii）
denier (France) 德涅尔（法国）
deniers de l'aumosnerie (France) 修道院德涅尔（法国）
Devroey, J.-P. J.-P.德弗洛埃
dies 模
dinar (Abd al-Malik) 第纳尔（阿卜杜勒·马利克时期的货币）
dirham 迪拉姆（阿卡）
Domesday Book 《土地调查清册》

Dorestad, Netherlands 多雷斯塔德，荷兰
double-entry bookkeeping 复式簿记
Duby, Georges 乔治·杜比
ducat (Venice) 杜卡托（威尼斯）

Eadgar, King of England 英格兰国王埃德加
Ecchard, Count of Mâcon 马孔伯爵埃克哈德
ecclesiastical mints 教会铸币厂
ecclesiastical wealth 教会财富
economic life 经济生活
economic metaphors 经济隐喻
economic revolution of the Middle Ages 中世纪的"商业革命"
economy, sacred 神圣经济
écu dor (Saint Louis) 金埃居（圣路易）
Edict of Pîtres 《皮特雷斯敕令》
Edward I, King of England 英格兰国王爱德华一世
Edward III, King of England 英格兰国王爱德华三世
Einaudi, Luigi 路易吉·伊诺第
Einhard 艾因哈德
Eligius, Saint 圣埃利吉乌斯
emporia 商业中心
Exeter, England 埃克塞特（英格兰）

farming out of mints 外包铸币厂
farthing (England) 法辛（英格兰）
flans 币坯/坯料
Flixborough, England 弗利克斯伯勒，英格兰
Florence, Italy 佛罗伦萨，意大利

florin (Florence) 弗洛林（佛罗伦萨）
forms of money 货币的形式
foundation deposits 被放在地基
Francis of Assisi, Saint 阿西西的圣方济各
Frederick I, Holy Roman Emperor 腓特烈一世（神圣罗马帝国皇帝）
Frisian coinage 弗里西亚铸币
Frothaire, Bishop of Toul 弗罗泰尔，图勒主教
Fulk, Abbot of Fontenelle 富尔克，丰特奈尔修道院院长

Ganz, David 大卫·甘兹
Geminiano, Saint 的圣杰米尼亚诺
Gerald of Wales, *Topography of Ireland* 威尔士的杰拉尔德，《爱尔兰志》》
gewerken (mining organizations) 吉维尔肯（采矿组织）
ghost money 幽灵货币
Gildas 吉尔达斯
Girard, A. A. 吉拉德27
Girolami, Remigio di 雷米吉奥·德伊吉拉米
Great Jubilee (1300) 大赦年（公元1300年）
Gregorian Reform 格里高利改革
Gregory I, Pope 格里高利一世，教皇
Grierson, Philip 菲利普·格里尔森
Gritille, Turkey 格里蒂尔，土耳其
groat 格罗特
gros tournois (France) 图尔格罗斯（铸造于法国图尔的格罗斯）
grosso (Venice) 格罗索（威尼斯）

gulden (Lübeck) 基尔德（吕贝克）

hacksilver 碎银
halfpenny (England) 半便士
Halldórr Snorrason 哈尔多尔·斯诺拉松
Harald Hardrade King of Norway 挪威国王"无情者"哈拉尔
Henry II, King of England 亨利二世，英格兰国王
Henry of Segusio, *Summa aurea* 塞古西奥的亨利，《金言全集》
Heraclius, Byzantine Emperor 希拉克略，拜占庭帝国皇帝
Heraclius Constantine 希拉克略·君士坦丁（君士坦丁三世）
Heraclonas 赫拉克洛纳斯（君士坦丁·希拉克略）
hexagram (Byzantine) 赫萨格兰姆（拜占庭帝国货币）
Hildebert of Lavardin 拉瓦尔丹的希尔德贝特
Hincmar, Archbishop of Rheims 安克马尔，兰斯大主教
hoards （货币）窖藏
Holy Roman Empire 神圣罗马帝国
Honorius of Autun, *Gemma animae* 欧坦的奥诺里于斯，《灵魂宝石》
horizontal exchange 横向交换
House of the Vestal Virgins, Rome 罗马维斯塔贞女院
hucksters 小商小贩

imaginary currency 想象中的货币
imitation coins 仿制的硬币
ingots 铸锭

iron bars 铁棒
Isidore of Seville, *Etymologiae* 塞维利亚的伊西多尔，《词源学》
Islamic coinage 伊斯兰铸币
Jewish Volga Bulgars 信奉犹太教的保加尔人
John III Vatatzes, Emperor of Nicea 约翰三世杜卡斯·瓦塔特泽斯，尼西亚帝国皇帝
Justinian I, Eastern Roman Emperor 查士丁尼一世，东罗马帝国皇帝（拜占庭帝国皇帝）

Kingdom of Jerusalem 耶路撒冷王国
Kiser, Edgar 据埃德加·凯泽
Koenwald, Bishop of Worcester 伍斯特主教科恩瓦尔德

labor service 劳务服务
land taxes 土地税
León, Spain 莱昂，西班牙
Levant 黎凡特
Liutprand of Cremona 克雷莫纳的柳特普兰德
Long Cross penny 长十字便士
Lopez, Robert S. 罗伯特·S. 洛佩斯
Louis the Pious, King of the Franks 虔诚者路易，法兰克国王
Louis IX Saint Louis, King of France 圣路易（路易九世），法国国王
Low Countries 低地国家
Lübeck, Germany 吕贝克，德国
Lupus Servatus, Abbot of Ferrières 琉珀斯·塞瓦图斯，费里耶尔修道院院长
luxury goods 奢侈品

makers of coins 硬币（货币）制造者
mancus (Italy) 曼库斯（意大利货币）
manumission of slaves 解放奴隶（还奴隶以自由）
mark (Viking) 马克（维京）
Maximilian I, Holy Roman Emperor 马克西米利安一世，神圣罗马帝国皇帝
Mayhew, Nick 尼克·梅休
Meinwerk, Bishop of Paderborn 梅恩沃克，帕德博恩主教
mendicant orders 托钵修会
metal-detecting 金属探测器
ministeriales 封臣
mint masters 铸币厂主（铸币厂的负责人）
minting on the move 流动的铸币厂
Miskimin, Harry 哈里·米斯基明
monetary substitutes. *See* commodities
monetization of the economy 经济的货币化
money of account 簿记货币
money-changers 货币兑换商
moneyers 铸币官
Murray, Alexander 亚历山大·默里
Naismith, Rory 罗里·奈史密斯
Netherlands 尼德兰/荷兰
Norman coinage 诺曼（人/王朝的）铸币
nummi 钱币

obol (halfpenny) (Francia) 奥波勒斯（半便士，法兰克王国的货币）
Offa, King of Mercia 奥发，麦西亚王国国王

ora (Viking) 欧拉（维京）
Oresme, Nicholas, *De Moneta* 尼古拉斯·奥雷姆，《莫奈塔》（亦作《货币论》）
Oswald 奥斯瓦尔

Papal See 教廷
paper money 纸币
Paris, Matthew 马修·帕里斯
Parva Mahumeria, Kingdom of Jerusalem 帕尔瓦·马哈梅里亚，耶路撒冷王国国王
Passion of Christ 基督受难
Paul, Saint 圣保罗
peasant economy 农民经济
Pegolotti, Fransesco, *Pratica della Mercatura* 弗朗切斯科·巴尔杜奇·佩戈罗蒂，《通商指南》
penny (England) 便士（英格兰）
Pepin, King of the Franks 丕平，法兰克国王
Perugia, Italy 佩鲁贾，意大利
Peter, Saint 圣彼得
Peter Cantor 彼得·康托尔
Petershausen, Germany 彼得斯豪森（德国）
Petrarch, Francesco 彼特拉克
Pfennig (Holy Roman Empire) 芬尼（神圣罗马帝国货币）
Philip II Augustus, King of France 腓力二世奥古斯都（法国国王）
Philip IV the Fair, King of France 美男子腓力四世（法国国王）
Phocas, Byzantine Emperor 福卡斯（拜占庭帝国皇帝）
piedforts 厚坯硬币

Pirenne, Henri 亨利·皮雷纳
plurality of money 货币的多元化
Polo, Marco 马克·波罗
post-Roman centuries (c. 500–750) 西罗马灭亡初期（约公元500—750年）
pragergroschen (Bohemia) 布拉格格罗森（波希米亚货币）
Price of Redemption 救赎的代价
Procopius of Caesarea 凯撒里亚普罗科皮乌斯
productive sites 生产场所

quarter-penny (England) 四分之一便士（英格兰）
Quentovic, Francia 昆都维克，法兰克王国

recoinage 重铸
Rendlesham(England) 伦德尔沙姆（英格兰）
representations on coins 硬币上的图案
res valentes (goods of equivalent value) 等价物
Rhinegulden 莱茵基尔德
Ribe, Denmark 里伯，丹麦

sacred economy 神圣经济
sacred wealth 神圣财富
Sahagún, Spain 萨阿贡，西班牙
Sarris, Peter 彼得·萨里斯
Sasanian Empire 萨珊帝国 115
Sceattas 希特斯
seignorage 货币铸造税
Short Cross penny 短十字便士
silver ingots 银锭

simony, sin of 买卖圣职（罪）
Snorre Sturlasson, *Heimskringla* 斯诺里·斯蒂德吕松，的《挪威王列传》
solidus 苏勒德斯
Southern, Sir Richard 理查德·萨瑟恩爵士
speculative crazes 投机热潮
Spufford, Peter 彼得·斯普福德
Sri Lanka 斯里兰卡
sumptuary laws 禁奢法律
Sutton Hoo ship burial, England 萨顿胡船葬，英格兰
Swabia 施瓦本

tax collecting 征税
Teutonic Order, Prussia 条顿骑士团，普鲁士
Theodebert I, Merovingian King 提奥德贝尔特一世，法兰克（墨洛温王朝）国王
Theophanes 狄奥法内斯
Thomas Aquinas 托马斯·阿奎那
Thomas de Cantilupe, Saint 圣托马斯·德·坎蒂卢普
touchneedles 触针
touchstones 试金石
Toulouse, France 图卢兹，法国
transubstantiation 圣餐变体论
tremissis 特雷米西斯
Turnemire, William 威廉·特恩米尔
Tutbury hoard, England 塔特伯里窖藏（英格兰）

Umayyad Caliphate 倭马亚王朝哈里发

Uppsala, Sweden 乌普萨拉，瑞典
uses of money 货币的使用
usury 高利贷

Valencia, Spain 巴伦西亚，西班牙
Venice, Italy 威尼斯，意大利
vertical exchange 垂直流通
Vestfold, Norway 西福尔郡，挪威
Visby, Sweden 维斯比，瑞典
Visigothic coinage 西哥特铸币
vocabulary of money 157

war of the gold 'nobles' "金'贵族'战争"
Weber, Max 马克思·韦伯

West Whelpington, England 西威坪顿，英格兰
Whithorn, Scotland 惠特霍恩，苏格兰
Wickham, Chris 克里斯·威克姆
Wipo of Burgundy, *Gesta Chuonradi imperatoris* （勃艮第的）维波，《康拉德皇帝本纪》
Wolfger, Bishop of Passau 沃尔夫格，帕绍主教
Worcester, England 如伍斯特，英格兰
workshop mints 铸币作坊
Wulfad, Archbishop of Bourges 伍尔法德，布尔日大主教

关于各章作者
Notes on Contributors

丽贝卡·R. 达利：伦敦大学伯贝克学院（Birkbeck College, University of London）中世纪史讲师，对硬币作为社会和经济工具（尤其在公元前1000年的印度半岛和拜占庭帝国）这一作用进行过研究，并出版过相关书籍。目前正在完成一本关于古代晚期西印度洋的专著。

劳伦特·费勒：巴黎第一大学（University Paris 1 Panthéon Sorbonne）中世纪史教授，研究兴趣为中世纪早期和鼎盛时期的社会经济史，其专业领域为中世纪的意大利，对土地史特别感兴趣，出版了《中世纪的农民与庄园主》（*Paysans et Seigneurs au Moyen Âge*）一书（Paris, 2007, 2nd edition, 2018）。

斯韦恩·H. 古尔贝克：钱币学和货币史教授，现供职于挪威奥斯陆大学（University of Oslo）文化史博物馆的民族志、钱币学与古典考古学系。他研究的重点是维京时代和中世纪斯堪的纳维亚半岛大背景下的铸币，特别是彼时宗教和货币之间的关系。

理查德·凯勒伯：剑桥菲茨威廉博物馆钱币与奖章助理保管员，研究兴趣包括中世纪和现代早期英国的货币化和硬币使用、十字军国家的硬币以及硬币的第二生命，出版过《中世纪英格兰的铸币史》（*A History of Coinage in Medieval England*）一书（2015年）。

罗里·奈史密斯：伦敦国王学院（King's College London）中世纪英国史讲师，对中世纪早期的经济和社会历史感兴趣，尤其是与货币（铸币和其他）相关的话题。主要出版物包括《中世纪欧洲货币，含剑桥菲茨威廉博物馆的货币目录 8：约公元 400—1066 年间的不列颠和爱尔兰》（*Medieval European Coinage, with a Catalogue of the Coins in the Fitzwilliam Museum, Cambridge. 8: Britain and Ireland c. 400–1066*）（2017 年）以及《盎格鲁-撒克逊时期英格兰的金钱和权力：南英格兰王国（公元 757—865 年）》（*Money and Power in Anglo-Saxon England: the Southern English Kingdoms 757–865*）（2012）。

贾科莫·托代斯基尼：在意大利的里雅斯特大学（University of Trieste, 1979—2016 年）担任中世纪历史教授多年，致力于研究中世纪和现代经济学的发展、公民和市场游戏的排斥性以及犹太人在基督教社会中的经济和政治地位。他曾作为研究员或成员在巴黎高等师范学院（École normale supérieure）、牛津大学希伯来和犹太研究中心（Oxford Centre for Hebrew and Jewish Studies）、普林斯顿高等研究院（Institute for Advanced Study）、北京大学和柏林高等研究院（Wissenschaftskolleg zu Berlin）从事研究和教学。

奥利弗·福尔卡特：伦敦政治经济学院（London School of Economics and Political Science）经济史教授。他的研究兴趣在于中世纪和早期现代史，特别是宪法史、制度变迁、市场一体化以及神圣罗马帝国的货币和金融史。

图书在版编目（CIP）数据

货币文化史. Ⅱ, 中世纪黄金的盛宴与贸易兴起 /（美）比尔·莫勒（Bill Maurer）主编；（英）罗里·奈史密斯（Rory Naismith）编；王小庆译. —上海：文汇出版社，2022.6

ISBN 978-7-5496-3697-6

Ⅰ.①货… Ⅱ.①比… ②罗… ③王… Ⅲ.①货币史-世界-中世纪 Ⅳ.①F821.9

中国版本图书馆CIP数据核字（2022）第025322号

A Cultural History of Money in the Medieval Age by Rory Naismith（Editor），Bill Maurer（Series Editor），ISBN：978-1474237109

Copyright © Bloomsbury 2019

All rights reserved. This translation of *A Cultural Hisatory of Money in the Medieval Age* is Published by arrangement with Bloomsbury Publishing Plc.

本书简体中文版专有翻译出版权由Bloomsbury Publishing Plc.授予上海阅薇图书有限公司。未经许可，不得以任何手段或形式复制或抄袭本书内容。

上海市版权局著作权合同登记号：图字09-2022-0084号

货币文化史Ⅱ：中世纪黄金的盛宴与贸易兴起

作　　者／［美］比尔·莫勒 主编　　［英］罗里·奈史密斯 编
译　　者／王小庆
责任编辑／戴　铮
封面设计／拾野文化
版式设计／汤惟惟
出版发行／文匯出版社
　　　　　上海市威海路755号
　　　　　（邮政编码：200041）
印刷装订／上海颛辉印刷厂有限公司
版　　次／2022年6月第1版
印　　次／2022年6月第1次印刷
开　　本／889毫米×1194毫米　1/32
字　　数／238千字
印　　张／9.5
书　　号／ISBN 978-7-5496-3697-6
定　　价／88.00元